NZZ **LIBRO**

Ulrich F. Zwygart

Master of Disaster

Wie Organisationen
und Leader Führungsfehler
verhindern oder reduzieren

NZZ Libro

Bibliografische Information der Deutschen Nationalbibliothek:
Die Deutsche Nationalbibliothek verzeichnet diese Publikation in
der Deutschen Nationalbibliografie; detaillierte bibliografische Daten
sind im Internet über http://dnb.d-nb.de abrufbar.

© 2024 NZZ Libro, Schwabe Verlagsgruppe AG, Basel

Coverabbildung: Greg Zwygart
Covergestaltung: Weiß-Freiburg GmbH, Freiburg im Breisgau
Korrektorat: Thomas Lüttenberg, München
Layout: Claudia Wild, Konstanz
Satz: textformart, Daniela Weiland, Göttingen
Druck: Beltz Grafische Betriebe GmbH, Bad Langensalza
Printed in Germany

ISBN Print 978-3-907396-83-4
ISBN E-Book 978-3-907396-84-1

www.nzz-libro.ch
NZZ Libro ist ein Imprint der Schwabe Verlagsgruppe AG

Inhalt

Prolog:

Der steinige Weg
zur Meisterschaft

«Die Führung von Menschen hatte ihn viel
gelehrt, in erster Linie aber offenbar,
dass man wenig weiss.»

Albert Camus[1]

Leadership und Meisterschaft

Seit Jahrzehnten fasziniert mich «Leadership». Ich war als Führungskraft in mehreren Organisationen tätig und verfüge über jahrelange praktische Erfahrungen in diversen Funktionen, auch auf der Ebene des Topmanagements. Zusätzlich habe ich mich immer weitergebildet und Führungsseminare für *Senior Managers* geleitet. Je mehr ich mich als Praktiker, Forscher und Lehrender entwickelte, desto mehr wurde mir bewusst, wie wenig ich wusste. Camus hat Recht. Ich musste auch bei mir selbst feststellen, dass ich trotz zunehmenden Kenntnissen und Erfahrungen noch Fehler machte, vor allem Fehler in der Beurteilung von Menschen und im Umgang mit ihnen. Auch wenn ich «gute» Absichten hatte, kamen meine Worte oder Handlungen nicht immer genauso «gut» an.

Lange war ich der Ansicht, dass «gute Führung» zum Erfolg führt. Wer Ziele erreicht und gleichzeitig seine Mitarbeitenden fair behandelt sowie allen Menschen mit Respekt begegnet, sollte, ja musste, erfolgreich sein. Mit der Zeit musste ich feststellen, dass das nicht immer zutrifft. Ich beobachtete Führungskräfte, die – zumindest aus meiner Sicht – gravierende Führungsfehler begingen und dabei «erprobte» Grundsätze «guter Führung» mit Füssen traten. Trotzdem waren sie erfolgreich und kletterten die Karriereleiter empor. Auch wenn einige unter ihnen später, auf dem C-Level, mit demselben Verhalten nicht mehr ankamen und ihren Platz räumen mussten, so interessierte ich mich zunehmend für den Kontext, das Umfeld, in dem Führungskräfte handeln, Erfahrungen sammeln und sich weiterentwickeln. Mir wurde bewusst, wie prägend die eigene Persönlichkeit und die eigenen Erfahrungen in Organisationen sind. Daraus folgerte ich, dass es zwar «best practice» gibt, jedoch keinen 10-Punkte-Plan der «guten Führung», der auf alle Situationen und jeden Kontext angewendet werden kann und Führungserfolg garantiert.

«Master of Disaster» ist eine Wortverbindung in der englischen Sprache, die zwei Wörter aneinanderkoppelt, die ähnlich klingen und sich sogar reimen. Das führt dazu, dass der Ausdruck im Alltag schnell verwendet wird, um tatsächliche oder vermeintliche Fehler zu bezeichnen und einem «Herrn der Katastrophe» zuzuweisen.

Ein anderer Blick zeigt uns den «Master» als den Meister. Eine Person wird als ausgewiesene Fachfrau angesehen, wenn sie auf einem bestimmten Gebiet über eine bewiesene Erfahrung und entsprechende Sachkenntnis verfügt. Genau das wünschen wir uns von einer Führungskraft. Deshalb gibt es «Master»-Lehrgänge wie den «Master of Business Administration» (MBA) oder den «Executive MBA» (EMBA).

Wenn wir es mit einem *Desaster* (deutsch für «disaster»), also einem Durcheinander, einer Krise oder einer Katastrophe zu tun haben, so kann der *Meister* (deutsch für «master») entweder dieses Szenario zielgerichtet und wirksam bewältigen oder er hat selbst gravierende Fehler zu verantworten, die sich zu einer Krise oder eine Katastrophe entwickelt haben und die ganze Organisation betreffen.

Wer kann sich als Meister bezeichnen? Goethe war skeptisch gegenüber der Meisterschaft, weil er aufgrund eigener Forschungen und Publikationen erfahren musste, wie kurzlebig diese Meisterschaft ist:

> «Wenn man also nur sieht, was man weiss, ist es höchste Zeit, das vermeintlich Gewisse durch genaues, frisches Hinschauen in Frage zu stellen, als ob man die Dinge zum ersten Mal sähe. Wenn er damals etwas versäumt habe, so Goethe, dann das, aus den Reaktionen auf seine Abhandlung die eigentlich naheliegende Erfahrung zu schöpfen, ‹dass man einen Meister nicht von seinem Irrtum überzeugen könne, weil er ja in seiner Meisterschaft aufgenommen und dadurch legitimiert ward.›
>
> Noch ein in Goethes Nachlass gefundener und nach seinem Tod publizierter Text aus den letzten Lebensjahren zeigt die Vehemenz, mit der Goethe stets ein Gegner solcher Meisterschaft geblieben ist, nachdem er zu Beginn seiner Tätigkeit als Naturforscher die Erfahrung hatte machen müssen, wie rasch das Expertentum zu Einseitigkeiten und zu Behinderungen anderer führen kann. Für die Nachgeborenen kein Meister zu sein, vielmehr durch das eigene Vorbild befreiend zu wirken, gehört zum Kern von Goethes Selbstverständnis.»[2]

Albert Camus sah das ähnlich: Der Meister weiss, dass er nicht viel weiss, weshalb er immer wieder von neuem dazulernen muss.

Daraus folgt, dass ein Mensch, der nie alles wissen kann, neugierig und lernfähig sein sollte, um sich die «Meisterschaft» stets neu zu «erkämpfen». Dazu gehören Selbsteinschätzung und Bescheidenheit. Genau das wünsche ich mir von jedem Meister, vor allem von Führungskräften. Führende sind Meister, wenn sie – zumindest im anzustrebenden Idealfall – über eine fachliche und eine führungsbezogene Meisterschaft verfügen, die es ihnen ermöglicht, andere Menschen zu leiten und mit ihnen Ziele zu erreichen.

Ziele mit Menschen in einem Kontext erreichen

Diese einfache Definition hilft uns bei der Klärung der Frage, wo Führungsfehler entstehen und wo sie verhindert oder reduziert werden können: Müssen
die Organisation und ihre Eigentümer bzw. ihre oberste Leitung in die Pflicht
genommen werden, liegt es an jeder einzelnen Führungskraft, muss der Hebel an
beiden Stellen angesetzt werden oder ist der Kontext der bestimmende Faktor?

Abbildung 1: Definition der Führung

Leadership ist ein sozialer Prozess zwischen einem oder mehreren Führenden
und Geführten, die so beeinflusst und motiviert werden, dass sie zur Zielerreichung beitragen. Es geht um Beziehungen und Verbindungen in einem speziellen Bezugsrahmen. Führungsprozesse spielen sich in spezifischen Situationen
eines bestimmten Kontexts ab. Leadership zielt mehr darauf, Menschen dazu
zu bringen, Dinge tun zu *wollen*, als sie dazu zu bringen, sie zu tun. Leadership
ist keine Einbahnstrasse, und der Fokus allein auf die Führenden ist falsch.[3]

Abbildung 1 zeigt uns nicht die Justitia, die bekanntlich mit verbundenen
Augen richtet, sondern eine Person, die sehenden Auges auf ihren Verantwortungsbereich schaut: Die Waage mit den Zielen (linke Waagschale) und den

Personen (rechte Waagschale), die sich in einem bestimmten Kontext (roter Kreis) befinden.

Der Kontext verdeutlicht, dass Führung stets in einem ganz bestimmten gesellschaftlichen und sozio-ökonomischen Umfeld, zu einer bestimmten Zeit und in einem speziellen Raum stattfindet:[4]

- Ein privatwirtschaftliches Unternehmen kann nicht mit einer politischen Behörde verglichen werden, und eine Industriefirma ist nicht dasselbe wie ein Dienstleistungsbetrieb oder eine Bank. Innerhalb eines Wirtschaftszweigs gibt es wiederum Unterscheidungskriterien: Der Zweck der Organisation, ihre Produkte oder Dienstleistungen, ihre Geschichte und die Besitzverhältnisse sowie ihre Regeln und Werte sind Elemente, welche den Kontext und indirekt die Kultur einer bestimmten Organisation beeinflussen.
- Was vor x Jahren in der Firma Y als motivierende Führungshandlung von den Geführten betrachtet wurde, wird heute in derselben Firma von anderen Leuten als demotivierend wahrgenommen.
- Nationale Gesetze, Traditionen und Sitten beeinflussen massgeblich die in ihrem Einflussgebiet operierenden Organisationen und deren Mitarbeitende.

In jedem x-beliebigen Kontext finden täglich in vielen verschiedenen Situationen Gruppenprozesse statt: Führende und Geführte beeinflussen sich gegenseitig und bestimmen letztlich, ob anvisierte Ziele erreicht werden, ob dies nur teilweise geschieht oder überhaupt nicht.

In der Realität wird die Waage nicht immer im Gleichgewicht von zu erreichenden Zielen und anvertrauten[5] Personen stehen, weil entweder zu stark auf die Zielerreichung hingearbeitet wird oder die Aufmerksamkeit zu sehr auf das Wohl der involvierten Personen gerichtet ist. Die verantwortliche Führungsperson sollte das Ziel vor Augen haben, die Balance von Zeit zu Zeit wiederherzustellen, weil ein andauerndes Ungleichgewicht zu Problemen führt. Auch wenn es nicht immer möglich ist, sollten sich Führende bewusst sein, dass die Balance ein erstrebenswertes Ziel ist. Recht häufig kippt das Gleichgewicht auf die Seite der Zielerreichung: Die betroffenen Menschen können auf unterschiedliche Weise in Mitleidenschaft gezogen werden, wenn die Waage dauernd auf dieser Seite liegt: Ermüdung, Stress, Erschöpfung, Ausbeutung, Burnout und/oder Krankheit können die Folgen sein und zu verschiedenartigen Fehlern führen, auch zu Führungsfehlern.

Jede Organisation hat Ziele, auf die sie besonders fokussiert. Eine privatwirtschaftlich geführte Firma muss Gewinn machen, um zu überleben. Nur ein erfolgreiches Unternehmen kann die eigenen Verbindlichkeiten (Personal, Infrastruktur) bezahlen und in die Zukunft investieren (verbesserte oder neue Produkte, Investitionen in Personal, Gebäude, usw.). Die eigenen Produkte und Dienstleistungen müssen von Kunden gekauft werden. So kann die Firma existieren und hat eine Zukunft.

Die gewinnorientierte Ausrichtung bedeutet nicht, dass die Mitarbeitenden keine wichtige Rolle im Unternehmen spielen. Grundsätzlich besteht ein Vertrag zwischen Arbeitgeber und -nehmer: Arbeit gegen Geld. Das Unternehmen ist nicht dazu verpflichtet, den Mitarbeitenden glücklich zu machen, ihre Zufriedenheit ist das Ziel. Die Mitarbeitenden müssen ihre Chefs nicht lieben, «nur» respektieren, sofern sie es verdienen. Aber die Arbeit ist für das Überleben des Mitarbeitenden, seine Karriere und sein Selbstwertgefühl von grosser Bedeutung und bestimmt zu einem erheblichen Prozentsatz die Zufriedenheit des Einzelnen mit seinem Leben. Gut bezahlte und zufriedene Mitarbeitenden sind eher bereit, sich mehr als gemäss dem Stellenbeschrieb einzusetzen. Zudem sind in der Regel Organisationen mit einer hohen Mitarbeiter*zufriedenheit* und einer hohen *emotionalen Bindung* der Mitarbeitenden an die Organisation erfolgreicher unterwegs. Ziele erreichen und Gewinn erzielen sowie ein vertrauensvoller Umgang mit Mitarbeitenden schliessen sich nicht aus, im Gegenteil.

Leadership im Dreiklang von Handwerk, Wissenschaft und Kunst

Oft werde ich gefragt, ob Führung lernbar sei. – Meine Antwort lautet: Ja, zu einem erheblichen Teil. Eine rasche Antwort könnte darin bestehen, alles, was mit Management in Verbindung gebracht wird, dem Lernbaren zuzuordnen, beispielsweise planen, budgetieren, organisieren und kontrollieren. Leadership dagegen wäre schwieriger zu lernen, da es mit Sinngebung, Vision, Wandel, Chancen erkennen und dem Umgang mit Menschen zusammenhängt.

Eine etwas vertieftere Analyse basiert auf Henry Mintzberg, der Führung im Dreieck zwischen Kunst, Handwerk und Wissenschaft sieht:

«Die Kunst sorgt für Ideen und die Integration, das Handwerk schafft die Verbindungen und schöpft dabei aus konkreten Erfahrungen und die Wissenschaft erzeugt mittels systematischer Analyse des verfügbaren Wissens die notwendige Ordnung.»[6]

Daraus ziehe ich folgende Erkenntnisse:

- *Handwerk* ist lernbar. Dazu gehören unter anderem folgende Führungs-
techniken: Moderations-, Präsentations-, Problemlösungs-, Konflikt-
lösungs-, Entscheidfindungs-, Zielvereinbarungs-, Verhandlungs-, Coa-
ching-, Mentoring- und Beurteilungstechniken. Werden diese Techniken
beherrscht, so wird Freiraum geschaffen, um sich schwierigeren Fragen
zuzuwenden. Es ist die Pflicht, auf die erst die Kür folgt.[7]

- *Wissenschaft* ist die aus der Forschung über die Praktiken in der Arbeitswelt hervorgegangene Analyse und die daraus gewonnenen Erkenntnisse.
Führende können daraus lernen, wenn sie entsprechende Publikationen
studieren, sich an einer Hochschule weiterbilden oder in organisations-
eigenen Kursen geschult werden.

- *Kunst* beinhaltet Intuition, kreatives und visionäres Denken. Kunst hängt
eng mit der Persönlichkeit, den Eigenschaften und der individuellen Entwicklung einer Person zusammen, vielleicht ähnlich wie das Musizieren:
Man lernt die Technik, verbessert sich und ist nach x Stunden fähig zu
improvisieren, eigene Lieder zu schreiben oder klassische Stücke neu zu
interpretieren. Wer so an sich arbeitet, kann die eigene «Kunstform»
finden, die sich im Arbeitsalltag positiv auf andere Menschen auswirkt.

Führung ist mehrheitlich lernbar. Sie ist jedoch nicht eine exakte Wissenschaft, und 2+2 ergibt nicht immer 4. In gewissen Situationen und besonders
im Umgang mit Menschen sind auch 3,9 oder 4,2 bereits zielführend. Viele
Grundlagen, Techniken und das Wissen über Zusammenhänge sind lernbar,
und mit kontinuierlicher Reflexion über führungsrelevante Themen und das
eigene Tun kann man sich weiterentwickeln: Wer will sowie Zeit und Engagement investiert, kann Führung lernen. Allerdings bleibt es bei einem «lebens-
langen Lernprozess», ausgelernt hat man nie.

Allgemeine Fehler und Führungsfehler

«Errare humanum est», ist ein lateinisches Sprichwort (Seneca, Cicero).
«Irren ist menschlich.» Leider wird es nicht immer in der gesamten Länge
zitiert: «Errare humanum est, sed in errare perseverare diabolicum.» «Irren
ist menschlich, es ist aber teuflisch, auf Irrtümern zu bestehen». Fehler zu
begehen, ist also menschlich; alle Menschen sind fehlbar. Es darf jedoch nicht
vorkommen, dass der Fehler weder als solcher unerkannt bleibt oder verleug-
net wird, noch, dass daraus kein Lernprozess in Gang kommt.

13

Das Feld der Fehler ist gross. In Organisationen können es einfache Fehler sein, die bei der täglichen Arbeit geschehen, oder strategische Fehlentscheidungen, die in der Regel identisch sind mit Führungsfehlern. Es gibt Fehler in der Produktion, in den etablierten Prozessen, in der Kommunikation oder solche, die aus Stress, Ermüdung oder fehlender Motivation entstehen. Bei allen diesen Fehlern müssen wir uns fragen, ob es individuelle Fehler sind oder ob Entscheidungen von Führungskräften dazu beigetragen oder sie sogar verursacht haben.

Wir können Fehler in Organisationen auch wie folgt einteilen:[8]

- *«Gewöhnliche» Fehler*, die zwar lästig und unangenehm, aber kaum vollständig vermeidbar sind: Eine Arbeit wird zu spät abgeliefert, man ist unpünktlich, vergisst einen Termin, ist einen Moment lang unaufmerksam (weil man sich ablenken lässt), macht eine Bemerkung, die fehl am Platz ist, unterliegt einem Irrtum usw. Diese «gewöhnlichen» Fehler kommen täglich vor. Es sind Aussagen, Handlungen oder Unterlassungen, die vorkommen, aber die Sicherheit von Menschen und Organisationen in der Regel nicht tangieren, jedoch vermeidbar wären und manchmal Probleme verursachen. Wir geben es nicht gerne zu, müssen sie jedoch hinnehmen, weil wir selbst solche oder ähnliche Fehler begehen. Wir dürfen uns über uns selbst aufregen und werden uns vornehmen, sie nicht zu wiederholen. Führungskräfte sollen ihren Ärger nicht zeigen. Sie sollen den Fehler ansprechen, aber nicht in emotionsgeladenem Zustand, weil sie sonst die falschen Signale aussenden und andere verletzen.

- *«Risikobehaftete» Fehler*, die zur Gefährdung der Sicherheit von Menschen oder Organisationen führen können. Verschiedene Fehler führen nacheinander zu einem Ereignis, das einen Unfall oder eine menschliche oder systemische Katastrophe verursachen kann. Dazu einige Beispiele:

«Risikobehafteter» Fehler, der zu einer Gefährdung führen könnte, wenn keine Meldung gemacht wird	Mögliche Konsequenzen, wenn keine Gegenmassnahmen getroffen werden
«Ich habe vor fünf Minuten beobachtet, dass eine kleine Menge Flüssigkeit aus einem Behälter mit giftigen Stoffen ausgetreten ist.»	Gefährdung von Menschen an Leib und Leben.
«Der Zutrittscode für den Bereich ‹Nur für Berechtigte› war in meinem Smartphone gespeichert, das vor zwei Stunden gestohlen worden ist.»	Verlust von geheim klassifizierten Forschungsresultaten der Entwicklungsabteilung.

«Ich habe eine geöffnete Packung des hochdosierten Medikaments XYB, das nur mit Unterschrift eines Arztes und für eine spezielle Diagnose verwendet werden darf, im Schrank A anstatt im Schrank B gefunden.»	In der Eile und im Stress könnte das Medikament an Stelle eines anderen Mittels aus dem Schrank B einem Patienten verabreicht werden, für den XYB fatale Folgen haben könnte.
«In der vergangenen Stunde hat unser Team Unregelmässigkeiten im Produktionsablauf festgestellt, die bei 1 % des Produkts ABG zu kleinen Fehlern geführt haben.»	Mangelhafte Produktqualität kann in der weiteren Verarbeitung zu grösseren Problemen führen, welche die Kundenzufriedenheit tangieren, Kosten verursachen und die Reputation der Firma schädigen können.
«Wir, die Schichtleiter, sind besorgt über die Ankündigung des Topmanagements, die Anzahl Arbeitsstunden der zwei Schichten von acht auf neun Stunden anzuheben, statt die Zahl der Mitarbeitenden zu erhöhen.»	Ermüdung, Stress und/oder Überlastung könnten zu Fehlern mit Folgen für die Arbeitssicherheit und/oder die Arbeitsqualität führen.

Tabelle 1: «Risikobehaftete» Fehler

Mit Massnahmen auf der obersten Stufe der Organisation, beispielsweise mit einem etablierten Risikomanagement, mit Trainings von Teams und ganzen Einheiten (beispielsweise Evakuations- und Krisenübungen) und individuellen Schulungen sind «risikobehaftete» Fehler für das eigene Unternehmen im Vorfeld zu benennen und es ist auf die Konsequenzen im Falle des nicht rechtzeitigen Erkennens hinzuweisen. Wenn Fehler rechtzeitig gemeldet werden, können gefährliche Situationen frühzeitig antizipiert und grössere Unfälle entweder vollständig vermieden oder schädliche Auswirkungen gemildert werden. Voraussetzung dazu ist ein Klima der Achtsamkeit oder der Sicherheit, in dem jede bzw. jeder einen «risikobehafteten Fehler» melden kann, ohne dass sie/er Angst vor Konsequenzen haben muss.

- «Kalkulierte» Fehler, die bewusst in Kauf genommen oder deren Risiken eingerechnet werden, um Innovationen zu ermöglichen, beispielsweise neue Produkte, Prozesse oder Methoden zu erproben. Aus Erfahrung weiss man, dass es sehr oft mehrere Versuche braucht und viele Fehler gemacht werden *müssen*, bevor zählbare Resultate entstehen, also ein Produkt die Marktreife erreicht oder eine Applikation innerbetriebliche Abläufe verbessert. Hierzu braucht es kreative «Tüftler» und erfahrene «Praktiker», die wirksam zusammenarbeiten und die Fehler im Verlauf der Arbeiten bereits im Voraus einkalkulieren.

Für die Fehlerbewältigung braucht jede Organisation eine sichere Organisationskultur, in welcher jeder und jede Fehler ansprechen und auf mögliche Folgen aufmerksam machen kann. Niemand soll Angst davor haben, Fehler einzugestehen. Führungskräfte sollen Fehler ansprechen, aber nicht im Ärger, weil sie sonst die angstfreie Kultur gefährden.

Fehler sind der Ausgangspunkt, um zu lernen und Verbesserungen einzuführen. Der «Naming-, Blaming- und Shaming»-Kultur, in welcher nur nach Schuldigen gesucht wird, steht die achtsame, gerechte und angstfreie Organisation gegenüber, in der

- die obersten Führungskräfte mögliche Konsequenzen von Fehlern aufzeigen und mit ihrem Verhalten die angestrebte, positive Lernkultur fördern und einfordern;
- eine offene und ehrliche Kommunikationskultur gelebt wird, in der jede Person aufgefordert ist, ihre Stimme zu erheben;
- Fehler oder «Beinahe-Fehler» als «Lehrmeister» und «Weg des Wachstums» begriffen und systematisch analysiert werden;
- in Schulungen und Weiterbildungen investiert wird und
- Personen, die selbstständig im Interesse der Organisation handeln, nicht getadelt werden, wenn nicht alles klappt oder Fehler daraus entstehen.

Der Vollständigkeit halber füge ich hier noch die «strafrechtlich relevanten Fehler» von Mitarbeitenden einer Organisation hinzu. Diese Fehler haben in der Regel keinen direkten Bezug zur Organisation, geschehen jedoch in ihren Räumlichkeiten und werden von den zuständigen Behörden verfolgt und geahndet. Sie gehören nicht in die Kategorie der Fehler, die wir hier behandeln.

Führungsfehler unterscheiden sich von den soeben besprochenen Fehlern in der schlichten Tatsache, dass sie von Führungskräften ausgehen. Führungsfehler, die von Topmanagern begangen werden, haben einen grösseren Einfluss, als wenn Teamleiter beteiligt sind. Führungsfehler von Topmanagerinnen sind systemrelevant, das heisst sie können Bedingungen schaffen, die weitere Fehler in der Organisation ermöglichen, wenn beispielsweise Anordnungen von höchster Stufe direkt oder indirekt zu Fehlern in Abläufen oder zur Gefährdung von Menschen führen.

Führungsfehler können – ähnlich wie «gewöhnliche» Fehler – zum Beispiel aus Vergesslichkeit, Zeitnot, unvollständiger Kommunikation oder mangelnder Erfahrung geschehen. Wichtig ist die Absicht des Führenden, der den Fehler begeht: Entweder hat er fahrlässig gehandelt, weil er unvorsichtig war oder unsorgfältig gearbeitet hat, oder er hat den Fehler mit Wissen und Willen, also vorsätzlich, verursacht. Im Fall der Fahrlässigkeit sieht er den Fehler vielleicht selbst ein oder wird darauf aufmerksam gemacht und bemüht sich um rasche Korrektur. Beim Vorsatz handelt es sich sehr wahrscheinlich um Machtmissbrauch.

Andere Führungsfehler sind auf spezielle Umstände oder Situationen zurückzuführen: Eine falsche Entscheidung wird aufgrund angeblicher Zeitnot, infolge falscher Annahmen oder einer unvollständigen Lagebeurteilung gefällt. Teils sind die Folgen solcher Führungsfehler entweder leicht oder mittelschwer und lassen sich wieder ins Lot bringen, teils können erhebliche Folgeschäden entstehen. Wir haben es also mit Führungsfehlern zu tun, die unangenehme Konsequenzen nach sich ziehen können. In der Mehrheit solcher und ähnlicher Fälle beruhen diese Führungsfehler aber nicht auf schlechten Absichten oder Böswilligkeit eines bestimmten Führenden. «Shit happens», könnte man dazu sagen.

Im Weiteren gibt es Führungsfehler, die in der Persönlichkeit des Führenden liegen. Vielleicht wäre es besser, von einem «Tick» zu sprechen. Darunter verstehe ich eine bestimmte Handlung oder Unterlassung, ein Wort oder die Körpersprache einer Führungskraft. Unter Umständen könnte das als Führungsfehler taxiert werden, aber bei dieser bestimmten Person wird es mit einem Achselzucken hingenommen oder mit dem Spruch «das ist typisch unser Chef» abgetan. In vielen Fällen handelt es sich dabei um eine respektierte Führungsperson, die das Vertrauen der Mitarbeitenden geniesst, aber einen bestimmten «Spleen» hat, der ihm «verziehen» wird.

Wir können Führungsfehler auch wie folgt kategorisieren:
* *Strategische* Fehler, die vom Topmanagement ausgehen und der gesamten Organisation Schaden zufügen und ihre Existenz bedrohen können, weil beispielsweise auf fehlerhafte Produkte gesetzt wird, weil Kunden durch überhöhte Preise oder mangelnde Qualität des Service verärgert werden und in Scharen abwandern, weil ausgewählte Märkte zusammenbrechen oder weil falsche Investitionen zu Liquiditätsengpässen führen;
* *Operative* Fehler, die zu ambitionierten Projekten und Kostenüberschreitungen führen oder interne Prozesse und Abläufe, die falsch aufgesetzt werden und zu Unsicherheiten und Fehlleistungen führen;
* *Machtmissbrauch,* der zu illegalem Verhalten oder zum Verstoss gegen die Werte der Organisation führt und das Unternehmen in externe Untersuchungen verwickelt, die Kosten verursachen und/oder die Reputation gefährden;
* *Fehler im zwischenmenschlichen Bereich*, die andere Menschen psychisch verletzen oder Emotionen (Angst, Ärger) auslösen und auf Dauer eine negative Kultur verursachen.

Obschon strategische und operative Fehler gravierende Konsequenzen für die Organisation und alle Mitarbeitenden auslösen können, sind sie in der Regel noch zu korrigieren, sofern das strategisch-operative Management, Verwaltungs-/Aufsichtsrat und C-Level, rasch reagiert und die nötigen Entscheidungen zur Behebung des eingetretenen Missstandes trifft.

Führungsfehler, die aus Machtmissbrauch geschehen oder in zwischenmenschlichen Beziehungen gemacht werden, sind *toxisch*: Worte, Aktionen und Massnahmen, welche zu unethischem Verhalten von Repräsentanten der Unternehmung führen bzw. Menschen direkt betreffen, sind wie *Steine, die geworfen werden*: Sie haben Schaden angerichtet und können nicht zurückgenommen werden. Menschen verstehen eher, wenn Vorgesetzte Veränderungen am Markt oder im Kaufverhalten von Kunden falsch eingeschätzt und deshalb Fehlentscheidungen getroffen haben. Zerstörtes Vertrauen zwischen Menschen kann nur mit grosser Mühe und nach einer gewissen Zeit wieder aufgebaut werden.

Die gravierenden, schlimmen, *toxischen* Führungsfehler sind diejenigen, die gegen Regeln der Gesellschaft oder ethische Grundlagen einer Organisation verstossen oder sich gegen die Integrität von anderen Menschen richten. Es handelt sich um *Machtmissbrauch* oder um *Führungsfehler im zwischenmenschlichen Bereich*. Diesen Führungsfehlern wollen wir unsere besondere Aufmerksamkeit widmen.

Zur Struktur des Buches

Kapitel 1 widmet sich der bedeutenden Rolle, die Arbeit und Arbeitsplatzzufriedenheit (Anhang I.) für die Vermeidung bzw. Reduktion von Führungsfehlern spielen. Dann geht es um den Kontext und dessen Einfluss auf Führende und Geführte. Was bedeutet es, wenn eine Organisation primär den Aktionären und Investoren dient oder wenn sie Gewinn erzielt, ihre gesellschaftliche Verantwortung wahrnimmt und die Mitarbeitenden gut behandelt?

Das zweite Kapitel präsentiert unsere eigene Studie zu Führungsfehlern (Anhang II.) und vergleicht unsere Ergebnisse mit Untersuchungen der letzten 25 Jahre. Dabei wird sich zeigen, ob die Erkenntnisse aus früheren Forschungen bestätigt werden oder nicht und welche Konsequenzen sich für den Umgang mit Führungsfehlern für Organisationen und Leader ergeben. Unter welchen Umständen können wir von Führenden und Geführten einen toleranten Umgang mit Führungsfehlern erwarten? Und welche Führungsfehler sind nicht tolerierbar?

Im dritten Kapitel gehe ich der Frage nach, von welchen Forschungsgebieten, die sich mit Leadership beschäftigen, wir im «Kampf» gegen Führungsfehler lernen können.

Im vierten und fünften Teil gebe ich Empfehlungen für Organisationen und ihre Führungskräfte. Beim vorliegenden Buch handelt es sich nicht um einen Ratgeber für alle möglichen Fälle und alle Situationen. Einerseits wäre dieser Anspruch vermessen und andererseits würde das der Komplexität der Arbeit im 21. Jahrhundert und der oben umschriebenen Definition von Leadership nicht gerecht: Unterschiedliche Kontexte und Situationen in Kombination mit wechselnden Führenden und Geführten ergeben andere Beziehungen und Verbindungen und verlangen unterschiedliche Führungsstile, -methoden und -techniken.[9]

Jede Organisation und jede Führende muss für sich entscheiden, wie und mit welchen Methoden und Massnahmen Führungsfehler verhindert oder reduziert werden können. Aber ich lege offen, was aus den wissenschaftlichen Untersuchungen, inklusive unserer eigenen HSG-Umfrage, aus Praxiserfahrungen und nach jahrelangem Leadership-Studium, gangbare und erprobte Wege zur Verhinderung von Machtmissbrauch und von Führungsfehlern in zwischenmenschlichen Beziehungen sind.

Kapitel 6 mit der Zusammenfassung der Erkenntnisse und Empfehlungen sowie der Epilog runden das Buch ab.

Kapitel 1:

Arbeit und Kontext

1.1 Die Bedeutung der Arbeit

Die diversen Umfragen zur Arbeitsplatzzufriedenheit (Anhang I.) sind sehr aufschlussreich und erlauben uns, folgende Schlüsse zu ziehen:

Hauptfaktoren für die *Zufriedenheit am Arbeitsplatz* sind
- das Management und die Führung,
- das eigene Team und die Arbeitskolleginnen und -kollegen,
- die Organisationskultur, die Arbeit selbst und das Zugehörigkeitsgefühl,
- die Vergütung und die Zusatzleistungen,
- die Work-Life-Balance, das individuelle Wohlbefinden und die Entwicklungsmöglichkeiten.

Mitarbeiter*zufriedenheit* hängt in hohem Mass ab von
- einer starken Förderung des Vertrauens,
- Wachstumschancen und
- Wohlbefinden

und ist entscheidend für die Mitarbeiter*bindung*.

Das Mitarbeiter*engagement* hängt davon ab, ob
- Erwartungen klar formuliert werden,
- die eigene Leistung anerkannt wird,
- für das Wohlbefinden gesorgt wird,
- Entwicklungsmöglichkeiten bestehen und
- die Arbeit im Team positiv wahrgenommen wird.

Die Ergebnisse der verschiedenen Umfragen können wie folgt zusammengefasst werden:
1. *Zufriedenheitsstatistiken*: 70 % der Arbeitnehmer sind mit ihrer Arbeit zufrieden, 68 % mit ihrem Arbeitgeber; 43 % würden ihre Organisation weiterempfehlen. 62 % denken, dass sie ihre Karriere im aktuellen Unternehmen vorantreiben können.
2. *Wohlbefinden*: 55 % der Angestellten berichten von positiven Auswirkungen ihrer Arbeit auf ihre Gesundheit, und 58 % erhalten regelmässig Anerkennung.
3. *Manager und Führung*: 59 % vertrauen dem Führungsteam ihrer Organisation. Respektvolle Behandlung durch Manager ist für 74 % der Mitarbeiter gegeben.
4. *Team und Kollegen*: 64 % vertrauen ihren Kollegen, und 76 % fühlen sich von ihnen respektiert.

5. *Zugehörigkeitsgefühl:* 63 % empfinden einen fairen Zugang zu Chancen und 71 % sehen eine konsequente Unterstützung von Vielfalt und Inklusion.

6. *Arbeitsbedingungen:* 64 % erhalten die nötige Unterstützung, und 75 % finden ihre Arbeit passend zu ihren Fähigkeiten.

7. *Organisation:* 60 % meinen, dass ihre Organisation Versprechen hält, und 65 % fühlen sich engagiert und in den Erfolg ihrer Organisation eingebunden.

8. *Work-Life-Balance:* 57 % finden, dass ihre Organisation berücksichtigt, wie sich die Arbeit auf ihr Privatleben auswirkt.

9. *Vergütung und Sozialleistungen:* 60 % sind mit ihrer finanziellen Vergütung zufrieden, und 67 % mit ihrem Leistungspaket.

10. *Kündigungen und Gründe für Jobsuche:* Weltweit kündigen 6 von 10 Arbeitnehmenden, was erhebliche wirtschaftliche Kosten verursacht. Dabei suchen sie ein höheres Gehalt, verbessertes Wohlbefinden und Entwicklungsmöglichkeiten. In den USA stehen folgende Hauptgründe für die Jobaufgabe im Vordergrund: Engagement und Kultur (40 %), Wohlbefinden und Work-Life-Balance (26 %) und Entlöhnung und Sozialleistungen (20 %).

Wie ist also die Arbeit zu gestalten, damit Vertrauen entstehen und wachsen kann?

Die Arbeit nimmt einen bedeutenden Teil unseres Lebens ein. Sie ist nicht nur Broterwerb, sondern auch wichtig für unser Selbstvertrauen: «Ich bin ein vollwertiges Mitglied der Gesellschaft und leiste einen Beitrag für eine zukunftsfähige Welt.» Wer längere Zeit keine Anstellung findet, kennt die Selbstzweifel, die auftauchen. Arbeit, die den eigenen Stärken entspricht und Sinn haben, ist das erstrebenswerte Ziel. Das funktioniert manchmal, nicht immer.

Wir arbeiten durchschnittlich etwa acht Stunden pro Tag während fünf Tagen in der Woche und über einen Zeitraum von 40 Jahren. Allein die Dauer des beruflichen Engagements unterstreicht die Bedeutung der Arbeit für unser Leben.

Wir und unsere Familien und Freunde sind in einer Gesellschaft eingebunden, die auch die Organisation, für die wir arbeiten, mit ihren Pflichten und Rechten reguliert. Es ist also richtig, wenn die Arbeit als Teil *unserer* Welt betrachtet und ihr gesellschaftlicher Wert anerkannt wird:[10]

«Letztlich ist jede Arbeit, die wir leisten, Teil dieser Welt. Wenn Unternehmen sich nämlich von dem sozialen Umfeld abspalten, in dem sie agieren,

23

ist der Schaden gross. Was wir daher brauchen, ist nicht etwa eine effiziente Trennung zwischen zwei Welten, sondern die geistige Flexibilität, sie zu überwinden. Das Verhältnis zwischen Wirtschaft und Gesellschaft ist eines der dringlichsten Probleme, denen wir uns heutzutage stellen müssen, und es kann nur gelöst werden, wenn wir akzeptieren, dass beide Welten sich gegenseitig inspirieren können. Sollte eine den Sieg davontragen, sind wir alle die Verlierer,»[11]

Es geht um den Respekt vor jeder Arbeit, um eine gemeinsame Arbeitswelt und um die Würde jeder Arbeit:

«Wir haben eine Rangordnung der Arbeitsformen geschaffen und eine erbarmungslose Leistungsgesellschaft entwickelt, welche die Arbeitswelt in Gewinner und Verlierer teilt, statt sie als das eine gesellschaftliche Forum für Anerkennung vor Spaltung zu bewahren. Die Würde in der Arbeit kommt ja nicht nur über das Gehalt zustande: In der Arbeit erkenne ich mich in dem, was ich mache, die Arbeit wird zu einem stützenden Teil meiner Identität, die Arbeit baut eine Beziehung zwischen mir und der Welt auf, die mir das Gefühl gibt, nicht grundlos zu existieren. Dieser Prozess gelingt aber nur, wenn ich von meiner sozialen Umwelt für das anerkannt werde, was ich in der Arbeit schaffe. Die anderen halten mir den Spiegel, in dem ich mich erkennen kann. Ist dieses Spiegelbild ein positives, gewinnt man Selbstachtung, gewinnt man einen Platz in der Gesellschaft, gewinnt man Würde.»[12]

Um es klar zu formulieren, was Respekt vor der Arbeit bedeutet: Jede Arbeit ist wertvoll und verdient Anerkennung: Die Bäuerin ebenso wie der Handwerker, der Gemeinde- und die Bankangestellte, die Ärztin wie ihre Praxisangestellte, der Chauffeur und die Taxifahrerin, usw. Alle, unabhängig von ihrer Ausbildung, ihrem Werdegang und ihrem Lohn. Jede und jeder leistet einen Beitrag für eine Organisation und das Gemeinwohl.

Gemäss einer Studie von 2022 werden über 50 % der Krankschreibungen aus psychischen Gründen durch Konflikte am Arbeitsplatz ausgelöst.[13] Frustrationen, Kränkungen und Verunsicherungen sind in der grossen Mehrheit auf Führungsfehler zurückzuführen und verursachen Wut, Angst, zur Arbeit zu gehen, Rückzug oder Depressionen, welche nicht selten zu weiteren Problemen führen.

Arbeitspsychologen weisen darauf hin, dass viele Erwerbstätige unter Stress leiden und nach der Devise arbeiten: «Fünf Tage durchhalten, damit man nachher wieder zwei Tage leben kann.» Die Bandbreite sei gross, sagen sie: Einerseits gibt es diejenigen, die Erfüllung in der Arbeit finden, andererseits ist ein ebenso grosser Teil unzufrieden und möchte aus dem «Hamsterrad» aussteigen. Die hauptsächlichen Gründe für Stress und Unzufriedenheit sind folgende:

«Viele Menschen sind überlastet und versinken in einer Flut von Aufgaben, doch gleichzeitig fehlt ihnen die Kompetenz, selbst zu entscheiden. Hinzu kommt eine Menge von Meetings: Angestellte sind durchgebucht mit Sitzungen und haben kaum die nötige Zeit, um etwas Produktives zu leisten ... Leute stresst es, dass sie ständig über acht, neun verschiedene Kanäle parallel kommunizieren müssen, wobei unklar bleibt, welcher Kanal für was gilt. Zudem wird erwartet, dass man ständig erreichbar ist und umgehend reagiert.» [14]

Heike Bruch, Professorin an der Universität St. Gallen, doppelt nach:

«Mitarbeitende haben das Gefühl, dass sie am Limit operieren und befinden sich im Dauerstress. Geschwindigkeit und Druck haben deutlich zugenommen. In einem solchen Modus steigt die Gereiztheit, und Angestellte ziehen sich in ihre Silos zurück. Das ist ein idealer Nährboden für schlechte Führung, toxische Konflikte und destruktives Verhalten ... Wir haben die Energie in mehr als 1900 Unternehmen gemessen. Und dabei zeigt sich deutlich, dass bei Vorherrschen von korrosiver Energie die Unternehmen nicht nur wirtschaftlich deutlich weniger erfolgreich sind. Ein solches Umfeld beeinträchtigt auch die betriebliche Innovationsfähigkeit oder die Kundenbindung und führt bei den Mitarbeitenden zu psychischer Belastung.» [15]

1.2 Die Arbeitskultur als bestimmender Faktor

Das Klima oder die Atmosphäre, in der alle Mitarbeitenden arbeiten, wird von allen beeinflusst, wobei die Führungskräfte den grössten und nachhaltigsten Einfluss haben. Die folgende Darstellung soll die Bedeutung der Kultur auf das Wohlbefinden der tätigen Personen und die unternehmensspezifischen Ziele verdeutlichen.

Arbeitsumfeld und -kultur haben einen hohen Stellenwert für uns alle und unsere Gesellschaft. Wir tun deshalb das Richtige, wenn wir alles daransetzen, sie so gut wie nur möglich zu gestalten. Die Organisation der Arbeit,

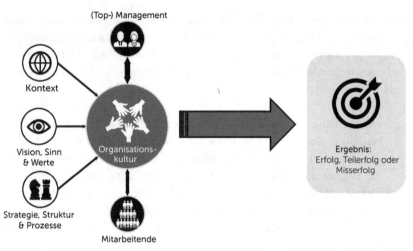

Abbildung 2: Bedeutung der Kultur, Interdependenzen im System

wie ein Unternehmen strukturiert und wie darin geführt wird, bestimmt zu einem erheblichen Teil, wie Ziele erreicht werden und ob das Verhältnis zwischen Führung und Geführten positiv ist und zum Erfolg beiträgt oder nicht.

Es geht grundsätzlich darum, eine positive, faire und sichere *Arbeits- und Organisationskultur zu schaffen*:

> «Gute Arbeit kann helfen, gesund zu bleiben, wenn Mitarbeitende Wertschätzung erfahren und Rückhalt im Team erleben. Geringe Entscheidungsmöglichkeiten oder Unfairness machen dagegen krank. Es liegt auf der Hand, dass der Führungskultur eine besondere Rolle zukommt.»[16]

Die grossen Herausforderungen, die sich uns stellen, können gemeistert werden, wenn akzeptiert wird, dass *Führungskräfte, vorab die Topmanager, in der Verantwortung* stehen. Sie setzen mit ihren Vorgaben und Taten die entscheidenden Impulse und stellen die Weichen, um sowohl die unternehmerischen Ziele zu erreichen als auch zufriedene Mitarbeitende in der Organisation zu haben. Dabei sind die Top-Führungsfehler stets im Auge zu behalten: fehlende Integrität, mangelhafte Kommunikation, ungenügende Fach- und/oder Führungskompetenz, zu wenig Aufmerksamkeit und fehlendes Vertrauen. Führungsfehler verursachen Kosten und gefährden den Erfolg eines Unternehmens. Zudem ist «keine Massnahmen» die am häufigsten genannte Massnahme nach anerkannten Führungsfehlern (vgl. Kap.2.1).

Deshalb empfehle ich Massnahmen und Verhaltensweisen für Führungskräfte, die in den Kapiteln 4 und 5 ausführlich beschrieben werden:

1. Die obersten Führungsebenen, Verwaltungs-/Aufsichtsrat und Geschäftsführung, schaffen – in Zusammenarbeit mit dem Mittleren Management – die Rahmenbedingungen, in denen in ihrer Organisation gearbeitet wird: strategische und operative Ziele, Sinn und Vision, Werte und Führungsphilosophie. Wenn diese «Magna Charta» der Organisation steht und sie von «oben» vorgelebt wird, kann das viel zu einer sicheren, angstfreien und fairen Arbeitskultur beitragen. Jede Angestellte weiss, was gilt, wo Freiräume bestehen und wo Grenzen gesetzt sind. Die Erwartungen sind für alle klar und gleich.

2. Topmanager sind in der Firma präsent, machen strukturelle Vorgaben, welche die Arbeit erleichtern und die Entscheidungsebene festlegen und unterstützen ihre Führungskräfte. Sie sind auf ihre Firma konzentriert, vermeiden falsche Signale, bekämpfen die interne Bürokratie, vermeiden diffuse Delegation und untaugliche Initiativen und nehmen ihre Verantwortung wahr. Sie integrieren das Mittlere Management bei jeder Transformation.

3. Alle Führenden sind sich bewusst, dass ihre Handlungen fehleranfällig sind. Um Führungsfehler, die Menschen verletzen und in Stress, Angst oder Wut versetzen, zu reduzieren, sind sie bestrebt: Ihre Emotionen zu kontrollieren, über das eigene Tun zu reflektieren, Prioritäten zu setzen, und ihre Mitarbeitenden in die Führungsverantwortung einzubinden, indem sie deren Initiative und Kreativität fördern sowie Fehler als Chance zur individuellen und organisationellen Weiterentwicklung sehen.

1.3 Der Kontext und seine Auswirkungen

Führung heisst «Ziele mit Menschen in einem bestimmten Kontext erreichen» und hat vier Dimensionen:

- den politisch-gesellschaftlichen Kontext, der das staatliche, regulatorische und gesellschaftliche Umfeld, in das eine Organisation eingebettet ist, umfasst;
- den organisationsspezifischen Kontext, welchen ein Unternehmen in einer freien Wirtschaft selbst beeinflussen kann und in dem Führende und Geführte arbeiten und leisten;
- die Führungskraft selbst und
- die Geführten und die Interaktion zwischen Führenden und Geführten.

Abbildung 3: Geführte und Führende in einem bestimmten Kontext

Im Folgenden beleuchte ich vor allem die beiden Kontexte.

Der *politisch-gesellschaftliche Kontext* ist von grundlegender Bedeutung: Das staatliche, regulatorische und gesellschaftlich-soziale Umfeld prägt ein Unternehmen in hohem Mass. Es macht einen Unterschied, ob ein Unternehmen aus Frankreich, den USA, Deutschland oder der Schweiz operiert; noch grösser sind die Unterschiede, wenn es um Unternehmen in einem anderen Kontinent geht. Die Gründung einer Firma, die Corporate Governance, die Steuerpflichten, um nur einige wesentliche Elemente zu nennen, werden in jedem Land unterschiedlichen Anforderungen genügen müssen.

Der *organisationsspezifische Kontext* ergibt sich beispielsweise aufgrund der Eigentums- oder Mehrheitsverhältnisse, die ein Unternehmen beherrschen:[17]

a) Der Unternehmer, der die Firma vor 25 Jahren vom Vater übernommen hat und selbst während vieler Jahre CEO war und nun als Präsident dem Aufsichts-/Verwaltungsrat vorsteht, hat das Unternehmen mit seiner Persönlichkeit geprägt und die Mitarbeiterzahl und den Umsatz verzehnfacht. Heute zählt die Firma in ihrem Marktsegment zu den führenden weltweit. Er hat stets Wert auf vorbildliche Führungskräfte gelegt, und ein gutes Verhältnis zu den Mitarbeitenden, ihre faire Entlöhnung und interne Karrieremöglichkeiten waren ihm wichtig. Seit er im dritten Jahr als CEO mit giftigem Abwasser aus der Produktion, das in den örtlichen Bach floss, konfrontiert wurde, ist der Umweltschutz zu einer bestimmenden Komponente der Unternehmensstrategie geworden. Die

Umstellung auf erneuerbare Energien und e-Mobilität sind ihm heute ein persönliches Anliegen.

b) Das Unternehmen X, vormals im Aktienbesitz einer Familie, wurde vor vier Jahren an eine Investorengruppe verkauft, die seither mit klaren Erwartungen an den neu eingestellten CEO und seine Führungscrew für finanzielle Erfolge gesorgt hat. Die Devise lautete: Das Unternehmen innert zwei Jahren in die schwarzen Zahlen zu führen und Mehrwert für das Aktionariat zu schaffen. Das Topmanagement verfügte eine Reduktion des Personals und straffe Kostendisziplin. Bereits nach achtzehn Monaten war die «schwarze Null» erreicht. Seither sind die Gewinnprognosen und die Quartalsresultate weiter gestiegen. Der Unternehmensbereich *Corporate Social Responsibility* (CSR) unterstützte Anlässe von Vereinen am Ort des Hauptsitzes und finanzierte kulturelle Veranstaltungen. Als kapitalmarktorientiertes Unternehmen ist es primär auf die Schaffung von finanziellen Werten für seine Aktionäre und Investoren ausgerichtet. Es ist an der Börse kotiert, und seine Performance wird anhand der Entwicklung des Aktienkurses, der Dividendenausschüttungen und der Gesamtrendite für die Aktionäre gemessen.

Bei a) handelt es sich um ein *gesellschaftlich verantwortliches Unternehmen* und bei b) um ein *kapitalmarktorientiertes Unternehmen*. Sie unterscheiden sich hauptsächlich in ihren Zielen, Prioritäten und in der Art und Weise, wie sie ihren Erfolg definieren und messen.

Unternehmen a) strebt danach, einen positiven Einfluss auf die Gesellschaft und die Umwelt auszuüben, während es gleichzeitig profitabel bleiben will. Es berücksichtigt eine breite Palette von Stakeholdern, einschliesslich Mitarbeitenden, Kunden, Lieferanten, die Gemeinschaft und die Umwelt. Bei Entscheidungen werden ethische Überlegungen, Nachhaltigkeit, Gemeinwohl und langfristige Auswirkungen auf die Stakeholder, insbesondere auf das Verhältnis zwischen Führenden und Geführten, berücksichtigt.

Bei b) liegt der primäre Fokus auf der Maximierung des Unternehmensgewinns und damit des Shareholder Value. Das oberste Ziel ist es, den Wert des Unternehmens für das Aktionariat zu steigern. Es strebt danach, den Wert des Unternehmens auf dem Kapitalmarkt zu erhöhen, was sich im steigenden Aktienkurs widerspiegelt. Es trifft zu, dass die von den Eigentümern getroffenen Massnahmen im Personal- und Kostenbereich das Überleben der Firma ermöglicht haben, und das Engagement im Rahmen des CSR hatte positive Auswirkungen. Trotzdem geniesst die gesellschaftliche Verantwortung nicht die oberste strategische Priorität.

Der organisationsspezifische Kontext, der die Unternehmen a) und b) in unterschiedlicher Form prägt, hat Konsequenzen auf die Ziele und Erwartungen, die der gesamten Firma kommuniziert werden, auf die Prioritäten der Führungskräfte und auf ihr Handeln. Das wiederum hat Auswirkungen auf die Arbeits- und Organisationskultur und auf die Art und Weise, wie Führende und Geführte miteinander umgehen.

Meine Beurteilung lautet, dass
- Unternehmen a) wahrscheinlich eine gute Organisationskultur hat und Führungsfehler weniger oft geschehen;
- Firma b) mit ihrer monetär getriebenen, auf kurzfristige Gewinne und risikoreiches Handeln ausgerichteten Unternehmensphilosophie vermutlich eher Führungskräfte anzieht, die auf finanzielle Anreize (leistungsbezogenes Salär, Boni) ansprechen und ihr Führungsverhalten einseitig auf Resultate der Mitarbeitenden ausrichten;
- schlechte Führung und Führungsfehler bei b) eher als in a) entstehen können, weil die Eindimensionalität des Handelns, das Ziel der Gewinnmaximierung für die Aktionäre und mittelbar auch für einzelne «Leistungsträger» nicht das Feld sind, auf welchem eine *gesunde Saatmixtur* von Unternehmensgewinn, Mitmenschlichkeit und der Sorge um die langfristige gesellschaftliche, soziale und umweltverträgliche Entwicklung gestreut wird.

Somit ist ersichtlich, dass die Unternehmensphilosophie, also entweder kapitalmarktorientiert, der gesellschaftlichen Verantwortung verpflichtet oder ein Mix aus beiden, eine dominante Rolle spielt: Je nach Unternehmensphilosophie werden unterschiedliche Managertypen verpflichtet und unterschiedliche Erwartungen an sie gestellt. Gemäss diesen Vorgaben werden die Topmanager handeln und so die Arbeits- und Organisationskultur massgeblich beeinflussen.

Nichtsdestotrotz können Führungskräfte auch im Unternehmen b) eine positive Wirkung entfalten. Sie können in ihrem eigenen Verantwortungsbereich Massstäbe setzen und Werte vorleben, auch wenn sie nicht von der gesamten Organisation eingefordert werden.

Kapitel 2:

Einfache und toxische Führungsfehler

2.1 Die wissenschaftliche Studie der Universität St. Gallen

Kurz vor Ausbruch der Corona-Pandemie begannen wir eine breit angelegte Umfrage bei national und international tätigen Organisationen aus diversen Branchen.

Um einen ersten Überblick über bereits bekannte Führungsfehler in der Literatur zu erhalten, wurde eine Literaturrecherche in sechs führenden Fachzeitschriften durchgeführt. Artikel aus folgenden *Journals* wurden berücksichtigt: Academy of Management Journal, Journal of Management, Personnel Psychology, Journal of Applied Psychology, Leadership Quarterly und Journal of Organizational Behavior. Für die Literaturrecherche wurden folgende Begriffe verwendet: *Leadership Mistakes, Leadership Errors, Leadership Failure, Destructive Leadership, Toxic Leadership, Unethical Leadership, Dark Leadership* und *Abusive Supervision*. Dabei konnten 23 relevante Studien identifiziert werden. Durch eine thematische Kodierung wurden verschiedene Führungsfehler kategorisiert. Nachdem die Umfrage abgeschlossen war, wurde diese zuerst mittels eines deduktiven Verfahrens, das heisst auf Basis der Erkenntnisse aus der Literatur, kodiert und anschliessend aufgrund der neuen Erkenntnisse aus der Umfrage durch ein induktives Verfahren ergänzt. Daraus entstanden zehn Kategorien für «Führungsfehler», neun Kategorien für «Auswirkungen» und sieben Kategorien für «Massnahmen» (vgl. Anhang IIa).

Erfreulicherweise nahmen 31 Organisationen aus sieben verschiedenen Branchen an der Online-Umfrage teil. Einige wollten aus unterschiedlichen Gründen nicht an unserer Umfrage teilnehmen (vgl. Anhang IIb).

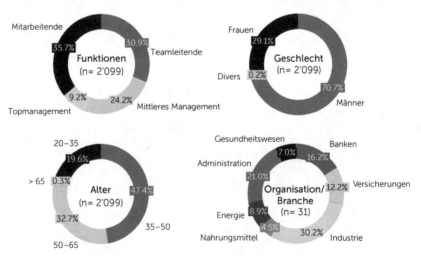

Abbildung 4: HSG-Umfrage mit Überblick der teilnehmenden Personen und Organisationen

Bei der Umfrage ging es uns darum, möglichst viele Feedbacks zu erhalten. Eine Person sollte nicht länger als zehn Minuten für die Beantwortung der Fragen aufwenden müssen. Folgende Fragen wurden gestellt:

1. Angaben zur Person.
2. Welches ist der bedeutendste Führungsfehler, den Sie in Ihrer beruflichen Karriere erlebt haben (entweder waren Sie persönlich betroffen oder haben diesen Führungsfehler in Ihrer Organisation miterlebt)?
3. Wo sehen Sie die hauptsächlichen Gründe für diesen Führungsfehler?
4. Welche Auswirkungen hatte dieser Führungsfehler?
5. Welche Massnahmen wurden zur Begrenzung dieses Führungsfehlers eingesetzt und welche «lessons learned» wurden gezogen?
6. Haben Sie einen weiteren Führungsfehler in Ihrer beruflichen Karriere (mit-)erlebt, den Sie kurz ausführen möchten?

Hier sind die Resultate unserer wissenschaftlichen Studie:

Gesundheitswesen

Integrität	45 (9,4%)
Kommunikation	43 (9,0%)
Kompetenz	24 (5,01%)
Wertschätzung	22 (4,6%)
Fairness	20 (4,2%)

Banken

Integrität	77 (7,8%)
Kommunikation	53 (5,4%)
Kompetenz	52 (5,3%)
Aufmerksamkeit	38 (3,9%)
Fairness	36 (3,7%)

Versicherungen

Integrität	47 (6,7%)
Kommunikation	46 (6,6%)
Vertrauen	37 (5,3%)
Empathie	26 (3,7%)
Entsch. fällen	25 (3,6%)

Industrie

Kommunik.	169 (8,0%)
Integrität	133 (6,3%)
Kompetenz	102 (4,8%)
Entsch. fällen	72 (3,4%)
Ego	69 (3,2%)

Nahrungsmittel

Kommunik.	31 (11,0%)
Ego	14 (5,0%)
Entsch. fällen	13 (4,6%)
Vertrauen	12 (4,3%)
Strat. Denken	11 (3,9%)

Energie

Integrität	37 (5,9%)
Vertrauen	34 (5,4%)
Kompetenz	33 (5,2%)
Empathie	26 (4,1%)
Durchsetz.kraft	24 (3,8%)

Administration

Integrität	110 (8,9%)
Kommunikation	97 (7,8%)
Kompetenz	77 (6,2%)
Unterstützung	42 (3,4%)
Aufmerksamkeit	41 (3,3%)

Abbildung 5: Führungsfehler nach Branchen

	Führungsfehler ⚠	Auswirkungen ↑↓	Massnahmen ◎
Mitarbeitende	• Integrität (216; 9,2%), Kommunikation (173; 7,4%), Kompetenz (137; 5,9%), Aufmerksamkeit (78; 3,3%), Unterstützung (73; 3,1%)	• Kündigung (306; 19,6%), Motivation (117; 7,5%), Finanz. Einbussen (106; 6,8%); Mitarbeiterzufriedenheit (102; 6,5%), Teamklima (81; 5,2%)	• Keine Massnahme (277; 51,8%), Führungswechsel (38; 7,1%), Mitarbeiterkommunikation (20; 3,7%), Teamkommunikation (16; 3,0%)
Teamleitung	• Kommunikation (139; 7,2%), Integrität (128; 6,6%), Kompetenz (83; 4,3%), Wertschätzung (65; 3,4%), Aufmerksamkeit (64; 3,3%)	• Kündigung (213; 15,1%), Finanzielle Einbussen (117; 8,3%), Effizienzverlust (99; 7,0%), Motivation (92; 6,5%), Mitarbeiterzufriedenheit (89; 6,3%)	• Keine Massnahme (249; 39,5%), Führungswechsel (41; 6,5%), M-Kom.. (30; 4,8%), Team-Kom. (21; 3,3%), Lessons learned (LL) umgesetzt (21; 3,3%)
Führung einer Abteilung	• Kommunikation (114; 7,1%), Integrität (92; 5,7%), Kompetenz (76; 4,7%), Vertrauen (66; 4,1%), Entscheidung fällen (57; 3,5%)	• Kündigung (186; 15,8%), Finanzielle Einbussen (111; 9,4%), Motivation (96; 8,1%), Effizienzverlust (82; 7,0%), Mitarbeiterzufriedenheit (53; 4,5%)	• Keine Massnahme (166; 28,7%), Führungswechsel (32; 5,5%), Weiterbildung F-Kraft (29; 5,0%), M-Kom. (26; 4,5%), LL umgesetzt (25, 4,3%)
GL-Mitglied	• Entscheidung fällen (33; 6,5%), Kommunik. (32; 6,3%), Kompetenz (19; 3,7%), Fehlentscheidung (19; 3,7%), Ego (19; 3,7%)	• Kündigung (57; 14,8%), Finanzielle Einbussen (48; 12,5%), Motivation (29; 7,5%), Effizienzverlust (28; 7,3%), Vertrauensverlust (21; 5,5%)	• Keine Massnahme (52; 25,5%), Führungswechsel (18; 8,8%), Weiterbildung F-Kraft (15; 7,4%), Reflexion (13; 6,4%), M-Kom (11; 5,4%)
VR-Mitglied	• Integrität (6; 9,5%), Ehrlichkeit (4; 6,3%), Ego (4; 6,3%), Weitsicht/Strat. Denken (4; 6,3%), Konfliktaversität (4; 6,3%)	• Finanzielle Einbussen (4; 11,1%), Kündigung (3; 8,3%), Vertrauensverlust (3; 8,3%), Entlassung (3; 8,3%), Effizienzverlust (2; 5,6%)	• Keine Massnahme (8; 26,7%), Führungswechsel (3; 10,0%), M-Kommunik. (3; 10,0%), Weiterbildung F-Kraft (3; 10,0%), Strategie (3; 10,0%)

Abbildung 6: Top 5 Führungsfehler nach Position

Führungsfehler ⚠	Auswirkungen ↑↓	Massnahmen ◎
• Integrität	• Kündigung	• Keine Massnahme
• Kommunikation	• Motivation	• Führungswechsel
• Kompetenz	• Mitarbeiterunzufriedenheit	• Mitarbeiterkommunikation
• Aufmerksamkeit	• Vertrauensverlust	• Weiterbildung Führungskraft
• Vertrauen	• Finanzielle Einbussen	• Entlassung
• Weitere	• Weitere	• Weitere

Abbildung 7: Top 5 Führungsfehler

Einige Zitate aus den knapp 2100 Feedbacks (weitere finden sich im Anhang IIc):

Von Mitarbeitenden:
- «Meiner Meinung nach besteht die Organisation wie ein Körper aus vielen Einzelteilen, aus allen Mitarbeitenden. Der Informationsfluss in einer Organisation von unten nach oben und umgekehrt ist das Wichtigste. Wie in einem Körper muss das Blut überall fliessen, sonst kommt es nicht gut. Ich denke, wenn man mehr altgediente Mitarbeiter gefragt hätte, dann wäre die Entscheidung anders ausgefallen.»
- «Es herrschte in dieser Firma eine Null-Fehler-Toleranz und ein Klima der fehlenden Selbstreflektion. Daher wurden Fehler verheimlicht oder gar nicht gemeldet. Das führte dann zum Niedergang.»
- «Wenn führende Mitarbeiter nicht vorbildlich agieren und bei sich andere Massstäbe/Regeln ansetzen, als sie es von Untergebenen erwarten.»
- «Der Vorgesetzte hat seine Macht missbraucht, um einen Mitarbeitenden fertig zu machen. Und oben hat man das zugelassen.»
- «Unser Team war gut aufgestellt und hat gut funktioniert. Der Neue hat für Unruhe und Unmut gesorgt. Aber unser Vorgesetzter hat nicht reagiert. Das Team ist dann auseinandergefallen, weil gute Mitarbeiter gekündigt haben.»

Von Teamleitenden:
- «Der grösste Führungsfehler, den ich erlebt habe, besteht darin, dass ein Vorgesetzter kein Verständnis hat für die Work-Life-Balance seiner Mitarbeitenden. Sie müssen immer verfügbar sein.»
- «Ich bin in das Unternehmen eingetreten, weil es einen guten Ruf hat und faire Saläre zahlt. Ich habe es aber verlassen aufgrund der fehlenden Integrität meines unmittelbaren Vorgesetzten.»
- «Falsche Selektionskriterien für Führungskräfte. Es wird immer noch der beste Fachmann zum Chef gemacht. Führungseignung und -fähigkeit werden zu wenig gefragt.»

Vom Mittleren Management:
- «Das Top-Management entscheidet nicht klar und kommuniziert getroffene Entscheidungen nicht offen und eindeutig. Ebenfalls kommt es regelmässig vor, dass vom Management vorgegebene Verhaltens- und Führungsregeln offensichtlich nicht eingehalten werden. Das macht das Management unglaubwürdig.»

- «Wenn das Topmanagement Menschen nicht mag und kein Vertrauen entgegenbringt. Konsequenzen: Unzufriedenheit und Kündigung guter Mitarbeiter.»
- «Keine offene Kommunikation, was dazu führt, dass Verbesserungsvorschläge von Mitarbeitern nicht gehört und umgesetzt werden.»

Vom C-Level:
- «Chef, der alles und jedes bis ins kleinste Detail prüft und dann gleich auch noch selbst überarbeitet, wodurch die Mitarbeitenden demotiviert und dazu verleitet werden, keine Eigenverantwortung mehr zu übernehmen.»
- «Ich habe eine ausländische Niederlassung kurz vor Weihnachten geschlossen, was viele schmerzhafte Konsequenzen ausgelöst hat. Der Fehler lag bei mir: Ich habe die Situation rein ökonomisch beurteilt und sämtliche sozialen und kulturellen Aspekte ausgeblendet.»

Erläuterungen:
- *Integrität* ist eng verknüpft mit der Persönlichkeit, dem Charakter und bedeutet, dass der Ruf einer Person intakt und unversehrt ist. Die Chefin tut, was sie sagt («walk the talk», nicht Wasser predigen und Wein trinken), der Vorgesetzte lebt im Berufsalltag die Werte der Unternehmung, die ethischen Grundsätze unserer Gesellschaft. Integer ist, wer sich im Griff hat und sich nicht gehen lässt, seine Emotionen kontrolliert. Die Integrität ist meistens dann zerstört, wenn das Vertrauen missbraucht wird (wenn beispielsweise Geld veruntreut, Mitarbeiter gemobbt oder sexuell ausgebeutet worden sind; oder wenn gegen die Werte der Unternehmung oder gegen Gesetze verstossen wurde).
- *Kommunikation* umfasst das gesamte Spektrum des Verhaltens einer Person, vor allem ihre Worte, ihre Körpersprache, ihr Betragen; was sie sagt oder nicht sagt, wie sie informiert, was sie verschweigt, ob sie Hinweise gibt oder nicht, wie sie ermuntert, Feedback gibt usw.
- *Kompetenz* bezieht sich einerseits auf das fachliche Wissen und Können und andererseits auf die Fähigkeit zu führen.
- *Aufmerksamkeit* ist vor allem Achtsamkeit gegenüber Menschen, die wahrgenommen, beachtet, gefördert und ernst genommen werden wollen.
- *Vertrauen* ist die Grundlage für eine erfolgreiche Beziehung zwischen Menschen, die ihrerseits beruflichen und geschäftlichen Erfolg begründet. Vertrauen baut auf der Integrität einer Führungskraft auf. Geführte fühlen sich von einem oder einer Führenden ernst genommen und können sich auf ihn oder sie verlassen.

Diese Führungsfehler führten zu Kündigungen der Betroffenen, zu Motivations- und Vertrauensverlust, aber auch zu Unruhe in der Organisation, zu Kosten und zur Verschlechterung der Arbeitskultur. Erstaunt nehmen wir zur Kenntnis, dass die häufigste Massnahme nach Führungsfehlern «keine Massnahme» war.

Fehlende Integrität führt zu Vertrauensverlust und weist daraufhin, dass die Gefahr eines Machtmissbrauchs gross ist. Mangelhafte Kommunikation und Aufmerksamkeit gegenüber Menschen weisen auf Führungsfehler im zwischenmenschlichen Bereich hin.

2.2 Weitere wissenschaftliche Untersuchungen

Die im Anhang III. aufgeführten Publikationen über Führungsfehler der vergangenen 25 Jahre umfassen ein breites Gebiet: von der Medizin (Radiologen, Kieferorthopäden, usw.) über Umwelt, Sicherheit bis zur Finanzwirtschaft und oft allgemein zur Führung von Organisationen.

Die Anzahl verschiedenster Führungsfehler ist auf den ersten Blick überwältigend. Neben vielen wissenschaftlich erforschten Fehlern (Untersuchungen, Befragungen und daran anschliessenden Analysen) wurden auch persönliche Praxiserfahrungen veröffentlicht. Bei näherer Betrachtung fällt auf, dass Führungsfehler entweder aufgrund der Führungsperson selbst entstehen oder vom System ausgehen.

Die Zusammenfassung enthält verschiedene Aspekte dysfunktionaler Führungsstile und Managementfehler. Die Hauptthemen sind:
* *Missbräuchliche Führung* wie unerlaubte Aufsicht, Mikromanagement, autoritäre Führung und Laissez-Faire-Führung;
* *Destruktive Führung*: Als besonders schädlich erweisen sich passiv-missbräuchliche Verhaltensweisen, indem zum Beispiel Leistungen über eine längere Zeit nicht anerkannt werden;
* *Persönliche Eigenschaften schlechter Führungskräfte*: Egoismus, Unberechenbarkeit, mangelnde Selbstkritik, unklare oder fehlende Kommunikation, Inflexibilität;
* *Spezifische, mitarbeiterorientierte Fehler* wie mangelnde Bindung zu Geführten, emotionale Distanz, Vernachlässigung der Mitarbeiterentwicklung, fehlendes oder respektloses Feedback und ineffektives Konfliktmanagement;
* *Managementfehler*: Einstellen der falschen Personen, unklare Delegation von Aufgaben, mangelnde Prozessdefinition, fehlende Unterstützung von Prozessen;

- *Systemische Führungsfehler*: Fehler, die in den Rahmenbedingungen des Managements und in der Arbeitskultur entstehen, wie beispielsweise durch inkonsistente Zielvorgaben, Überlastung oder mangelnde Sicherheitsvorkehrungen;
- *Schlechte Führung* kann ineffektiv oder unethisch und moralisch verwerflich sein;
- *Gründe für Führungsfehler* können Stress, zu wenig Schlaf und in der Folge Überlastung von Mitarbeitenden sein;
- *Indikatoren dysfunktionalen Managements*: Es wird auf direkte und indirekte Indikatoren für dysfunktionale Führung hingewiesen, die sich in der Arbeitsplatzzufriedenheit, der Fluktuation, den Abwesenheiten und der Kundenzufriedenheit widerspiegeln;
- *Führungsfehler auf verschiedenen Ebenen*: Es gibt Fehler bei der Führungskraft, auf der Team- und Organisationsstufe, von individuellen Handlungen bis zu systemischen Rahmenbedingungen. Die Bedeutung des Zusammenspiels dieser Ebenen wird deutlich.

Missbräuchliche, destruktive oder unethische Führung sowie ausgeprägter Egoismus weisen in der Tendenz auf toxisches Führungsverhalten hin: Es geht um Machtmissbrauch, der nicht tolerierbar ist.

Schlimme Führungsfehler und generell dysfunktionales Management-Verhalten wirken sich rasch aus in

- sinkender Arbeitsplatzzufriedenheit,
- höherer Fluktuation,
- zunehmenden Beschwerden seitens der Kunden,
- vermehrten Krankheitsausfällen,
- steigenden Kündigungen.

Die Ergebnisse unserer wissenschaftlichen Studie werden durch die vielen Publikationen zu Führungsfehlern aus den vergangenen 25 Jahren bestätigt.
Zu einem grossen Teil hängt es von den zwischenmenschlichen Beziehungen zwischen Führenden und Geführten ab, ob letztere mit ihrer Arbeit zufrieden und motiviert sind. In einigen Fällen ist Machtmissbrauch die Ursache von Führungsfehlern.

Die einzelne *Führungskraft und die Organisation* sind beide angesprochen, wenn es um die Verhinderung oder die Reduktion von Führungsfehlern geht.

2.3 Toleranz und Anpassungsfähigkeit bei einfachen Führungsfehlern

Jede Führende kann in ihrem Umfeld Fehler reduzieren, unabhängig von der herrschenden Kultur. Das hängt stark von ihren Führungseigenschaften und insbesondere von ihrem Willen zur wertorientierten Führung ab, aber auch von ihren Geführten. Dies führt mich zur Frage der Interaktion zwischen ihnen.

Welche *Führungsrollen* gibt es? Wir stehen vor einer Vielzahl von Führungskräften, die stark von ihrem ganz speziellen Umfeld konditioniert sind – und trotzdem im Rahmen ihrer Rolle/Funktion und ihren persönlichen Voraussetzungen sowie der gegebenen Situation handeln und Akzente setzen:

- Die *Unternehmerin*, die mit einem neuartigen Produkt eine Firma gründet und dazu ihr gesamtes Erspartes einsetzt oder sich Geld leiht oder Investoren hinter sich weiss. Sie ist beseelt von ihrem Start Up, hat vorgängig den Markt analysiert und einen Businessplan erstellt. Die ersten Mitarbeitenden werden angestellt und Aufgaben verteilt; sie fühlen sich als Teil eines neuen Unternehmens und lassen sich vom Enthusiasmus der Unternehmerin anstecken. – Wie führt sie? Welche Ziele setzt sie? Wie geht sie mit Rückschlägen um? Welche Änderungen wird sie kommunizieren, wenn zur überschaubaren Mitarbeiterzahl viele neue hinzukommen?
- Der *Abteilungsleiter* in einem staatlichen Betrieb findet seine Ziele in einem Gesetz oder einem Erlass. Er ist Teil einer hierarchisch gegliederten Organisation, hat eine Vorgesetzte, direktunterstellte Teamleiter und einige Dutzend Mitarbeiterinnen. – Wie führt er? Welche Akzente setzt er? Wie überprüft er die Zielerreichung? Wie kommuniziert er nach oben und nach unten? Welchen Spielraum hat er?
- Die *Trainerin* eines Spitzenteams im Frauenfussball war selbst Profi und hat diverse Pokale gewonnen. Nun steht sie vor einer neuen Herausforderung. Sie weiss, dass sie erfolgreich sein muss, unabhängig davon, wie viele Spielerinnen und welche Stars ihr zur Verfügung stehen. Im Falle anhaltender Niederlagen wird sie als erste entlassen. – Wie führt sie? Wie behandelt sie die spielbestimmenden Stars und wie die «normalen» Spielerinnen? Welche Trainingsmethoden wählt sie? Wie bereitet sie ihr Team auf die einzelnen Spiele vor?

In allen Beispielen, deren Liste keineswegs abschliessend ist, handelt es sich um Führungskräfte, die in ihrem Umfeld *Ziele mit Menschen erreichen* müssen. Wir erwarten, dass die Mitarbeitenden die Führungskraft mit ihren Leistungen unterstützen und mit ihr die geforderten Ziele erreichen. Die Führungskraft wird aber Fehler machen. Welche sind akzeptabel und welche sind unverzeihlich?

Auch unter den Mitarbeitenden finden wir eine Palette von verschiedenen persönlichen Eigenschaften und mit individuellen sozialen Lebensbedingungen, die sich rasch ändern können. Es handelt sich um Personen, die

- auf eine Arbeit zum Leben angewiesen sind, wobei sie den beruflichen Anforderungen gewachsen und bestrebt sind, die anstehenden Aufgaben gut zu erfüllen; sie wollen jedoch keine weitere Verantwortung übernehmen;
- eine Arbeit zum Leben brauchen, den Anforderungen aber nur teilweise gewachsen sind und deshalb zusätzliche Zeit zur Erledigung der übertragenen Arbeiten und Training benötigen, um die vertraglich vereinbarte Leistung zu erbringen;
- die ihnen zugewiesenen Arbeiten grundsätzlich gerne und gut erledigen, aber aufgrund persönlicher Verhältnisse (alleinerziehend, Betreuung eines kranken Familienmitglieds oder andere, zeitaufwändige Verpflichtungen) unterschiedlich disponiert sind: Einmal leisten sie ausgezeichnete Arbeit, ein andermal bleibt die Leistung wenig überzeugend;
- vorübergehend unter einer Erkältung leiden oder zu Hause ein krankes Kind haben und geistig abwesend oder leicht reizbar sind;
- fachlich top sind und sich optimal für ihren Job eignen, aber immer etwas zu nörgeln haben; es ist schwer, es ihnen recht zu machen;
- ausgewiesene und erfahrene Experten sind, auf die die Organisation zählen kann, die aber im täglichen Miteinander schwierig sind, weil sie andere Mitarbeitende schlechtmachen oder mit subtilen Mitteln hinterfragen und so zu einem schlechten Arbeitsklima beitragen;
- eine eigene Agenda verfolgen: Sie wollen Karriere machen, die Organisation ist nur Mittel zum Zweck; sie zeigen volles Engagement, nicken alle Vorgaben ab, exponieren sich aber bei ihren Vorgesetzten nicht mit kritischen Hinweisen.

Allein in *einer* bestimmten Organisation gibt es täglich eine Vielzahl, je nach Grösse und unterschiedlichen Standorten hunderte oder tausende unterschiedliche Prozesse zwischen Führenden und Geführten. Jeder einzelne Gruppenprozess ist einmalig in seiner Ausgangslage wie in seinem Endzustand. Dabei beeinflussen sich Führungskräfte und Mitarbeitende gegenseitig, sogar wenn sich die eine oder andere Gruppe passiv verhält.[18]

Bei geringfügigen Führungsfehlern dürfen wir davon ausgehen, dass sie mit einer Portion *Toleranz und Anpassungsfähigkeit* «verziehen» werden.

Toleranz bedeutet, ein anderes Verhalten und andere Meinungen gelten zu lassen sowie Menschen aus anderen Kulturkreisen und mit unterschiedlichen Lebensformen zu akzeptieren. Bei der Anpassungsfähigkeit denke ich an Teamfähigkeit, Offenheit für Neues und Lernbereitschaft. Es handelt sich um persönliche Haltungen und Werte, die in Reflexions- und Sozialisierungsprozessen erworben werden.

Toleranz und Anpassungsfähigkeit – nicht zu verwechseln mit Gleichgültigkeit und blindem Gehorsam – können das Verhältnis zwischen Führenden und Geführten positiv beeinflussen. Weil wir grundsätzlich um die Fehlbarkeit des Menschen wissen und uns im Speziellen unserer eigenen, individuellen Unzulänglichkeiten bewusst sind, sollten wir gegenüber anderen Menschen nicht jedes Wort auf die Goldwaage legen und alle Handlungen innerlich ablehnen und kritisieren.

Wir müssen davon ausgehen, dass es kaum gelingt, andere Personen nach unseren Wünschen zu ändern; aber wir könnten die eine oder andere Eigenschaft unserer Chefin tolerieren – so wie wir froh sind, wenn andere unsere Unzulänglichkeiten nicht übersehen, aber mit einer gewissen Duldsamkeit ertragen, wie mir ein Teamleiter sagte:

«Unsere Abteilungschefin ist eine Chaotin. Sie hat schon vertrauliche Dokumente auf dem Kopierapparat liegenlassen und versäumt immer wieder Termine. Ihr Büro sieht manchmal aus wie das eines Messie; dann gibt sie sich wieder einen Schubs und räumt alles tadellos auf, bis zum nächsten Mal. Aber sie tut alles für unsere Firma und auch für uns. Sie hat uns noch nie im Stich gelassen, setzt sich ein für uns. Sie arbeitet auch samstags, wenn sie nicht alles erledigen konnte. Und dazu hat sie auch noch Familie mit zwei Kindern. Wie sie das alles macht. Wir arbeiten gerne für sie.»

Wir können auch unsere eigenen Aktivitäten anpassen, wir mir eine HR-Chefin geschildert hat:

«Unser CEO, zugleich der Eigentümer unserer Unternehmung, hat in den vergangenen über zehn Jahren die Firma erfolgreich aufgebaut und weiterentwickelt. Wir beschäftigen heute über 3500 Mitarbeitende und sind auf vier Kontinenten tätig. Die Tatkraft unseres CEO ist gross, er kennt am Firmenhauptsitz fast jeden und jede und ist an allem interessiert, was in der Firma geschieht. Im persönlichen Verkehr tritt er freundlich und respektvoll auf. Die Kehrseite der Medaille besteht in seiner Art der Führung: Er verschickt E-Mails direkt an irgendeinen Mitarbeiter und will rasch Auskunft über eine bestimmte Sache. Weitere fünf bis zehn andere Leute sind im cc. Es werden kaum Entscheidungen ohne seine Zustimmung getroffen: «Ich habe ein Veto-Recht», pflegt er oft zu sagen. Und so «regiert» er über seine Unternehmung. Ohne es vermutlich zu wollen, erzeugt er mit seinem «Management by E-Mail-Stil» eine unnötige Hektik und teilweise sogar Angst, nicht zu genügen oder zu versagen. Im HR-Bereich, der von dieser E-Mail-Flut besonders betroffen ist und meinen Vorgänger dazu bewogen hat, das Unternehmen nach kurzer Zeit zu verlassen, habe ich mit meinen Senior HR-Managern beschlossen, uns regelmässig ein-bis zweimal pro Woche auszutauschen, die eingehenden Forderungen, Aufgaben und Auskünfte zu priorisieren und in eine Übersichtstabelle aufzunehmen. Zusammen mit den operativen Zielen pro Quartal sind wir so in der Lage, gezielter im Interesse der Gesamtfirma zu handeln. Diese einfache Massnahme hat unsere gesamte Abteilung entspannt und stabilisiert sowie das Mikromanagement des CEO neutralisiert.»

Ein Abteilungsleiter erzählte von einem seiner Teamleitenden:

«Anfänglich hatte ich Mühe mit ihm. Ich hatte den Eindruck, dass er an allem, was ich sagte, etwas auszusetzen hatte. Meine Wahrnehmung war nicht grundsätzlich falsch, aber nachdem ich ihn öfter um seine Meinung gefragt hatte, teils auch unter vier Augen, stellte ich fest, dass seine Ideen wertvoll waren. Das «Nörgeln» war ein Teil seiner Art, sich bemerkbar zu machen. Im Grunde war er ein dem Unternehmen sehr verbundener Mitarbeiter.»

Toleranz und Anpassungsfähigkeit sind wie *Brücken*, die man baut, um die Kluft zwischen einer teilweise schwierigen Person und einem selbst zu überwinden. Als Brückenbauer kann man auch entscheiden, zu wem eine Brücke aufgebaut wird und zu wem nicht, weil es einfach nicht harmoniert.[19]

2.4 Nulltoleranz bei Machtmissbrauch und bei Führungsfehlern im zwischenmenschlichen Bereich

Wenn ich mich soeben für *Toleranz und Anpassungsfähigkeit* zwischen Führenden und Geführten eingesetzt habe, so wollte ich damit zum Ausdruck bringen, dass auf beiden Seiten weder Wehleidigkeit noch Kleinkariertes

Platz haben dürfen. Es braucht etwas Geduld, gepaart mit Wohlwollen und einer Portion Grosszügigkeit, um im Alltag zusammenzuarbeiten. Nicht jede Macke oder jedes Abweichen von einer subjektiven Norm sollte angeprangert werden und nach Korrektur oder Gegenmassnahmen rufen.

Es gibt jedoch Führungsfehler, die nicht toleriert und nicht akzeptiert werden dürfen: Der Machtmissbrauch und die Fehler im zwischenmenschlichen Bereich. An dieser Stelle will ich deutlich machen, was darunter zu verstehen ist, nachdem wir bereits mehrere Hinweise erhalten haben.

Machtmissbräuche gibt es in der Wirtschaft, der Politik, im Bildungs- oder Justizwesen oder in der Familie. Es gibt sie in unterschiedlichen Kontexten, in denen jemand eine Führungsposition oder kraft seiner Funktion oder Stellung eine dominante Rolle einnimmt. Machtmissbrauch zeigt sich beispielsweise, wenn eine Führungskraft
- ihre Position nutzt, um sich einen Vorteil zu verschaffen oder anderen Menschen zu schaden;
- unethische oder unrechtmässige Entscheidungen trifft, die zu Lasten der Organisation und ihrer Mitarbeitenden gehen;
- die eigenen Befugnisse überschreitet und andere Personen unfair behandelt;
- andere Menschen manipuliert, um unerlaubte Kontrolle auszuüben oder sich finanziell zu bereichern.

Machtmissbrauch manifestiert sich auf gesellschaftlicher, organisationsspezifischer und individueller Ebene.

Führungsfehler im zwischenmenschlichen Bereich sind ebenfalls Ausdruck eines Machtmissbrauchs. Beispiele sind, wenn eine Führungskraft
- regelmässig Druck ausübt, um unrealistische Ziele zu erreichen oder Termine einzuhalten und bei Nichterreichen starke Kritik äussert;
- ihre Autorität ausnutzt, um von Mitarbeitenden Handlungen einzufordern, die unrechtmässig oder ethisch fragwürdig sind oder den Werten der Organisation widersprechen;
- Mitarbeitende einschüchtert und mit negativen Konsequenzen droht, wenn bestimmte Ziele nicht erreicht werden;
- Menschen vor anderen lauthals kritisiert oder sich über sie lustig macht;
- Leistungen nicht anerkennt und keine Wertschätzung zeigt;
- nur negatives Feedback gibt und selbst keine Verbesserungsvorschläge macht;
- von Mitarbeitenden ein Verhalten verlangt, selbst jedoch nicht mit gutem Beispiel vorangeht;

- Sexuelle Gefälligkeiten verlangt oder sexuelle Übergriffe begeht;
- Mitarbeitende daran hindern will, die ihnen zustehenden Rechte nach Gesetz und Vertrag wahrzunehmen (Pausen, Ferien, Überzeitkompensation usw.);
- Bestimmte Mitarbeitende bevorzugt;
- Mitarbeitende systematisch übergeht, sie nicht beachtet und von Teamanlässen ausschliesst;
- Informationen bewusst und über eine längere Zeit nicht an Mitarbeitende weitergibt;
- Nicht zuhört und nichts wissen will von Fehlern oder Verbesserungsvorschlägen;
- Konflikte ignoriert und sich nicht um die Lösung kümmert;
- für die persönlichen Sorgen und Nöte von Mitarbeitenden kein Verständnis aufbringt.

Führungsfehler im zwischenmenschlichen Bereich sind toxisch, weil sie Menschen in Stress, Krankheit oder Burnout versetzen können, die Organisationskultur kaputt machen und Produktivität und Zusammenarbeit negativ beeinflussen.

Wir müssen nach Lösungen suchen, wie Machtmissbrauch und Führungsfehler im zwischenmenschlichen Bereich vermieden werden können. Im nächsten Kapitel will ich prüfen, ob es in anderen Wissenschaftsbereichen Hinweise oder Anregungen gibt, wie Organisation und Leader wirkungsvoll Missbräuche und Führungsfehler bekämpfen können.

Kapitel 3:

Erkenntnisse aus diversen Wissenschaftsgebieten

Leadership in all seinen Facetten ist ein weites Feld, das es zu erforschen und immer wieder neu zu entdecken gilt. In diesem Kapitel richte ich den Fokus auf unterschiedliche Wissenschaftsgebiete, die mir relevant erscheinen: Von Führungslehren aus der Antike über Erkenntnisse aus individuellen Krisen und Kriegen, psychologischen, organisationalen und politischen Forschungen bis hin zur Frage, ob weniger Hierarchie oder die Künstliche Intelligenz die Lösung für die Eliminierung von Führungsfehlern wären. Die Auswahl habe ich getroffen, weil ich aus diesen und ähnlichen Arbeiten schon oft Hinweise, Ideen oder Anregungen zu Leadership gefunden habe.

- Finden wir Impulse in Weisheiten aus alten chinesischen, römischen und kirchlichen Texten?
- Kann uns die Analyse des Verhaltens in extremen Situationen weiterhelfen?
- Gibt es so etwas wie «best practice», wie Soldaten im Krieg am besten geführt werden?
- Gibt es Hinweise aus Unfällen oder Katastrophen von Organisationen, die auf individuelle oder systemische Fehler zurückzuführen sind?
- Was macht Macht mit Führungskräften und wie kann diese eingedämmt und kontrolliert werden?
- Welche Führungsfehler haben Regierungen in der Geschichte gemacht und welche Folgerungen ergeben sich daraus?
- Wie können Narzissten und andere schlechte Chefs am Aufstieg in der Hierarchie einer Organisation gehindert werden?
- Führt der Weg zu einer Vermeidung von Fehlern über die Abschaffung von Führung und in der Selbstorganisation von Teams?
- Macht die Künstliche Intelligenz Führungskräfte obsolet?
- Welche Erkenntnisse können wir für das Management von Unternehmen aus den Megatrends unserer Zeit ziehen?

3.1 «Gute Führung» in alten Schriften

Aus *altchinesischen Staatsweisheiten* lassen sich folgende «Regeln für eine gute Regierung» zitieren:[20]

«Kaiser Yao hatte nur dann Ruhe auf dem Thron, wenn er wusste, dass die Bevölkerung zufrieden war und ungestörter Arbeit nachging. Öfters unternahm er Reisen, um sich persönlich von der Lage des Volkes zu unterrichten ... er verschmähte nicht, in die niedrigsten strohgedeckten Hütten einzutreten und mit den Ärmsten des Volkes zu reden:

«Friert das Volk?» pflegte er zu sagen, «das ist meine Schuld.»
«Hungert das Volk? Das ist mein Fehler.»
«Begeht es Verbrechen? Ich bin die Ursache.»[21]

«Die alten Herrscher waren nicht starr gesinnt, sondern passten sich der Volksstimmung an; sie waren nicht unabänderlich in ihrem Willen, sondern fügten sich dem Volkswillen. Ihre Gesetze entsprachen der allgemeinen Stimmung, darum erreichten sie Ordnung ohne Anwendung von Strenge. Ihre Verordnungen kamen dem Bedürfnis der Gesamtheit entgegen, darum hatten sie Erfolg ohne Anstrengung. Die Leute taten von selbst ihre Pflicht und gehorchten den Gesetzen ohne Gebrauch von Strafe und Belohnung. Das ist das Geheimnis der alten Kunst des Regierens ohne Anstrengung.»[22]

Im ersten Jahr nach seiner Thronbesteigung versammelte Kaiser Schun (2258–2208 v. Chr.) die Grossen seines Reiches und sprach:

«Der Platz, den ich einnehme, ist der verantwortungsvollste, den es gibt … Ich habe euch berufen, damit ihr zwölf Männer aus eurer Mitte erwählt, fähig, meiner schwachen Kraft Beistand zu leisten. In zwölf Provinzen ist das Reich geteilt, zu ihrer Verwaltung brauche ich zwölf Statthalter. Die Grossen wählten zwölf aus ihrer Mitte und stellten sie dem Kaiser vor. Der Kaiser billigte ihre Wahl und sprach zu den Gewählten: «Schwerwiegend ist die Last, die ich euch auferlege. Bedenkt, worum es sich handelt: Statthalter einer Provinz zu sein, heisst Vater einer zahlreichen Familie zu sein. Eure erste Sorge sei, eurer Familie ausreichend Nahrung zu sichern … Hat das Volk genügend zu essen, so ist es auch geneigt, seinen Pflichten nachzugehen. Die Steuern, die ihr auferlegt zur Deckung des öffentlichen Aufwands, lasst mässig sein. Untersagt allen Luxus, verbietet kostspielige Bauten … Im Übrigen täuscht mich nicht: Äussere Verstellung vermag mich auf die Dauer nicht irrezuführen. Wo das Herz verderbt und schlecht ist, da kommt es schliesslich auch äusserlich zum Vorschein in den Leiden des Volkes. Der Ruf der Regierung hängt von eurer Führung ab. Erfüllt ihr getreulich euer Amt, bringt ihr das Volk zu einer Veredelung seiner Sitten …»[23]

Fürst Wön (4. Jhd. v. Chr.) suchte einen geeigneten Mann für den Posten des ersten Ministers und befragte einen Weisen seines Hofes namens Li Ki, der wie folgt antwortete:

«Eine Wahl von derartiger Bedeutung darf nicht von Besitz, Stand oder Herkunft abhängig gemacht werden. Fünf Dinge müssen den Ausschlag geben: Prüft, ob der Betreffende im Privatleben unanfechtbar dasteht, ob er freiwillig von seinem Reichtum abgibt, ob er in der Not gerne hilft, ob er bereit ist, eigene Fehler abzulegen, ob er, wenn er selbst arm ist, sich zufriedengibt, ohne anderen ihren Reichtum zu neiden. Wer diese fünf Eigenschaften besitzt, ist würdig, Minister zu sein.»[24]

Kaiser Yü (2205–2147 v. Chr.) liebte es, mit seinem Justizminister Kao Yao über Staatskunst zu plaudern. Eines Tages bemerkte Kao Yao:

«Der Fürst ist der massgebende Ausgangspunkt für die Haltung des Volkes. Wahrt er Würde, wacht streng über sich selbst, hält sich an die Gesetze, vergisst sich nie in seinen Worten und Handlungen, bleibt zugänglich für Mahnungen, bereit, Fehler abzulegen, eingedenk, dass es darauf ankommt, Gutes nicht nur zu beginnen, sondern auch zu vollenden, dann kann man sagen, ein solcher Fürst ist würdig, zu regieren ... Es genügt nicht, dass der Fürst sich selbst erkenne und vervollkommne. Er muss auch Menschenkenntnis haben, die Volksstimmung richtig beurteilen und gute Kräfte von minderwertigen zu unterscheiden wissen.»
«Ach, wie schwer ist das», entgegnete Kaiser Yü, worauf Kao Yao erwiderte:
«Gewiss ist die *Beurteilung der Menschen* schwer, aber bei näherem Zusehen möglich ... Auf neunfache Weise kann man erkennen, ob ein Mensch edel, ob er weise ist:
- Ein Mensch von hohem Gedankenflug und Ehrgeiz setzt sich leicht über die geziemenden Grenzen hinweg. Der Weise hält sich stets innerhalb der Linie, die ihm bessere Einsicht vorzeichnet.
- Sanftheit und Gefälligkeit wirken beim gewöhnlichen Menschen leicht als Dummheit, beim Weisen verstärken sie den vorteilhaften Eindruck seines Wesens.
- Schlichte und schüchterne Menschen sind gerne zu Leichtgläubigkeit geneigt. Der Weise ist misstrauisch gegen Neues und lässt sich nicht leicht beschwatzen.
- Aufgeweckte und begabte Naturen sind meist anmassend und rücksichtslos gegen andere. Der Weise bleibt trotz seiner Überlegenheit misstrauisch gegen sich selbst und ohne Überhebung gegen andere.
- Der Gutmütige und Nachgiebige ist leicht schlechten Einflüssen zugänglich. Der Weise verharrt fest und unerschütterlich im Guten.

- Ehrliche und aufrichtige Menschen lassen sich gerne zu verletzender Kritik hinreissen. Der Weise hat stets Freimut; aber seine Worte verletzen nicht, sondern atmen stets Harmonie.
- Der Korrekte wird leicht kleinlich und pedantisch. Der Weise wahrt Ernst und Würde, aber zielt stets auf verständige und nützliche Zwecke.
- Ein Mensch von Geist und Scharfsinn pocht gewöhnlich auf sein eigenes Urteil. Der Weise ist bereit, seine Meinung einer anderen unterzuordnen, wenn er diese als richtiger ansieht.
- Der Starke und Mutige lässt sich leicht durch Leidenschaften beherrschen und fortreissen. Der Weise bändigt seine Kraft durch kluge Besonnenheit.

Wer diese Fähigkeiten sämtlich in sich vereinigt, den nenne ich weise ...»[25]

Konfuzius (551–479 v. Chr., chinesischer Philosoph) antwortete auf die Frage, was ein Regent braucht:

«Wenn einer durch sein Wissen ein Amt erreicht hat, aber es nicht durch seine Sittlichkeit bewahren kann, so wird er es, obwohl er es erlangt hat, verlieren. Wenn einer es durch sein Wissen erreicht hat, durch seine Sittlichkeit es bewahren kann, aber bei seiner Ausführung keine Würde zeigt, so wird das Volk ihn nicht ehren. Wenn einer durch sein Wissen es erreicht hat, durch seine Sittlichkeit es bewahren kann, bei seiner Ausübung Würde zeigt, aber es nicht dem Gesetz der schönen Form bewegt, so ist er noch nicht tüchtig.»[26]

«Kaiser Schun liebte es, die anderen zu befragen und ihre Meinung zu prüfen, auch wenn sie oberflächlich war. Er überging mit Stillschweigen, was er daran minderwertig fand, hob dagegen das Richtige umso mehr hervor. Von zwei Extremen pflegte er die Mitte zu wählen und bei der Regierung anzuwenden.»
Tze Lu fragte: «Was heisst starke Regierung?»
Konfuzius antwortete: «Mit Milde und Nachsicht das Volk belehren, unvernünftiges Verhalten verzeihen, das ist die Stärke der südlichen Richtung. Ihrer bedient sich der Edle vorzugsweise.»[27]

Xenophon (430/425–ca. 354 v. Chr., griechischer Politiker, Feldherr und Schriftsteller) betont das Vorbild des Führers:

«Die Untergebenen halten ihrem Führer die Treue, wenn er ihnen Wohlwollen beweist und für ihr tägliches Brot und ihre Sicherheit sorgt ... und zum Wohl seiner Untergebenen vorausschauend und unermüdlich ist. Es ist auch nützlich, wenn er sie am Überfluss teilhaben lässt ... der Führer stärkt seine Autorität unfehlbar, wenn er beweist, dass er alles, was er verlangt, besser beherrscht als die Untergebenen ... wenn die Truppe zudem noch erkennt, dass er mit seinem taktischen Geschick dem Gegner überlegen ist, und wenn sie überzeugt ist, dass er sie nie blindlings ... frevelhaft an den Feind führen wird, so wird er sich damit das unerschütterliche Vertrauen seiner Untergeben erwerben.»[28]

Plutarch (ca. 45–125 n. Chr., griechischer Schriftsteller) erwartet, dass eine politische Karriere vor allem auf dem Charakter und der Integrität beruht. Je besser der Mensch, desto besser die Führungspersönlichkeit:

«Wahre Könige haben Angst *um* ihre Untertanen, während Tyrannen Angst *vor* ihnen haben.»[29]

«Es liegt grosse Gefahr darin, wenn Menschen, die die Macht haben, ihre Wünsche zu verwirklichen, sich Unanständiges wünschen ... Verderbtheit in Kombination mit politischer Macht verleiht jeglicher Emotion in Windeseile Ausdruck: Sie verwandelt Wut in Mord, Liebe in Ehebruch, und Gier führt zur Konfiszierung von Eigentum.»[30]

«Obwohl er (Alkibiades, ca. 450–404 v. Chr., athenischer Staatsmann) effektiver als jeder andere für die Öffentlichkeit arbeitete und als General ungeschlagen war, waren sein Mangel an Disziplin und sein kühner Lebensstil letztlich sein Untergang. Durch seine Extravaganz und Zügellosigkeit beraubte er zudem letztlich die Stadt all ihrer Vorteile.»[31]

«Wer sich als angehender Staatsmann einen Mentor sucht, sollte nicht nur Wert auf dessen Ansehen und Macht legen. Vielmehr sollte er jemanden wählen, der sich Ansehen und Macht aufgrund seiner Tugend erarbeitet hat.»[32]

«Steuermänner auf einem Schiff ... bedienen das Ruder eigenhändig, aber sie drehen und wenden auch andere Hilfsmittel, und zwar mit Hilfe der Mannschaft, während sie selbst in einigem Abstand dasitzen, Sie verlassen sich also auf die Matrosen, Bootsleute und den Wachmann am

Bug, und häufig lassen sie einige dieser Mitglieder der Mannschaft ans Steuer kommen und vertrauen ihnen das Ruder an ... Genauso brauchen Politiker ... Assistenten, die vertrauenswürdig und von gutem Charakter sind. Jedem von ihnen müssen sie die Aufgabe zuweisen, für die sie am besten geeignet sind...»[33]

Arrian (ca. 85/90–145/146 n. Chr., griechischsprachiger römischer Politiker und Geschichtsschreiber) würdigte Alexanders des Grossen (356–323 v. Chr.) Persönlichkeit und erwähnte auch dessen Fehler:

«Alexander zeichnete sich in höchstem Masse aus durch Schönheit, zähe Ausdauer, leidenschaftliches Temperament, kühne Entschlusskraft, Ehrgeiz, Freude am Risiko und Ehrfurcht vor Gott. Allen fleischlichen Genüssen gegenüber war er sehr enthaltsam, in seinem Beifallshunger jedoch unersättlich ... Wenn Alexander einmal im Zorn einen Fehler beging oder sich hinreissen liess, allzu sehr barbarische Sitten zu befolgen, so messe ich dem keine grosse Bedeutung zu ... Von allen Königen früherer Zeiten weiss ich einzig von Alexander, dass er den edlen Charakter besass, die begangenen Fehler zu bereuen. Die meisten übrigen glauben, ihre Fehler vertuschen zu können, indem sie gegen besseres Wissen behaupten, richtig gehandelt zu haben. Nach meiner Meinung gibt es nur eine Möglichkeit, einen Fehler wieder gut zu machen, indem man dazu steht und zu erkennen gibt, ihn zu bereuen. Ein Unrecht zu ertragen, wird dem Betroffenen leichter, wenn der Beleidiger zugibt, Unrecht getan zu haben; wenn sich dieser zudem offensichtlich darüber grämt, bleibt ihm wenigstens die Hoffnung, in Zukunft nicht mehr den gleichen Fehler zu begehen.»[34]

Der *heilige Benedikt* (Benedikt von Nursia, 480 bis 547 n. Chr.) etablierte in der *Regula Benedicti* die Regeln für seinen Orden. Darin macht er dem Abt als Führer eines Klosters folgende Vorschriften:

«Er (der Abt) muss wissen, welche schwierige und mühevolle Aufgabe er auf sich nimmt: Menschen zu führen und der Eigenart vieler zu dienen. Muss er doch dem einen mit gewinnenden, dem anderen mit tadelnden, dem dritten mit überzeugenden Worten begegnen ... Stets denke er daran: Er hat die Aufgabe übernommen, Menschen zu führen, für die er einmal Rechenschaft ablegen muss ... Wenn der Abt lehrt, ... lasse er sich vom Gespür für den rechten Augenblick leiten und verbinde Strenge mit gutem

Zureden. Er zeige den entschlossenen Ernst des Meisters und die liebevolle Güte des Vaters ... Sooft etwas Wichtiges im Kloster zu behandeln ist, soll der Abt die Gemeinschaft zusammenrufen und selbst darlegen, worum es geht. Er soll den Rat der Brüder anhören und dann mit sich selbst zu Rate gehen. Was er für zuträglicher halte, das tue er.»[35]

Diese Texte aus alter Zeit zeigen, dass es vor allem darum ging, den «guten Führer», sei er nun Staatsmann, Feldherr oder Kirchenvorsteher, darzustellen.

Wir fragen uns: Wieso halten *wir* uns nicht an diese Führungsweisheiten, die heute noch grösstenteils Bestand haben? Warum machen *wir* immer wieder Fehler?

Dieselben Fragen gehen uns durch den Kopf, wenn wir Biografien über «grosse» Feldherren der Weltgeschichte lesen (Alexander der Grosse, Caesar, Napoleon) oder über erfolgreiche Manager der Gegenwart (Jack Welch, Steve Jobs, Elon Musk, Jeff Bezos) lesen. Ich bezeichne sie als «extreme» Führer, weil sie politisch, militärisch oder wirtschaftlich erfolgreich waren und neben herausragenden Fähigkeiten auch schlechte Eigenschaften besassen und Fehler begingen. Ich frage mich, ob wir angesichts ihrer Erfolge nicht rasch geneigt sind, ihnen zu «verzeihen» und ihr Verhalten als «Ausdruck von Grösse» zu bezeichnen.

Die Führungsliteratur wird monatlich angereichert mit «Management by ...»-Büchern, Leadership-Ratgebern, persönlichen Erfahrungsberichten von Politikern, Wirtschaftsführern, Dirigenten, Trainern, Extremsportlern, Beratern usw. sowie von wissenschaftlichen Fachartikeln. Viele Publikationen bauen auf den «alten Weisheiten» auf und enthalten nachahmenswerte Beispiele. Viele dieser Publikationen lassen allerdings ausser Acht, dass Führende nicht isoliert zu betrachten sind, sondern immer im Zusammenhang mit dem Kontext und den Geführten.

Trotz all diesem Wissen und diesen Erkenntnissen sind wir nicht viel weiter. Ich, du und andere machen immer wieder und von neuem Fehler in der Führung. Warum?

Ich habe nicht die abschliessende Antwort; aber vielleicht helfen folgende Überlegungen, dem Geheimnis unseres Versagens näher zu kommen:

• Jede Führungskraft hat bestimmte Gene und ist auf eine individuelle Art sozialisiert worden, was sie einmalig macht. Sie ist Teil einer Epoche, in welcher ein Zeitgeist herrscht, der richtiges und falsches Verhalten «vorschreibt», und handelt in einem gesellschaftlich-politischen Umfeld und in einem organisationsspezifischen Kontext und mit Menschen, die ebenso einmalig sind wie sie selbst. Aufgrund dieser vielen Variablen, die untereinander verknüpft sind und sich wechselseitig beeinflussen, kann es keine allgemeingültige Checkliste für jede Führungssituation geben.

- Jeder Mensch ist endlich. Zwar ist jeder Mensch genetisch geprägt, aber muss die allermeisten (Lebens-)Erfahrungen selbst machen. Er benötigt etwa 25 Jahre bis sein Gehirn, die Schalt- und Koordinationszentrale des Körpers, vollständig ausgewachsen und seine Persönlichkeit gefestigt ist. Um sich das Wissen der Alten anzueignen oder von älteren Managern zu lernen, benötigt er Jahre, wobei das Praxiserlebnis eine grössere Wirkung auf seine Entwicklung hat als das theoretische Wissen.
- Leadership ist ein sozialer Prozess, in dem Führende und Geführte in einem bestimmten Kontext (Zeit, Raum) miteinander in Verbindung sind. Daraus ergeben sich immer wieder neue Konstellationen und Herausforderungen, die keine allgemeingültigen Regeln zulassen (vgl. meine Definition der Führung im Prolog).
- Der Faktor «Mensch», also Führende und Geführte, spielt eine zentrale, dominante Rolle. Es ist der unbestimmte, teils unerklärliche und immer wieder überraschende Faktor. Wenn wir uns im Führungsalltag über etwas ärgern – und ich spreche aus eigener Erfahrung –, so sind das in der Regel nicht technische Fehler, sondern menschliche Verhaltensweisen, die uns «auf die Palme» bringen. Dasselbe Führungsverhalten, das vor einem Tag oder einer Stunde im Gespräch mit Frau X noch richtig schien, kann in diesem Moment mit Herrn Y in die falsche Richtung laufen.
- Wir bräuchten etwa 10 000 Stunden (= 4 Stunden am Tag während sieben Jahren) intensiver Übung und Auseinandersetzung mit Führungsfragen, um als erfahrene Führungskräfte, als «Meister» zu gelten. Wer kann das vorweisen? Erfolgreiche Sportler, Musiker und Künstler können das. Aber wir Manager? Es kommt hinzu, dass Fleiss und das Leadership-Studium allein nicht genügen, weil Talent und Persönlichkeit ebenfalls zur Entwicklung der Führungskraft gehören. Und auch wenn wir die Meisterschaft erreichten, würden wir immer noch Fehler machen. Wir haben nicht nur nie ausgelernt, sondern sehen uns immer wieder vor neuen Herausforderungen in unterschiedlichen Kontexten und mit unterschiedlichen Menschen.
- Führungsentscheidungen sind immer in die Zukunft gerichtet. Nicht in jedem Fall können wir genau abschätzen, wie sie sich in ein oder zwei Wochen, in einem Monat oder noch später auswirken werden.
- Emotionen spielen eine wichtige Rolle, sowohl auf der Seite des Führenden wie auf derjenige des Geführten. Wenn Emotionen die Oberhand gewinnen, wird rationales Handeln zurückgedrängt und Fehler geschehen auf beiden Seiten häufiger.

Klar scheint, dass Hinweise auf Führungslehren und -erfahrungen zwar inspirierend sein können, aber sie sind nicht die Lösung, um Fehler heute und in verschiedenen Führungssituationen zu vermeiden.

Appelle, ein guter Führer zu sein und vorbildlich zu wirken, verhallen praktisch ungehört in der Weite des Raums aller Organisationen. Es ist klar, dass wir darauf nicht bauen können, wenn wir uns fragen, wie Führungsfehler minimiert werden können.

Die Suche nach der «guten Führung» ist so alt wie die Menschheit, zumindest in den vergangenen ca. 4000 Jahren, seitdem wir aus überlieferten Quellen davon wissen.

Bis in die heutige Zeit wird nach dem Führungserfolg geforscht und darüber publiziert. Zyniker würden sagen «Und was hat es genützt, wenn wir täglich von teils gravierenden Führungsfehlern hören?»

Einerseits können die alten «Weisheiten», im Guten wie im Schlechten, als Quellen der *Inspiration* dienen; andererseits sind sie *zu einseitig auf die Führenden fixiert* und vernachlässigen den Fakt, dass Leadership ein sozialer Prozess in stets neuen Konstellationen ist und Appelle an die «gute» Führung nicht zielführend sind.

3.2 Extreme Situationen und individuelles Krisenmanagement

Was geschieht mit uns, wenn wir plötzlich, völlig unterwartet, in eine lebensbedrohliche Situation geraten? Beispielsweise wenn in unserem Hotel in der Nacht ein Feuer ausbricht, die Sirene uns weckt und die Flammen bereits im Flur sind; wenn unser Flugzeug notlanden muss; wenn wir während einer Skitour in abgelegenem Gebiet stürzen, ein Bein brechen und das Smartphone verloren haben; wenn bei einer Überfahrt die Fähre unterzugehen droht, oder wenn wir mit dem Auto einen Abhang hinunterkollern, in einem Bachbett landen und im Fahrersitz eingeklemmt sind? – Wir wollen uns das nicht vorstellen, aber solche oder ähnliche Fälle hat es bereits viele gegeben, und sie werden immer wieder geschehen. Auch wenn wir bis heute glücklicherweise verschont geblieben sind, könnte es auch uns treffen, irgendwann, und wir wissen nicht genau, wie wir reagieren werden.

Wie reagieren wir in solch lebensbedrohlichen Situationen? – Emotionen sind eine instinktive Reaktion und übernehmen sofort die Steuerung unserer Gedanken und Handlungen. Gegenüber der langsamen, zögerlichen und fehlerhaften Vernunft erfahren wir Emotionen plötzlich und überwältigend.[36] Die Emotionen sind zuerst da. Es ist die Reaktion unseres Körpers auf ein für uns gefährliches Ereignis. Emotionen sind rascher als vernunftbezogene Gedanken und überlagern sie. Es ist das rasche System 1 der Emotionen, das gegenüber dem langsamen System 2 der Vernunft sofort die Oberhand gewinnt, wie wir aus den Forschungen des Nobelpreisträgers Daniel Kahnemann wissen.[37] Angst gehört neben Wut, Trauer, Ekel und Freude zu den fünf Emotionen, die dem Menschen seit prähistorischen Zeiten das Überleben sichern. Angst ist Stress, der bei vielen Leuten dazu führt, dass sie nicht mehr in der Lage sind, die einfachsten Dinge auszuführen. Im Stirnlappen des Hirns erodieren die Fähigkeiten, das Umfeld wahrzunehmen und zu entscheiden. In extremen Situationen sehen wir weniger (der sogenannte «Tunnelblick»), hören weniger, nehmen unser Umfeld nicht mehr richtig wahr und sind fehleranfällig.[38]

In extremen Situationen, in Angst und Stress, reagieren wir automatisch und reflexartig. Das autonome Nervensystem übernimmt. «Freeze», «Flight» oder «Fight» sollen die Überlebenschancen eines Individuums angesichts einer akuten Gefahr maximieren. Es sind instinktive Reaktionen, das vernunftmässige Denken ist ausgeschaltet. Bei «Freeze» erstarren Menschen. Sie sind wie gelähmt und unfähig zu einer selbstständigen Reaktion: Bei einem Autounfall oder einer Notlandung bleiben sie auf ihren Sitzen und müssen von anderen Personen mit klaren Anweisungen aus dieser Starre herausgeholt werden. Im «Flight»-oder «Fight»-Modus mobilisieren andere Menschen ihre Kräfte und wollen sich der Gefahr fliehend oder kämpfend stellen: Personen irren auf der Unfallstelle umher, scheinbar planlos und benötigen klare Aufträge. Eine besondere Form des Fliehens zeigt sich im Verleugnen der Gefahr: Einzelne suchen zuerst nach ihrem Gepäck oder bestellen an der Bar der Fähre noch ein Bier.[39]

Krisen und Katastrophen sind wissenschaftlich untersucht worden. Dabei entwickelte sich die «10–80–10»-Theorie mit Bezug auf die Fähigkeit von Menschen, in einer extremen Situation vernunftmässig zu handeln:[40]

- Ungefähr 10 % aller Menschen reagieren in einer Krise ruhig. Unter Druck reissen sie sich rasch zusammen, schätzen Situationen klar ein und entscheiden konzentriert.
- Die überwiegende Mehrheit, rund 80 %, reagiert fassungslos, und ihre Fähigkeit zu vernünftigem Denken ist stark eingeschränkt. Sie können sich jedoch aus der emotionalen Blockade lösen, den Schock abschütteln und überlegen, was nun zu tun ist. Für diese 80 % geht es um folgendes: 1. Erkennen, dass eine starke Emotion vorliegt. 2. Die Realität so wahrnehmen, wie sie ist. 3. Mit der Hilfe vernünftigen Denkens die Emotionen zurückdrängen (was nicht einfach ist, aber in Kapitel 5.3 näher beschrieben wird) und 4. Eine zielgerichtete Entscheidung treffen.[41]

- Die dritte Gruppe, ca. 10 %, ist nicht in der Lage, sich aus der Starre und Fassungslosigkeit zu lösen, verliert die Kontrolle über sich selbst, rastet aus und schafft es nicht, die Emotionen abzuschütteln und nach Lösungen aus der Krise zu suchen.

Es ist schwierig, sich selbst richtig einzuschätzen. Experten sind jedoch der Meinung, dass ein angemessenes Krisenverhalten erlernt und entwickelt werden kann. Die persönliche Einstellung, Erfahrung, Kenntnis, Planung und Vorbereitung können das Überleben in Krisen und Katastrophen ermöglichen. Dazu gehört unter anderem das Wissen über die «magische Drei»:[42]

- Drei Minuten ohne Sauerstoff.
- Drei Stunden ohne Obdach unter extremen klimatischen Bedingungen.
- Drei Tage ohne Wasser.
- Drei Wochen ohne Nahrung.
- Drei Monate ohne Zuwendung und Liebe.

Eine weitere Erkenntnis der Wissenschaftler, die sich mit extremen Situationen beschäftigt haben und der Frage nachgegangen sind, wer als Individuum grössere Überlebenschancen hat, ist die «80–10–10»-Regel:

- Zu 80 % hängt das Überleben von unserer Einstellung ab,
- zu 10 % von dem, was wir wissen und
- zu 10 % von der Ausrüstung.

Offenbar gibt es fünf Haupttypen von Überlebenden:[43]

- Der *Kämpfer* ist belastbar, hartnäckig, fühlt sich stärker als andere, weil er in der Vergangenheit Härten ertragen musste; wenn er zu Boden geschlagen wird, kommt er wieder auf die Füsse; er macht dann noch weiter, wenn andere aufgeben, und kämpft bis zum Ende.
- Die *Gläubige* vertraut darauf, dass Gott sie schützt und ihr bei allen Anfechtungen und schwierigen Situationen zur Seite steht; sie vertraut darauf, dass Gott einen Plan für ihr Leben hat und ihr den Weg durch alle Widrigkeiten weist.
- Der *Beziehungsmensch* schöpft Kraft aus der Familie und den Freunden; ihre Liebe und Freundschaft motiviert ihn, enorme Hindernisse zu überwinden; als guter Netzwerker macht er das Beste aus Beziehungen; er ist ein guter Mannschaftsspieler und arbeitet effektiv in einem Team.
- Die *Denkerin* benutzt ihr Hirn, um Hindernisse zu überwinden; sie verlässt sich auf eine Kombination von Kreativität und Einfallsreichtum, um Probleme zu lösen; sie kann Herausforderungen klar erkennen, und

es gelingt ihr gut, Schwierigkeiten aus verschiedenen Blickwinkeln zu betrachten und unerwartete Lösungen zu entdecken.

- Der *Realist* weiss, dass das Leben nicht immer so abläuft wie geplant; er nimmt es, wie es kommt und macht das Beste aus einer Situation; intuitiv weiss er, wann er abwarten und wann der richtige Zeitpunkt zum Handeln gekommen ist; er kümmert sich um die Fakten und macht das, was in einer Krise nötig ist.

Es ist ermutigend, dass sich fast jeder Mensch in einem dieser Haupttypen erkennen kann.

Was können wir aus extremen Situationen für die Reduktion von Führungsfehlern lernen?

Führung im Alltag ist zwar in aller Regel nicht physisches Überleben wie in einer lebensbedrohlichen Situation. Wenn wir aber berücksichtigen, was auf Führungskräfte auch im Normalfall zukommen kann, so stellen wir fest, dass Emotionen und Stress ihre ständigen Begleiter sind.

Führungskräfte können
- Versagensangst haben, weil sie unter Druck oder die Erwartungen (zu) hoch sind;
- verärgert sein, weil Mitarbeiter einen Termin verpasst haben, ein Fehler in der Produktion aufgetaucht ist, ein Kunde überraschend abgesagt oder der Aufsichts-/Verwaltungsrat eine Idee nicht genehmigt hat;
- unter Stress sein, weil sie krank sind und trotzdem arbeiten, mitten in einer Scheidung sind oder ihr Verein, in dem sie ihr Hobby pflegen, in finanziellen Schwierigkeiten steckt.

In solchen Situationen sind Führende anfälliger, ihren Emotionen nachzugeben und Führungsfehler zu begehen.

Aus existenzbedrohenden Situationen lernen wir, dass
- sich jeder bzw. jede auf irgendeine Krise vorbereiten kann, indem man sich mit möglichen Szenarien auseinandersetzt und sich gedanklich vorbereitet: Was mache ich, «wenn»? Auch Organisationen können präventive Massnahmen vorkehren und ein *Worst-Case-Scenario* als Training durchspielen;
- Emotionen, vor allem Angst und Wut, auch bei der täglichen Arbeit vorkommen. Dabei gilt es vor allem für Führungskräfte, *Emotionen zu kontrollieren, um in zwischenmenschlichen Situationen keinen Schaden anzurichten.*

3.3 Führung im Krieg

Armeen, sei es eine Berufs-, Wehrpflicht- oder Milizarmee, sind hierarchisch aufgebaut: Von der Gruppe (mit bis zu zehn Soldaten) über die Kompanie (> 100), das Bataillon (500–ca. 1000), die Brigade (> 7000) und die Division (> 15 000) bis zum Korps (mehrere Divisionen) und zur Armee; die Gradstruktur folgt dieser Einteilung, vom Soldaten über den Unteroffizier und die verschiedenen Offiziersränge vom Leutnant («tenir le lieu», den Standort halten), zum Hauptmann («Centurio», das Haupt einer Hundertschaft) bis zum Oberst, gefolgt von den Generalsrängen (vom Ein-Stern- bis zum 5-Sterne-General).

Diese Strukturen ermöglichen drei – auch für die Privatwirtschaft – interessante Aspekte: Erstens hat keine Führungskraft in der Regel mehr als zehn Direktunterstellte, mit den Vorteilen, dass die Führungsspanne nicht zu gross ist und dem Vorgesetzten die Möglichkeit gibt, sich intensiv mit der Qualität der Unterstellten zu beschäftigen und die geeignetsten zur Weiterbildung vorzuschlagen. Zweitens hat jeder General (fast) jede Stufe und jeden damit verknüpften Rang bekleidet und sich bewährt: Niemand wird vom Leutnant sofort zum Bataillonskommandanten befördert, kein Hauptmann wird bereits morgen General. Drittens investieren Streitkräfte viel Zeit und Aufwand in die Aus- und Weiterbildung ihrer Kader. Vor jedem Karrieresprung absolvieren die Talente teils mehrwöchige Schulungen, die sie auf die neuen Herausforderungen vorbereiten. Harvard-Professorin Barbara Kellermann hat darauf hingewiesen, dass keine Organisation mehr auf dem Gebiet der Entwicklung von Führungskräften tut als die (westlichen) Streitkräfte.[44]

(Westliche) Armeen bereiten sich auf verschiedene Szenarien vor. Sie können Hilfe für die zivilen Behörden im Fall von Katastrophen leisten oder den Frieden zwischen Konfliktparteien im Ausland sichern (oder ihn zumindest überwachen) und ihr Land oder – im Bündnisfall – das Territorium einer Allianz verteidigen.

Der Krieg stellt die höchsten Ansprüche an Führende und Geführte.

«Die Schrecken der modernen Kriege erzeugen bei Führer und Geführten gleichermassen Angst: Angst vor Verstümmelung und Tod, Angst, von den Kameraden im Stich gelassen zu werden.

Beim Führer kommt die Angst des Versagens hinzu: Werden mir meine Soldaten gehorchen? Werde ich den richtigen Entschluss fassen? Werde ich Erfolg haben?

… Die Angst des Führers, sich im entscheidenden Augenblick nicht zu bewähren, ist berechtigt, denn der Soldat verzeiht ihm sein Versagen nicht.

Sogar derjenige Soldat, welcher seine eigenen Angstgefühle nicht überwinden kann, verachtet den sich aus Angst vor der Pflicht drückenden Führer. Dies erklärt sich damit, dass der Führer für seine Soldaten eine Art von Sicherheitsgarant darstellt. Der Führer hat für ihn eine angstmindernde und kampfleistungsfördernde Bedeutung.

... Das Chaos des modernen Gefechtsfeldes mit ständig wechselnden Lagen und neuen Überraschungen wirkt sich zusätzlich destabilisierend auf den Führer aus und fördert Angstgefühle. Denkfähigkeit und Entscheidungsfreudigkeit, beides wichtige Voraussetzungen effizienter Führung im Gefecht, werden beeinträchtigt.

... Kriegsteilnehmer weisen aber auch darauf hin, dass es für den Führer leichter sei, seine Angst zu bewältigen als für den Soldaten, da er von der Führungsverantwortung getragen werde.

... Der Führer kann prinzipiell mit den folgenden angstmindernden Faktoren ... rechnen: Das Vertrauen auf die eigene Leistungsfähigkeit, das eigene Können und die guten Kenntnisse von Ausrüstung und Kampfweise des Gegners, das Vertrauen auf die eigenen Waffen und Geräte, das Vertrauen auf die Grundwerte, für die man in letzter Konsequenz zu sterben bereit wäre, sowie das Vertrauen auf die Unterstellten.

... Angstüberwindung ist möglich, einerseits Kraft persönlicher innerer Stärke – weil sich aber erst unter Feuer zeigen wird, wer über diese innere Festigkeit verfügt, darf nicht allein darauf abgestellt werden – und andererseits hilft das Verantwortungsgefühl gegenüber der Truppe und das Bewusstsein, während des Friedens beste Ausbildung erfahren und selbst geboten zu haben ...»[45]

Die Hauptaufgabe für die Planung taktischer und operativer Entscheidungen liegt bei den Kommandanten und ihren Stäben ab Stufe Bataillon. Höhere Offiziere und Generäle sind nicht nur für die Vorbereitung von Kampfhandlungen und die entsprechenden Befehle zur Durchführung zuständig, sondern haben eine wichtige Vorbildrolle. Der amerikanische General Dwight D. Eisenhower, Oberkommandierender der Alliierten in Europa während des 2. Weltkriegs und späterer US-Präsident, erinnert sich:

«Ich fand, dass es gut war, wenn ich persönlich zu den Truppen in der Kampfzone ging. Meine Gegenwart liess sie aufatmen. Ich wusste, was in ihren Köpfen vorging und dass sie sich sagten: Es muss offenbar weniger gefährlich sein, sonst wäre der «Alte» sicher nicht hier ...»[46]

Aus Kriegserfahrungen bis in die 80er Jahre des 20. Jahrhunderts wissen wir, dass folgende Führungshandlungen erfolgversprechend sind:[47]

- *Kommunikation*: «Das richtige Wort zur richtigen Zeit», klare Befehle, regelmässige Informationsweitergabe.

- *Fürsorge*: die Unterstellten kennen, Ersetzen nicht genügender Führer, Verpflegung und Erholung, Sorge um Verwundete, Gefallene und psychische Ausfälle, Arbeitsbeschäftigung (als Therapie gegen Angst und Gerüchte), Kontrolle und unpopuläre Massnahmen (inklusive Zwang).

- *Vertrauen*: Zwischen der Truppe und ihrem Führer kann ein Vertrauensverhältnis entstehen, wenn er mit seiner Truppe lebt, ihr Schicksal teilt und mit ihr kämpft; hinzu kommen organisatorische Massnahmen, welche die Kontinuität der menschlichen Beziehungen gewährleisten und die Pflege des Korpsgeists, das heisst des Wir-Gefühls der Kampfgemeinschaft, verstärken.

- *Resilienz* als die Fähigkeit von Führenden, mit lebensbedrohlichen Herausforderungen und Belastungen erfolgreich umzugehen.

Die neuste Forschung[48] seit Beginn des Angriffskriegs von Putin gegen die Ukraine bestätigt die oben erwähnten Erfahrungen und zieht folgende zusätzlichen Erkenntnisse:

- *Mission Command* (deutsch: *Auftragstaktik*): In der Komplexität des Krieges mit sich rasch wechselnden Lagen und raschem, präzisen Einsatz von Waffen(-systemen) hat sich klare Auftragserteilung, verbunden mit der Freiheit der Geführten in der Ausführung einer Aktion, bewährt.

- *Anpassungsfähige und kreative Führungskräfte* (bis auf die unterste Ebene) sind fähig, agil auf sich ändernde Situationen zu reagieren und mit innovativen Ideen erfolgreich auf dem Gefechtsfeld zu agieren.

- *Technologisch affine Offiziere und Soldaten* sind in der Lage, die Interaktionen zwischen Menschen, Roboter und Algorithmen in diversen Bereichen der Kriegführung anzuwenden.

- *Taktische Kompetenzen* (für Offiziere ab Stufe Zug/Kompanie), um das *Gefecht der verbundenen Waffen* (= Zusammenspiel von Kampftruppen, also Panzer, Artillerie und Infanterie, mit Elementen der Luftwaffe und der Logistik) erfolgreich zu führen.

Führungserfahrungen im Krieg lehren uns die Bedeutung der
- *Kommunikation,*
- der *Fürsorge*, die – neben der Sorge für das Wohlergehen der anvertrauten Menschen – auch darin besteht, unfähige, verantwortungslose oder korrupte Führungskräfte zu entlassen,

- des *Vertrauens* als Basis der wirksamen Zusammenarbeit von Führenden und Geführten,
- der *Anpassungsfähigkeit und technologischen Affinität* als Voraussetzung für den Erfolg auf dem modernen Gefechtsfeld sowie
- der *Auftragstaktik als Führungsphilosophie*.

3.4 Führungskräfte und Macht

Max Weber, Helmut Plessner, Arnold Gehlen, Hannah Arendt, Michel Foucault oder Heinrich Popitz – für sie alle ist die Macht ein gegebenes, unausweichliches Element menschlichen Handelns und menschlicher Beziehungen.[49]

Frans de Waal, Psychologe und Primatenforscher, bringt es auf den Punkt:

«Seit vor hundert Jahren die Hackordnung der Hühner entdeckt wurde, wissen wir, wie allgegenwärtig Rangordnungen im Tierreich sind. Man überlasse ein Dutzend Gänseküken sich selbst, oder auch Hundewelpen oder Äffchen, und schon ist ein Gerangel um Dominanz garantiert. Dasselbe gilt für Menschenkinder am ersten Tag im Kindergarten. Es handelt sich um einen ureigenen Drang, der nicht verschwindet, egal, was wir uns wünschen. Und doch tun wir genau das. Wir sprechen über Macht als etwas, das anderen zusagt, uns aber garantiert nicht. In meinen dreissig Jahren als Professor der Psychologie habe ich jedoch gelernt, dass selbst ernsthafte Wissenschaftler Verhalten ausblenden, das sich direkt vor ihrer Nase abspielt. Macht ist und bleibt ein Tabuthema, und wir lassen uns nur ungern sagen, dass wir uns in dieser Hinsicht von anderen Spezies kaum unterscheiden.»[50]

Bertrand Russell spricht von der Liebe und vom Trieb zur Macht:

«Machtliebe ist, wenngleich eine der stärksten menschlichen Triebkräfte, sehr ungleich verteilt und ausserdem durch andere Triebe eingeschränkt, wie etwa durch die Bequemlichkeit, Vergnügungssucht und manchmal durch Sucht nach Zustimmung. Unter den Schüchternen tritt sie als Antrieb zur Unterwerfung unter eine Führung auf, was den Umfang der Machtimpulse kühner Menschen vergrössert. Wessen Machtliebe nicht stark ist, der wird kaum einen bedeutenden Einfluss auf den Lauf der Ereignisse haben. Die Menschen, die gesellschaftliche Veränderungen veranlassen, sind im Allgemeinen solche, die den heftigen Wunsch danach haben. Machtliebe ist daher eine Eigenschaft von schöpferisch bedeutenden Menschen.

... Der Trieb zur Macht hat zwei Formen: eine direkte in den Führern, eine davon abgeleitete in den Anhängern ... Der Charakter mancher Menschen führt sie immer zum Kommando, andere immer zum Gehorsam; zwischen diesen Extremen liegt die Masse der Durchschnittsmenschen, die in gewissen Situationen zu befehlen lieben, aber in anderen vorziehen, sich einem Führer unterzuordnen.»[51]

Macht motiviert.[52] Der ehemalige deutsche Bundeskanzler Helmut Schmidt meinte rückblickend, sein Ehrgeiz sei nicht auf Ämter ausgerichtet gewesen, sondern auf Anerkennung.

David C. McClelland, ein amerikanischer Verhaltens- und Sozialpsychologe, schreibt, dass die menschliche Motivation drei dominante Bedürfnisse umfasst: nach Erfolg, Macht und Zugehörigkeit.[53] In seinem Werk «Human Motivation» zeigt er, wie situative und persönliche Motivationsfaktoren zum individuellen Handeln führen. McClelland unterscheidet zwei Arten von Machtstreben: Die p-Macht (von *personal* power) und die s-Macht (von *social* power). Die P-Macht strebt nach eigenem Vorteil, Gewinn oder Sieg, während die S-Macht darauf abzielt, eine Veränderung herbeizuführen, die rechtliche und ethische Standards sowie die Konsequenzen für andere Menschen und die Umwelt berücksichtigt.[54]

Macht gibt das Gefühl, alles beeinflussen und kontrollieren zu können:[55] Chefbeamte leben offenbar länger und sind weniger krank als gewöhnliche Beamte, ungeachtet, wie gesundheitsbewusst sie leben. Statussymbole verlängern das Leben: Oscarpreisträger leben durchschnittlich vier Jahre länger als Oscarnominierte. Gebildete Menschen leben länger und besser, weil sie mehr Möglichkeiten der beruflichen Entfaltung haben, sich gesünder ernähren und sich körperlich mehr betätigen. Wer entscheiden darf und Anerkennung geniesst, hat weniger Stress am Arbeitsplatz und ist weniger anfällig für koronare Herzkrankheiten.[56]

Macht verschafft Freude am Wirken und am Beeinflussen anderer, steigert das Selbstwertgefühl und macht optimistischer, geistig beweglicher, konzentrierter, kreativer, stressresistenter und energiegeladen.

Macht hat eine dunkle Seite, die sich in folgendem Verhalten manifestiert:

- *Neigung zur Selbstsucht*: Das Ego, der eigene Vorteil, das eigene Privileg stehen im Vordergrund und werden zelebriert.
- *Dominanzgehabe*: Der Mächtige spricht viel mehr als alle anderen, unterbricht andere, wenn es ihm gerade passt und nimmt mehr Raum ein.

- *Entscheide* werden allein oder im kleinen Kreis von wenigen Vertrauten getroffen.
- *Empathieverlust*: Andere Menschen und Mitarbeiter werden als Objekte, Ressourcen und Werkzeuge zur Zielerreichung betrachtet. Einzig ihre Arbeitskraft, etwa die rasche Umsetzung von Entscheidungen, ist gefragt.
- *Überschätzung* der eigenen Möglichkeiten: Vergangene Erfolge werden sich selbst zugeschrieben. Zusätzliche Glücksgefühle werden in erotischen Abenteuern oder beim Marathon gesucht.
- *Aggressivität*: Mitarbeitende werden angebrüllt, vor anderen blossgestellt.
- *Heuchelei*: Macht verleiht das Gefühl, befugt zu sein, das Verhalten anderer Personen zu verurteilen, während das eigene über alle Zweifel erhaben ist.

Man sollte die Menschen fragen, die mit uns leben und arbeiten. Bei diesen «Machtprüfungen» denke ich an 360-Grad-Evaluationen, die ich immer wieder und in verschiedenen Organisationen durchgeführt habe. Zusammengefasst ergeben die Resultate, dass sich die Führenden immer besser bewerten als sie von ihren Mitarbeitenden und Kollegen beurteilt wurden.

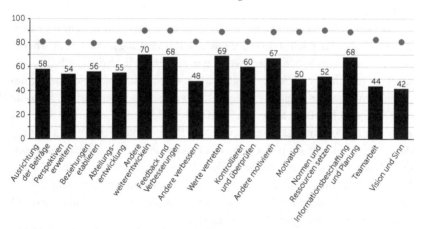

Abbildung 8: Einschätzung der Führungskompetenzen durch Vorgesetzte (rot) und Mitarbeitende (schwarz)

Die roten Kreise stellen die persönlichen Einschätzungen der Führungskräfte dar. Sie geben sich selbst im Durchschnitt eine «8» auf einer Skala von 1–10, das heisst sie beurteilen ihre Kompetenzen mit «gut». Stellen wir dieselbe

Frage ihren Mitarbeitenden, so ergeben die schwarzen Balken ein ganz anderes Bild: Sie bewerten ihre Führungskraft schlechter, teilweise liegen die Werte bis zu vier Punkte auseinander.

Nach x Umfragen kam ich zum Schluss, dass es in der Natur der Sache liegt, wenn es eine Diskrepanz zwischen Führendem und Geführten von bis zu – 2 Punkten gibt. Wir sehen uns in der Regel besser als wir wahrgenommen werden. Als Führungskraft benötigen wir ein gesundes Selbstvertrauen. Aber wir sollten uns bewusst sein, dass die Wahrnehmung Dritter kritischer ausfällt. Wenn wir das Feedback ernst nehmen, so kann es uns helfen, besser zu werden, uns nicht zu wichtig zu nehmen und die mit unserer Funktion verbundene Macht überlegt auszuüben.

Eine Studie von McKinsey hat meine Untersuchungen bestätigt: Zwischen der Wahrnehmung der Vorgesetzten und der ihrer Angestellten herrscht eine grosse Kluft. Die Chefs schätzten das Wohlbefinden am Arbeitsplatz rund 22 % besser ein als ihre Belegschaft.[57]

Liegt der Unterschied bei 2 bis 3 Punkten, dann liegt ein Problem vor, das nach genauerer Ursachenforschung und Analyse ruft.

Bei einer Diskrepanz von > 3 Punkten sollte die Alarmglocke läuten. In einem solchen Fall sind schwerwiegendere Führungsprobleme und/oder zwischenmenschliche Dysfunktionalitäten vorhanden, die ein rasches Eingreifen erfordern.

Bei keiner Untersuchung habe ich festgestellt, dass eine vollständige Harmonie zwischen der Selbst- und der Fremdwahrnehmung herrschte. Das heisst nicht, dass es unmöglich wäre. Wenn wir auf eine selbstkritische Führungskraft treffen, die die Ziele der Organisation erreicht und sich gleichzeitig um die ihr anvertrauten Menschen bemüht, so wäre das sehr erfreulich. Es sollte das Ziel jeglicher Beziehung zwischen Führenden und Geführten sein. Bei einer geringfügigen Diskrepanz zwischen Eigen- und Fremdwahrnehmung dürfen wir vielleicht sogar davon ausgehen, dass die Führungskraft ein gesundes Mass an Glauben an sich selbst hat. Vielleicht gibt es auch einen Grund für alle meine unerfreulichen Resultate: Ich wurde immer dann mandatiert, wenn bereits «Feuer im Dach» war und Zweifel über die Führungskraft und/oder das herrschende Klima existierten.

Ian Robertson, Professor für Psychologie in Dublin, hat die Phänomene der Macht studiert und empfiehlt, dass jeder Führende sich fragen sollte, ob sie ihm zu Kopf steigt.[58] Wie Euripides (484–406 v. Chr.) sagte:

«Hast du die Macht, so üb auch Tugend.»

Bei dieser individuellen «Machtprüfung» können wir uns – im Rahmen der periodischen Reflexion – zum Beispiel folgende Fragen stellen:[59]

• Verwende ich in Reden und in Meetings mehr «ich» als «wir»?
• Lasse ich andere Menschen am Erfolg teilhaben?
• Will ich stets meinen Willen durchsetzen oder lasse ich mich von Argumenten überzeugen?
• Treffe ich einsame Entscheidungen?
• Welche Privilegien erlaube ich mir?
• Halte ich mich für einen besonderen Chef?
• Habe ich mich in den letzten Monaten verändert?
• Lasse ich es zu, dass mir andere Feedback geben?

Aber genügen 360-Grad-Umfragen und Selbstbefragungen, um die Schattenseiten der Macht besser in den Griff zu bekommen? Angesichts der im Prolog erwähnten Führungsfehler und diesen Erkenntnissen steht die Frage im Raum, ob die Macht von Führungskräften nicht grundsätzlich in Schranken gehalten werden muss.

Die seit der Aufklärung eingeführten *Checks and Balances* in den westlichen Demokratien zeigen, dass damit Macht wirkungsvoll eingeschränkt werden kann. Auch in privatwirtschaftlich geführten Organisationen kennen wir die *Corporate Governance*, die Aufgabenteilung zwischen dem Aktionariat, dem Aufsichts-/Verwaltungsrat und der ausführenden Geschäftsleitung.

Es stellt sich nur die Frage, ob dies genügt, Führungsfehler zu reduzieren. Es lässt sich leider immer wieder feststellen, dass Menschen, sobald sie in eine Macht- und Autoritätsposition gelangen, ihren Sinn für Grenzen verlieren und sich nicht bewusst sind, welchen Einfluss sie auf andere Leute in der Organisation ausüben.[60]

Weil jede Führungsfunktion Macht über andere Menschen verschafft und die Macht auch ausgeprägte Schattenseiten mit sich bringt, ist es nötig, *Macht mit klaren Vorgaben an Führende einzuschränken und die Ausübung zu kontrollieren.*

3.5 Regierende und Gesellschaft

Auch in diesem Kapitel geht es um Macht, diesmal um die höchsten Politiker in ihrer Verantwortung für die Gesellschaft und ihr Land. Barbara Tuchman hat in ihrem Werk «Die Torheit der Regierenden»[61] folgende Gründe für die Fehler der obersten staatlichen Führer angegeben:

- Festhalten an Fehlern,
- Starrköpfigkeit,
- Weigerung, Rückschlüsse aus negativen Anzeichen zu ziehen,
- geistiger Stillstand.

Die Vernunft unterliege, so Tuchman,[62] allzu häufig nicht-rationalen Schwächen wie Ehrgeiz, Angst, Status-Streben, Wahrung des Gesichts, Illusionen, Selbsttäuschungen oder Vorurteilen. Sie beschreibt die Konsequenzen der Torheit von Regierenden:

«Im Wirken von Staat und Regierung hat die Ohnmacht der Vernunft besonders schwere Folgen, weil sie alles, was in ihrer Reichweite liegt, in Mitleidenschaft zieht – Bürger, Gesellschaft, Zivilisation …»

«Eine Vorrangstellung unter den Kräften, die die politische Torheit beeinflussen, nimmt die Herrschsucht ein, von Tacitus ‹die schändlichste aller Leidenschaften› genannt. Weil sie sich nur durch Macht über andere befriedigen lässt, sind Staat und Regierung ihr bevorzugter Tummelplatz. Auch die Wirtschaft bietet eine Art von Macht, aber nur den Erfolgreichsten, die ganz oben an der Spitze stehen, und ihr fehlen die Herrschaftsgewalt und die Titel, die roten Teppiche und die Motorradeskorten des öffentlichen Amtes. Andere Tätigkeiten – Sport, Wissenschaften, freie Berufe, schöpferische und darstellende Künste – bieten Befriedigungen verschiedener Art, nicht aber die Gelegenheit zur Machtentfaltung. Staat und Regierung bilden das wichtigste Terrain der Torheit, weil die Menschen hier nach Macht über andere streben – nur um sie über sich selbst zu verlieren.»

«Ein wichtiger Auslöser für die Torheit ist das Übermass an Macht. Nachdem Platon in der *Politeia* seine grossartige Vision der Philosophen-Könige entworfen hatte, kamen ihm Zweifel, und er gelangte zu dem Schluss, Gesetze seien der einzige Schutz. Wenn irgendwo zu viel Macht angehäuft wird, so als rüste man ein Schiff mit einem zu grossen Segel aus, dann sei das gefährlich: die Mässigung gehe verloren. Das Übermass führt einerseits zur Unordnung und andererseits zur Ungerechtigkeit. Keines Menschen Seele sei fähig, der Versuchung willkürlicher Macht zu widerstehen, und es gibt keinen, der unter solchen Umständen nicht von Torheit, der schlimmsten aller Krankheiten, erfüllt wird.»[63]

Wie kann die Macht der Regierenden – ausser mit Gesetzen – eingeschränkt werden? Barbara Tuchman empfiehlt, den Charakter der Regierenden zu prüfen; aber vielleicht sei es gar nicht so wichtig, Politiker und Beamte zum Regieren, sondern vielmehr die Wähler zu erziehen, Integrität und Charakter zu erkennen und zu belohnen.

Jared Diamond hat untersucht,[64] weshalb Regierungen katastrophale Entscheidungen treffen, und nennt folgende Gründe:
* Mangelnde Voraussicht,
* mangelnde Wahrnehmung,
* rationales negatives Handeln,
* katastrophale Wertvorstellungen oder
* andere irrationale Fehlentscheidungen.[65]

«Erstens sieht eine Gruppe ein Problem unter Umständen nicht voraus, bevor es tatsächlich da ist. Zweitens nimmt die Gruppe das Problem unter Umständen nicht wahr, wenn es bereits eingetreten ist. Nachdem sie es dann wahrgenommen hat, versucht sie drittens unter Umständen nicht einmal, eine Lösung zu finden. Und wenn sie es schliesslich zu lösen versucht, gelingt dies unter Umständen nicht.»

«Auch Regierungen handeln immer wieder aus einer kurzfristigen Perspektive heraus ... das ‹Gruppendenken› führt infolge Stress und dem Bedürfnis nach gegenseitiger Unterstützung und Zustimmung häufig dazu, sich nicht um die Lösung eines wahrgenommenen Problems zu bemühen; wenn eine Wahrnehmung schmerzhafte Gefühle hervorruft, wird sie unter Umständen unbewusst unterdrückt: Um die ... Schmerzen zu vermeiden, leugnet man die Wahrnehmung, obwohl daraus letztlich katastrophale praktische Folgen erwachsen können. Bei den Gefühlen, die eine solche Reaktion auslösen, handelt es sich meist um Entsetzen, Angst oder Trauer.»

Daren Acemoglu und James A. Robinson haben in ihrem Buch «Gleichgewicht der Macht»[66] untersucht, warum Staaten gescheitert, überreguliert oder despotisch sind und zeigen, dass Wohlstand, Sicherheit und Freiheit in hohem Masse vom richtigen Rahmen abhängig sind, in dem der permanente Kampf um Macht zwischen Staat und Gesellschaft ausgetragen wird. Ein starker Staat und eine starke Gesellschaft sind kein Widerspruch, sondern bedingen einander.[67]

«Ein starker Staat wird benötigt, um die Gewalt zu kontrollieren, den Gesetzen Geltung zu verschaffen und öffentliche Dienstleistungen bereitzustellen, die unabdingbar sind, wenn den Menschen ermöglicht werden soll, ihr Leben nach eigenem Gutdünken zu führen. Eine starke, mobilisierte Gesellschaft wird benötigt, um den starken Staat zu kontrollieren und ihm Fesseln anzulegen ...

Zwischen der von despotischen Staaten erzeugten Angst und Repression einerseits und der Gewalt und Gesetzlosigkeit bei Abwesenheit eines Staates andererseits liegt ein schmaler *Korridor der Freiheit*. In diesem Korridor halten sich Staat und Gesellschaft die Waage ... Es ist ein ständiges, tägliches Ringen zwischen beiden Kräften, das sich positiv auswirkt. Im Korridor der Freiheit treten Staat und Gesellschaft nicht einfach nur in Konkurrenz zueinander, sondern sie kooperieren auch. Dies versetzt den Staat besser in die Lage, die Leistungen zu erbringen, nach denen die Gesellschaft verlangt, und fördert eine stärkere gesellschaftliche Mobilisierung zur Kontrolle dieser Fähigkeit ...

Warum dies ein Korridor und keine Tür ist, hat seinen Grund darin, dass die Erringung der Freiheit in einem Prozess vonstattengeht. Man muss in dem Korridor einen langen Weg zurücklegen, bevor die Gewalt unter Kontrolle gebracht ist, Gesetze verfasst und durchgesetzt sind und der Staat beginnt, seinen Bürgern Dienstleistungen zur Verfügung zu stellen. Es ist ein Prozess, weil der Staat und die Eliten erst lernen müssen, mit den Fesseln zu leben, die ihnen die Gesellschaft anlegt, ebenso wie die verschiedenen Segmente der Gesellschaft lernen müssen, trotz ihren Differenzen zusammenzuarbeiten.

Dieser Korridor ist deshalb schmal, weil all diese Aufgaben nicht leicht zu bewältigen sind ... Wie kann man sicherstellen, dass ein Staat, der dazu aufgerufen ist, in einer komplexen Welt mehr Verantwortung zu übernehmen, gebändigt und kontrollierbar bleibt? Wie dafür sorgen, dass eine Gesellschaft ihre Kooperationsbereitschaft aufrechterhält und sich nicht gegen sich selbst wendet, zerrissen von Differenzen und Spaltungen? Wie verhindern, dass all dies nicht zu einem Nullsummenspiel wird? Dies ist ganz und gar nicht einfach, und deshalb ist der Korridor schmal. Gesellschaften treten in ihn ein und verlassen ihn wieder, jeweils mit weitreichenden Folgen.»[68]

Abbildung 9 zeigt, wie sich in der Mitte des 19. Jahrhunderts die Schweiz nach dem Sonderbundskrieg 1847 bereits ein Jahr später die liberalste und demokratischste Verfassung Europas gab und in den *Korridor der Freiheit* eintrat, während Preussen sich nach der Niederschlagung der liberalen Revolution von 1848 aus diesem Korridor entfernte und bis nach dem I. Weltkrieg ausserhalb blieb.

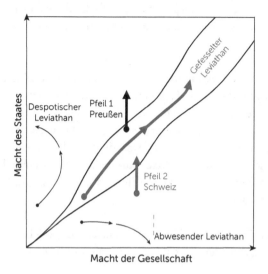

Abbildung 9: Korridor der Freiheit

Rainer Mausfeld betont in seinem Werk «Hybris und Nemesis»[69] die Funktionslogik der Macht, die immer nach mehr Macht, nach grenzloser Macht strebt. Daraus resultiert das zerstörerische Potenzial von Macht, ihre dunkle Seite:

> «Wenn die Gier eines Mehrhabenwollens an Macht und Besitz im Menschen erst einmal geweckt worden ist, so neigt sie dazu, grenzenlos zu sein. Da diese Gier stets nur auf Kosten anderer und auf Kosten der Gemeinschaft zu befriedigen ist, ist sie eine parasitäre Gier. Als solche führt sie auf längere Sicht zwangsläufig zur Zerstörung der Gemeinschaft.»[70]

Gemäss Mausfeld besteht die Zivilisierung der Macht darin, dem Recht des Stärkeren die Anerkennung zu entziehen und es durch ein Recht der Gemeinschaft zu ersetzen, was zur Leitidee der Demokratie wurde. Das Recht des Stärkeren trete heute aber nicht mehr mit roher Macht auf, sondern verberge sich hinter dem Unterfangen, das Recht selbst, das zum Schutz der Schwächeren entwickelt wurde, für Machtzwecke zu usurpieren und die Machtunterworfenen so zu manipulieren, dass sie, ohne sich dessen bewusst zu sein, ein Recht des Stärkeren dulden oder sogar ihre Zustimmung geben:[71]

«Es liegt in der Funktionslogik der Macht, dass sie alle machtrelevanten Diskurse zu usurpieren sucht, den Gerechtigkeitsdiskurs, den Rechtsdiskurs, den Freiheitsdiskurs, den Diskurs über Wahrheit und Lüge, den Diskurs über Wahrnehmung und Interpretation gesellschaftlicher Realitäten und sogar den Diskurs über ... die Zulässigkeit und die Grenzen von Kritik.»[72]

«Heute ... ist der öffentliche Debattenraum in einem Ausmass verödet, durch das der Demokratie die Grundlage entzogen wird. Die massenmedial bestimmte Debatte ist durch eine bleierne ideologische Konformität und durch ein hohes Mass einer Diskursverrohung gekennzeichnet, die den Andersdenkenden zum Feind erklärt. Das ideologische Gewölbe ist so dicht abgeschlossen, dass sich die Machtausübenden nicht einmal mehr rhetorisch darum bemühen müssen, die Illusion einer demokratischen Pluralität aufrechtzuerhalten.»[73]

Die *Entzivilisierung der Macht* führt zum Abbau und zum Verlust kollektiver Werte und Normen. Mausfeld fordert, der Entzivilisierung der Macht entgegenzuwirken, indem

- eine gesellschaftliche Atmosphäre geschaffen wird, die gekennzeichnet ist durch ein neugieriges Erkunden von Aussensichten und die Freude über den Diskurs mit Andersdenkenden;
- gesellschaftliche Bedingungen geschaffen werden, innerhalb derer sich das kollektive schöpferische Potenzial der Menschen frei entfalten kann;
- alle Machtstrukturen ihre Existenzberechtigung nachweisen und gegenüber der Öffentlichkeit rechtfertigen müssen (widrigenfalls sie illegitim und zu beseitigen sind);
- die Devise lautet, dass jedermann unerschrocken und konsequent auszusprechen wagt, was Sache ist.[74]

Aus diesem Kapitel können wir folgende Aspekte mitnehmen:
- *Schaffung von Rahmenbedingungen,* welche die Macht der Führenden in rechtmässige und wertorientierte Bahnen lenkt, die Zusammenarbeit von Führenden und Geführten regelt sowie das Engagement, die Bindung an die Organisation und das Innovationspotenzial zur Entfaltung bringt.
- *Balance* zwischen den Zielen, die von den Führungskräften einer Organisation vorgegeben werden, und den Personen, die respektvoll geführt werden sollen.

- *Führungskräfte* sollen offen sein für Veränderungen und darauf achten, dass ihre Handlungen ausgewogen sind. Von Zeit zu Zeit müssen sie sich vergewissern, ob diese Balance noch intakt ist oder ob Anpassungen nötig sind, zum Beispiel wenn die Arbeitslast für die Mitarbeitenden zu gross geworden ist oder wenn die Angestellten unterfordert sind.

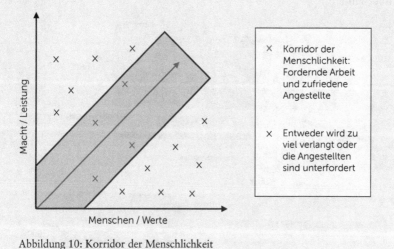

Abbildung 10: Korridor der Menschlichkeit

3.6 Menschliche und systemische Fehler

James Reason, britischer Psychologe, untersuchte die Berichte von Unfällen und Katastrophen wie beispielsweise den Reaktorunfall im Atomkraftwerk Three Mile Island, das Challenger-Unglück, den Brand in der Londoner U-Bahn-Station King's Cross oder den Untergang der Fähre Herald of Free Entreprise und folgerte, dass es sich jeweils um Personen- und Systemfehler handelte. Er vertritt die These, dass die meisten Unglücksfälle auf mehrere Fehlerbereiche zurückgeführt werden können: Auf organisatorische Bedingungen und konkrete menschliche Aktionen. Fehler seien lange vor dem Schadensereignis auf der Organisations- und Führungsebene gemacht worden, bevor sie zusammen mit ungünstigen Umständen und aktivem Versagen von einzelnen Personen zum Unglück führten.[75]

Reason entwickelte das *Schweizer-Käse-Modell*, eine Darstellung von systemischen und menschlichen Fehlern, die in ihrer Verkettung zum Zusammenbruch einer komplexen Organisation führen können. Das Modell vergleicht Sicherheitsebenen mit hintereinanderliegenden Käsescheiben. Die Löcher im «Emmentaler-Käse» sind ein Bild für die Unvollkommenheit von

Schutz- und Sicherheitsmassnahmen eines Systems. Diese Käselöcher können plötzlich und unerwartet ihre Lage und Grösse verändern. Bei einer ungünstigen Konstellation vieler Faktoren entwickeln sich einzelne Fehler zu Schäden. Unfällen oder Katastrophen. Im Ereignisfall liegen die Käselöcher auf einer Linie, und es entsteht eine lineare Flugbahn, die alle Sicherheitsbarrieren überwindet:

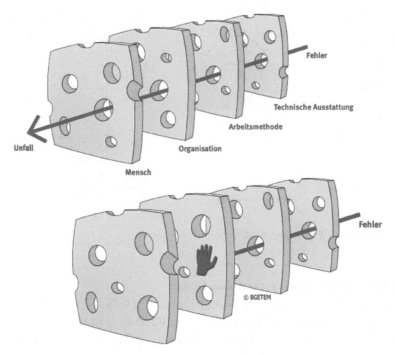

Abbildung 11: Schweizer-Käse-Modell nach Reason

Im Alltag geschehen immer wieder Fehler. Bei einem funktionierenden, aktiven Sicherheitssystem passieren diese Fehler zwar ein Käseloch, werden aber von der nächsten Käsescheibe, das heisst einer Sicherheitsbarriere, gestoppt.

Das Modell von James Reason wird bei der Risikoanalyse und dem Risikomanagement eingesetzt. Es wird unter anderem im Gesundheitswesen, im Bahnverkehr, in der Luftfahrt und in der Arbeits- und Organisationspsychologie zur Planung von Sicherheitsvorkehrungen angewandt. Auf der Grundlage des Modells entstanden «Berichtssysteme über kritische Vorkommnisse» zur Meldung von «near misses» (Beinahe-Vorfällen).

Reason weist darauf hin, dass aus psychologischer Sicht vor allem folgende Personen gefährdet sind, Fehler zu machen:[76]

- Junge Männer;
- Leute, die, im Vergleich zu anderen, eine hohe Meinung über ihre eigenen Fähigkeiten haben;
- Personen, die relativ erfahren sind, aber in der Vergangenheit nicht besonders fehleranfällig waren;
- Andere, die in der Vergangenheit mehr Vorfälle und Unfälle hatten.

Personen würden dann gegen Sicherheitsregeln verstossen, wenn sie die Illusion der Kontrolle haben und denken, sie seien unverwundbar oder fühlten sich zu Recht wichtiger und überlegen, was in folgenden Statements zum Ausdruck gebracht werde:

- «Ich habe das im Griff.»
- «Es wird nichts geschehen.»
- «Alle tun es so.»
- «Es ist das, was die Firma erwartet.»
- «Das Management wird das nicht sehen wollen.»

Mit Bezug auf die Organisation spricht Reason vom «Vulnerable System Syndrome (VSS)», dem Syndrom des verwundbaren Systems und nennt die drei Hauptfaktoren für ein krankhaftes System:[77]

- *Beschuldigung*: Schuldige suchen und mit dem Finger auf sie zeigen; Personen die Schuld geben und den Zusammenhang zwischen Handlung und Situation nicht erkennen wollen; im Nachhinein ist man immer klüger, und dieses Wissen beeinflusst unser Denken, warum und wie etwas geschehen ist.
- *Verweigerung*: «Hier kann so etwas nicht passieren» oder «Es gab seit Jahren keinen Unfall mehr». Diese Aussagen sind die Antithese zur Achtsamkeit, die von allen gefordert ist, um Unheil abzuwenden.
- *Streben nach der falschen Exzellenz*: Der alleinige Fokus auf Gewinn oder Kostensenkungen kann zu einer Verminderung der Gesamtleistung der Organisation führen.

Jede dieser Kernpathologien interagiert mit den anderen beiden und verstärkt diese, so dass sie zusammen einen sich selbst erhaltenden Kreislauf bilden, der jedes Sicherheitsprogramm behindert.

Kultur, Prozesse und Führungsentscheidungen sind die dominierenden Faktoren für Organisationsfehler.

Reason folgert, dass es *kollektive und individuelle Achtsamkeit* braucht, und zwar beide zusammen, um Unfälle und Katastrophen zu verhindern. So werde die Organisation widerstandsfähig:[78]

- In einer *kollektiv achtsamen Organisation* wird konsequent daran gearbeitet, den grösstmöglichen Nutzen aus den wenigen Vorfall- und Unfalldaten zu ziehen, die zur Verfügung stehen: Ihre Führungskräfte rechnen mit Fehlern, auch wenn es in der Vergangenheit keine oder nur marginale gegeben hat; sie ermuntern und loben ihre Angestellten, wenn sie irrtümlich begangene Fehlhandlungen ohne Folgen oder Beinahe-Fehler melden und etablieren daraus ein Instrument des Lernens.

- Bezüglich der *individuellen Achtsamkeit* wird das *«Drei-Eimer-Modell»* vorgeschlagen, um risikoreiche Situationen zu beurteilen:

  a) Der erste Eimer ist die Beurteilung der persönlichen Situation, zum Beispiel fehlendes Wissen, Müdigkeit, Stress, mangelnde Erfahrung, Unwohlsein usw.

  b) Der zweite Eimer ist der Kontext, zum Beispiel Zeitnot, Fehlen von Material, Schichtwechsel, Ablenkung, Unterbrüche usw.

  c) Der dritte bezieht sich auf die Aufgabe, zum Beispiel Fragen zu stellen wie «um was geht es», «welches Ziel wird verfolgt», «wieviel Zeit steht zur Verfügung».

Menschen sind nach Ansicht von Reason gut darin, rasch die drei Bewertungen vorzunehmen. Jedem Eimer kann eine Skala von 1 (kein Risiko) bis 10 (sehr hohes Risiko) zugrunde gelegt werden. Bei Bewertungen mit «6» und höher sollten die Alarmglocken läuten.

Karl E. Weick und Kathleen M. Sutcliffe haben untersucht, wie sich Manager vor dem Unerwarteten und vor Überraschungen wappnen können und sind, ähnlich wie James Reason, zum Schluss gekommen, dass eine *achtsame Kultur* nötig ist.[79] In Anlehnung an Edgar Schein[80] beschreiben sie die Organisationskultur wie folgt:[81]

- *Annahmen*, die Erkenntnisse aus dem Umgang mit Aussen und Innen bewahren;
- *Werte*, die vorschreiben, wie die Organisation handeln soll;
- *Praktiken* oder *Methoden* der Geschäftsabwicklung;
- *Symbole*, welche die vertretenen Werte verkörpern und ihnen Substanz verleihen.

Kultur ist, «wie wir hier die Dinge tun» oder «welches Verhalten hier erwartet wird».

Folgende Bedingungen schaffen die Organisationskultur:[82]

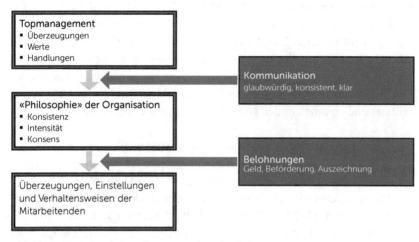

Abbildung 12: Prägung der achtsamen Kultur durch das Topmanagement

Die *Kultur der Achtsamkeit* wird massgeblich vom Topmanagement geprägt, das
- eine klare Präferenz für Achtsamkeit in seinen Überzeugungen, Werten und Handlungen vermittelt;
- mit Taten und Worten glaubwürdig und konsequent kommuniziert sowie
- Boni, Gehaltserhöhungen, Beförderungen und Anerkennung denen zukommen lässt, die achtsam handeln.

Margaret Heffernan plädiert für eine *gerechte Kultur* in Unternehmen:

«Heutzutage brauchen wir in allen Arbeitsumgebungen gerechte Kulturen, nicht nur um Unfälle zu verhindern, sondern um jedem einzelnen Angestellten seine besten Ideen, Beobachtungen, Bedenken und Konzepte zu entlocken ... Unternehmen mit gerechten Kulturen beziehen ihre Inspiration und Stabilität nicht von einigen wenigen gefeierten Superstars, sondern aus der immensen kollektiven Intelligenz aller Angestellten, Vertragspartner, Teilhaber und Kunden ... Mitarbeiter werden nicht nach ihren Fehlern beurteilt, sondern dazu ermutigt, ihre fachlichen und sozialen Talente auszubauen, die für die Zusammenarbeit auf hohem Niveau unerlässlich sind.»[83]

Amy Edmondson hat die Praxis von Arbeitsumgebungen in privaten und öffentlichen Organisationen untersucht. Sie hat herausgefunden, dass tiefer liegende Probleme unentdeckt blieben, weil ein «gefährliches Schweigen» herrschte. Die Folgen waren teils verheerend, entweder weil die Geschäftsergebnisse immer schlechter wurden oder weil die mangelnde Arbeitssicherheit zu Unfällen führte. Die Mitarbeitenden trauten sich nicht, ihre Stimme zu erheben, Fragen zu stellen oder um Hilfe zu bitten. Sie fühlten sich psychologisch unsicher. Angst regierte. Edmondsons Arbeiten haben die Bedeutung der Organisationskultur im Sinne von Reason, Weick/Sutcliffe und Heffernan erhärtet und ergänzt um den Begriff der *angstfreien Organisation*:[84]

«Wir leben in einer Zeit, in der kein Einzelner alles wissen oder alles Nötige tun kann, um die Arbeit durchzuführen, die die Kunden erwarten. Deshalb ist es heute wichtiger denn je, dass die Menschen sich äussern, Informationen teilen, Fachwissen beitragen, Risiken eingehen um zusammenarbeiten, bleibende Werte zu schaffen. Aber wie Edmund Burke vor mehr als 250 Jahren schrieb: Die Angst begrenzt unsere Fähigkeit zu wirksamem Denken und Handeln – sogar für die talentiertesten Mitarbeiterinnen. Die Führenden müssen heute bereit sein, die Aufgabe zu übernehmen, Angst aus den Organisationen zu verbannen, um die Bedingungen für Lernen, Innovation und Wachstum zu schaffen.»[85]

Gründe, weshalb Mitarbeitende nicht wagen sich zu melden und Feedback oder Kritik zu geben:[86]

- *Statusunterschied*: Die hierarchische Struktur in der Organisation ist sehr stark.
- *Gefühl der Sinnlosigkeit*: «Wenn ich mich äussere, wird das keinen Unterschied machen oder der Empfänger wird nicht reagieren.»
- *Mangel an Erfahrung* im derzeitigen Job.
- *Schlechte Beziehung zum Vorgesetzten*: Dieser ist nicht unterstützend oder distanziert.
- *Konflikt zwischen Effizienz/Komfort oder Sicherheit.*
- *Angst vor negativen Auswirkungen* auf andere: nicht den Wunsch haben, jemanden in Verlegenheit zu bringen oder zu verärgern oder ihn bzw. sie in Schwierigkeiten zu bringen.
- Angst vor Bestrafung: nicht befördert zu werden oder andere negative persönliche Konsequenzen.
- *Angst, eine persönliche Beziehung zu beschädigen*: Verlust von Vertrauen, Respekt, Akzeptanz oder Unterstützung.
- *Angst, negativ abgestempelt oder gesehen zu werden.*

In einer angstfreien Organisation fühlen sich Mitarbeitende ermuntert, Bedenken und Fehler zu äussern, ohne ignoriert, beschuldigt, diffamiert oder sogar bestraft zu werden. Sie können darauf vertrauen, Fragen stellen zu können. Sie vertrauen ihren Kolleginnen und respektieren sie. So werden Fehler schnell kommuniziert, wodurch rasch Gegenmassnahmen ergriffen werden können. Die Koordination zwischen Teams und Abteilungen wird verstärkt, und potenziell wichtige Ideen für Innovationen werden geteilt. Die psychologische Sicherheit wird zur wichtigen Quelle der Wertschöpfung einer Organisation.[87]

Die Rolle der Führungskraft in einer angstfreien Organisation beschreibt Amy Edmondson wie folgt:[88]

	Herkömmlicher Bezugsrahmen	Bezugsrahmen in einer angstfreien Organisation
Führungskraft	• Kennt die Antworten • Gibt Anweisungen • Bewertet die Leistung anderer	• Gibt die Richtung vor • Gibt Input, um die Richtung zu klären und anzupassen • Schafft die Voraussetzungen für kontinuierliches Lernen, um noch bessere Leistungen zu erreichen
Mitarbeitende	Untergebene, die tun müssen, was ihnen gesagt wird	Mitwirkende mit wichtigem Wissen und wertvollen Erfahrungen

Tabelle 2: Rolle der Führungskraft in einer angstfreien Organisation

Die Bedeutung einer angstfreien Kultur wird seit vielen Jahren in der zivilen Luftfahrt anerkannt und praktiziert, wie ein erfahrener Linienpilot beschreibt:

«In der Luftfahrtbranche ist die psychologische Sicherheit innerhalb der Crews von entscheidender Bedeutung, besonders im Hinblick auf die Sicherheitskultur. Eine Atmosphäre, in der sich jedes Crewmitglied frei fühlt, Bedenken oder Beobachtungen ohne Angst vor Kritik oder Repressalien zu äussern, kann entscheidend für die Vermeidung von Unfällen und Zwischenfällen sein. Ein bekanntes Beispiel hierfür ist der United Airlines Flug 173 im Jahr 1978. Der Mangel an offener Kommunikation und psychologischer Sicherheit im Cockpit führte dazu, dass Bedenken bezüglich des Treibstoffniveaus nicht angemessen angesprochen wurden, was schliesslich in einer Notlandung mit tragischen Folgen resultierte. Dieser Vorfall unterstreicht die Bedeutung einer Kultur, in der Crewmitglieder ermutigt werden, ihre Einschätzungen und Sorgen frei zu äussern, um die Sicherheit aller an Bord zu gewährleisten.»[89]

Amy Edmondson ruft Organisationen auf, Fehler nicht zu verurteilen, sondern als Ausgangspunkt und Chance für Verbesserungen, Innovation, Qualitätssicherung und Sicherheit zu nehmen.

Eine fehlende oder gesunde Fehlerkultur ist an folgenden Aussagen erkennbar:[90]

Hinweis auf *fehlende* Fehlerkultur	Hinweise auf eine *gesunde* Fehlerkultur
Bei uns überwiegen die guten Nachrichten.	Wir sind aufgefordert, schlechte Neuigkeiten zu berichten.
Fortschritt ist unser Mantra.	Wir haben Probleme und lösen sie im Team.
Wir sind uns meistens einig.	Bei uns werden widersprüchliche Meinungen geschätzt.
Bei mir ist alles im «grünen Bereich».	Manchmal brauche ich Hilfe und Unterstützung.

Tabelle 3: Voten zur Fehlerkultur in einer Organisation

Edmondson plädiert dafür, gut zu scheitern, wofür es nötig sei, selbst achtsam zu sein, Situationen richtig einzuschätzen und das eigene System zu kennen. So könnten einfache Fehler möglichst oft vermieden und komplexe Fehler antizipiert werden, um sie zu verhindern oder in ihrer Wirkung zu mildern sowie den «Appetit für intelligente Fehler» zu kultivieren, um daraus zu lernen. Diese drei Fehler-Typen auseinanderzuhalten und die Achtsamkeit für sie zu steigern, erfordere lebenslanges Lernen.[91]

Einerseits muss es Schutzmechanismen gegen individuelle und systemische Fehler geben, um eine Organisation vor grösseren Schäden, Krisen oder sogar Katastrophen zu bewahren. Andererseits sind Fehler der Ausgangspunkt für neue Ideen, Innovation und Lernen. Deshalb brauchen wir eine Organisationskultur, in der Fehlermeldungen erwünscht sind. Dazu benötigt eine Organisation:

- *Eine Kultur der Achtsamkeit, ein gerechtes Arbeitsklima, eine angstfreie Organisation;*
- *Vorgaben Top-Down, vor allem Sinn, Vision, Werte und Regeln;*
- *Vorbildliche Führungskräfte.*

3.7 Narzissten, Psychopathen und Machiavellisten

Thomas Kuhn und Jürgen Weibler sprechen von der *dunklen Triade*: dem grandiosen Selbst des Narzissten, dem manipulativen Ausnutzen des Machiavellisten und der Empathielosigkeit des Psychopathen.[92]

Einer *narzisstischen Persönlichkeit* werden gemäss den Harvard-Wissenschaftlern Rosenthal und Pittinsky[93] folgende psychologischen Merkmale zugeordnet:

- Arroganz;
- Minderwertigkeitsgefühle, welche durch Arroganz, Selbstgefälligkeit und herablassende Verhaltensweisen kompensiert werden;
- Übersteigertes Bedürfnis nach Anerkennung und Überlegenheit;
- Überempfindlichkeit und Wutausbrüche, wenn die eigene Überlegenheit von anderen Personen infrage gestellt wird;
- Fehlende Empathie;
- Amoralität;
- Irrationalität und Inflexibilität;
- Paranoia, die sich darin äussert, dass auch die loyalsten Gefolgsleute als Feinde wahrgenommen werden, denen misstraut wird und die zurückgewiesen oder sogar «vernichtet» werden sollen.

Der Narzissmus kann ein «Karriere-Treiber» sein, weil narzisstische Persönlichkeiten über eine Vielzahl von karrierefördernden Charakteristika verfügen, wie zum Beispiel

- oberflächlicher Charme;
- übersteigertes Selbstwertgefühl;
- charismatische Ausstrahlung;
- suchtartiges Arbeitsverhalten;
- Fähigkeit, andere zu lenken, zu beeinflussen und zu manipulieren;
- Risikofreudigkeit;
- grosse innere Flexibilität aufgrund mangelhafter Bindung und Identität.

Manfred F. R. Kets de Vries, Psychoanalytiker und INSEAD-Professor, erklärt, wieso Narzissten in Führungspositionen landen:

«Ihre Fähigkeit, andere zu manipulieren und ihr Vermögen, schnelle und flüchtige Beziehungen zu schaffen, hilft ihnen im Organisationsalltag besonders. Und sie können sehr erfolgreich sein, besonders auf Gebieten, die es ihnen erlauben, ihre eigenen Ambitionen nach Grösse, Ruhm und Herrlichkeit zu erfüllen. In vielen Fällen neigen bedauerlicherweise

Macht und Prestige dazu, für diese Menschen wichtiger zu werden als die Verpflichtung gegenüber Zielen und Leistung.»[94]

Narzissten können sich auch schnell als Opfer sehen und nachtragend, mürrisch und leicht gekränkt sein. Diese Abwehrmechanismen verbergen ein zerbrechliches Ego.[95]

Otto Kernberg, einer der bekanntesten Psychoanalytiker der Gegenwart, bezeichnet den Narzissmus als einen normalen Aspekt der Persönlichkeit: Wenn Selbstliebe und Zutrauen in die eigene Meinung fehlen, sei das ein Problem, etwa bei Depressionen. Kernberg definiert den normalen Narzissmus mit infantilen Zügen wie folgt:

«Es geht um Menschen, deren Selbstwertgefühl davon abhängt, dass sie die besten Anzüge tragen, das modernste Auto fahren, die wichtigste Position im Job innehaben. Das ist ein normaler, aber eben ein kindlicher Aspekt des Narzissmus. Doch das ist nicht gleichbedeutend mit einer krankhaften narzisstischen Persönlichkeit. 20 % der Bevölkerung leiden unter einer Persönlichkeitsstörung, aber nur 5 % schwer. Von denen wiederum haben rund 30 % eine narzisstische Problematik. Wir wissen mehr über «antisoziale Persönlichkeiten», also Menschen, die morden, stehlen, gefährlich sind. Das sind ungefähr 1 % der Bevölkerung.»[96]

Das Autorenduo Henning und Six[97] hat eine Liste der Merkmale machiavellistischer Persönlichkeiten erstellt, eine sogenannte «Machiavelli-Skala»:

- Jeder ist sich selbst der Nächste.
- Man sagt den Menschen das, was sie hören wollen.
- Es ist nicht so wichtig, wie man gewinnt, sondern dass man gewinnt.
- Bescheidenheit ist schädlich.
- Sicheres Auftreten ist mehr wert als Empfänglichkeit für Gefühle.
- Den wahren Grund für die eigenen Absichten werden nur gezeigt, wenn es einem nützt.
- Versprechen können gebrochen werden, wenn es für einen selbst vorteilhaft ist.
- Wer einem anderen zum Aufstieg verhilft, richtet sich selbst zugrunde.

Machiavellisten können aufgrund ihres egoistischen Nutzenkalküls absolut flexibel agieren und problemlos zwischen diversen Verhaltensweisen und Führungspraktiken wechseln.

Psychopathen haben eine antisoziale Persönlichkeitsstörung. Unter anderem sind sie

- selbstbezogen,
- unberechenbar,
- skrupellos,
- emotionslos,
- treulos,
- verantwortungslos,
- furchtlos,
- risikofreudig und
- kriminell.

Im Kontext von Organisationen können sich Psychopathen sehr gut präsentieren und «verkaufen».

Narzissten, Machiavellisten und Psychopathen haben gemeinsam, dass sie alle im Kern antisozial sind, aber als sozial kompetent zu erscheinen vermögen. Durch Charme, Charisma, und Manipulation können sie bis in höchste Führungspositionen aufsteigen. Oben, wo die Luft dünner, aber politischer wird, kann die «dunkle Triade» mit Schönfärberei und Schmeichelei das Topmanagement, das nicht kritisch ist und sich blenden lässt, von sich einnehmen. Geführte und Kollegen haben oft Kenntnis von Manipulationen und Verantwortungslosigkeiten, aber entweder erhoffen sie sich aus dem Aufstieg der gewissenlosen Egoisten eigene Vorteile oder sind ihnen schlicht treu ergeben und werden als «nickende Esel» mitschuldig.

Hinzu kommt, dass offensichtlich destruktive Verhaltensweisen von Topmanagern in der Regel geduldet oder sogar goutiert und mit dem Spruch «besondere Menschen zeigen besonderes Verhalten» versehen werden. Schlechte, aber vermeintlich effektive Führung wird so als normal erkannt oder sogar noch verherrlicht. Medial werden diese verantwortungslosen Topmanager noch mit Titeln wie «Manager des Jahres» ausgezeichnet oder von Hochschulen für «Key-Note-Reden» und Diskussionen mit Studierenden eingeladen. Schlechte Führung wird so zur Normalität und übt eine gewisse Faszination aus.

Führung als Dienst an den eigenen Interessen[98] wird ersichtlich, wenn der toxische Manager

- die Geführten lediglich als Mittel zum Zweck sieht;
- es als selbstverständlich betrachtet, dass die Leistungen der Geführten zu seinem Nutzen sind;
- das Erreichen der eigenen Ziele für wichtiger hält als diejenigen der Organisation und wichtiger als die Bedürfnisse der Geführten.

Destruktives Führungsverhalten führt gegenüber den Unterstellten zu Druck, Überforderung und Stress, zur Behinderung oder Förderung der Karriereentwicklung Einzelner (je nach Nützlichkeit) sowie zur Täuschung, Hintergehung oder zum Ausspielen von Mitarbeitenden.

Die «giftigen fünf Führungsverhalten» («Toxic Five») liegen vor, wenn jemand

- respektlos,
- nicht inklusiv,
- unethisch,
- halsabschneiderisch und
- beleidigend ist.

Je grösser das Machtgefälle zwischen Chef und Mitarbeitenden ist, je stärker die Abhängigkeit von der selbst ernannten «Grösse», desto grösser werden die entstehenden Probleme: Wer es sich leisten kann, kündigt; wer auf diesen Job angewiesen ist, bleibt, schaltet aber innerlich ab («Quiet Quitting»).[99]

Das Verhalten von Narzissten, Machiavellisten und Psychopathen spielt sich am Arbeitsplatz ab, quasi vor den Augen und Ohren – sowie den Seelen und Herzen – der Mitarbeitenden einer Organisation. Meines Erachtens greift es jedoch zu kurz, von Mitarbeitenden generell zu erwarten, dass sie schlechte Führende «nach oben» melden. In von Angst dominierten Organisationen ist es schwierig, mutige, die eigene Karriere gefährdende «Whistleblower» zu finden. Gibt es jemanden, der das versucht hat und gescheitert ist, dann muss man sich nicht wundern, wenn ab diesem Zeitpunkt keine Kritik mehr aus der Belegschaft zu erwarten ist. Daran werden auch 360-Grad-Feedbacks, Aussprachen, «Fuck-Up-Nights» (An speziellen Veranstaltungen wird über eigenes Scheitern, Lehren und Erfahrungen gesprochen), Online-Surveys, «Open-Door-Policy», «Anonyme Mitarbeiter-Briefkasten» oder «Frühstück mit dem CEO» nichts ändern, wenn der Wille des Topmanagements fehlt, die Klagen oder kritischen Äusserungen gegenüber einem «verdienten Führungskollegen» ernst zu nehmen, der Sache auf den Grund zu gehen und, falls erwiesen, gezielte und vielleicht unpopuläre Massnahmen (vgl. Kapitel 5.9) zu ergreifen.

Topmanager müssen Narzissten, Machiavellisten und Psychopathen unter den Führungskräften entdecken, indem sie

- vorgeben, welche Werte und Regeln in der eigenen Organisation als unverzichtbar gelten, und selbst danach leben;
- stringente Prozesse in der Personalauswahl und -entwicklung anwenden und sich aktiv daran beteiligen;

- sich immer wieder, unaufgefordert und oft unangekündigt, in ihrem Verantwortungsbereich bewegen und sich selbst über die herrschende Führungskultur ein Bild machen;
- Verdachtsfälle untersuchen und die Resultate schonungslos umsetzen.

3.8 Holokratie

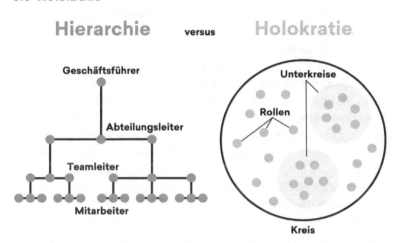

Abbildung 13: Hierarchie versus Holokratie

Holokratie ist ein Businessmodell, das die hierarchische Struktur von Personen abschaffen will.[100] Im Wesentlichen besteht Holokratie aus folgenden Elementen:

- der *Verfassung*, vergleichbar mit einem Betriebssystem oder den Spielregeln einer Sportart; sie legt die Rollen und ihre Funktionen fest sowie die Kreisstruktur, die Governance, den operativen Prozess und die Inkraftsetzung;
- der *Kreisstruktur* und den *Rollen*: Jeder Kreis ist eine sich selbst organisierende Einheit mit eigenen Rechten und ist Teil eines grösseren Kreises; es gibt eine gewisse Hierarchie der Kreise, mit dem Board als oberstem Kreis und dem General Company Circle (GCC) als Kreis der Gesamtorganisation. Jeder Kreis besteht aus vier Rollen: dem Lead-Link, der die Interessen des übergeordneten Kreises vertritt, dem Rep-Link, der die Interessen des unteren Kreises vertritt, der Moderatorin, welche die «Tactical»- und die «Governance»-Meetings leitet und dem Secretary/Schriftführer, der Meetings einberuft und die Ergebnisse dokumentiert. Es gibt

keine lineare Struktur mehr, sondern jede Person hat eine oder mehrere Rollen und kann innerhalb einer Rolle selbstständig entscheiden und Prioritäten setzen; zwischen Person und Rolle wird deutlich getrennt;

- dem *Sinn (Purpose)* als Herzstück und Daseinszweck, der die Grundlage der Organisation ist, und der Treiber, der die Mitarbeitenden in die Zukunft bringt;
- der *Selbstorganisation der Arbeit*: Viele autonome Rollen organisieren ihre Arbeit innerhalb bestimmter Verantwortlichkeiten selbst. Das verlangt ein hohes Mass an Selbstorganisation und ein klares Rollenverständnis. Jedes Mitglied eines Kreises hat diverse Pflichten, beispielsweise zu informieren, Prozesse voranzubringen und Arbeiten zu priorisieren;
- dem *Umgang mit Spannungen* und *klaren Meeting Strukturen*: Spannungen werden nicht als etwas angesehen, das die Harmonie stört, sondern als Rückmeldung, als Quelle von Informationen, die es zu berücksichtigen gilt. Es werden Arbeitsbesprechungen (tägliche Stand-Up-Meetings von 15 Minuten; wöchentliche Tactical-Meetings von 30–60 Minuten) und Grundsatz-Entscheidungen (monatliche Governance-Meetings von mehreren Stunden und Strategie/Review-Meetings, die 1–2 Tage dauern) unterschieden. Die Meetings haben eine offene Agenda, das heisst, dass vor oder während des Meetings Vorschläge eingebracht werden können; sie beginnen mit einem Check-In und enden mit einem Check-Out;
- der *Moderatorin*, die für die effiziente Gesprächsstruktur innerhalb der verschiedenen Meetings sorgt; sie ist verantwortlich für den Prozess, nicht die involvierten Personen;
- den *Spezifizierungen*: Alles, was die Verfassung nicht ausdrücklich vorschreibt, ist offen und kann mit Hilfe der Entscheidungsverfahren der Holokratie gestaltet werden, beispielsweise Themen wie Entlassung, Löhne oder Leistungsbeurteilung.

Holokratie bedeutet vor allem Selbst-Führung und Selbst-Organisation. Die klassischen Führungsaufgaben sind zu einem kleinen Teil beim Lead-Link zu finden und darüber hinaus an andere Rollen, Gremien und Prozesse verteilt.

Dieses Business-Modell gibt es seit 2007. Zurzeit sind es vor allem Start Ups, Software- und IT-nahe Firmen sowie Beratungs- und Dienstleistungsunternehmen, die sich ihm verschrieben haben. Drei Praxisbeispiele:

Intersim AG in Burgdorf (Schweiz), eine Software-Firma mit über 40 Angestellten, kennt gemäss ihrem Internet-Auftritt Funktionen wie CEO und CTO, funktioniert aber so, dass am Schluss von Meetings nicht der Chef bestimmt, was passiert, sondern die Mitarbeiterin, die das Thema am besten kennt: «Jemand war unzufrieden mit dem internen Ticketing-System. Also beschloss er, dies zu ändern. Dafür musste der Mitarbeiter einen internen Prozess befolgen. Zuerst holte er bei allen Rat, die am Ticketing beteiligt waren. Dann musste er triftige Gründe ausschliessen, die gegen seine Idee sprechen könnten: Würde die Firma finanziell einen Schaden davontragen? Könnte die Firma dadurch Kunden verlieren? ... Dann wurde seine Lösung eingeführt.»[101]

Buurtzorg (deutsch: Nachbarschaftspflege) ist eine niederländische private Spitex-Organisation mit etwa 10 000 Pflegefachkräften, die alle anfallenden administrativen und führungsrelevanten Tätigkeiten in Teams bis zu maximal zwölf Personen selbstständig planen und erledigen. Das Modell Buurtzorg kommt ohne zentrale Hierarchie mit CEO und Personal- und Finanzabteilung aus. Managementaufgaben werden von den Teams wahrgenommen; innerhalb eines Teams werden die vorhandenen Talente bestmöglich genutzt.[102]

Blinkist ist ein kostenpflichtiger Abo-Service, der Sachbücher in englischer oder deutscher Sprache in den Kernaussagen zusammenfasst. Die 2012 gegründete Firma, 2023 von der australischen Tech-Startup Go1 übernommen, beschäftigt etwa 70 Personen. Ihr Modell beschreibt Blinkist wie folgt: «Wir haben die klassischen Managementhierarchien abgeschafft und die Verantwortung auf alle Mitglieder unseres Teams verteilt. Wir sind stolz auf unsere einzigartige Unternehmenskultur, die auf Selbständigkeit, persönliche Weiterentwicklung, unmittelbare Kommunikation und gegenseitige Unterstützung setzt.»[103]

Kritisch[104] ist anzumerken, dass die eigentliche Macht oft bei den Eigentümern liegt. Bei Holocracy One, der Firma des Gründers der Holokratie, Brian J. Robertson, besetzt er als Lead-Link alle wesentlichen Rollen. Die strikte Trennung von Rolle und Person ist nur bedingt realistisch, da Menschen ihre Egos haben, nach persönlicher Anerkennung und Wertschätzung suchen und ihren Status in einer Gruppe behaupten wollen:

«Wo immer Menschen zusammenkommen, ergibt sich eine Hierarchie, in der das Wort aus dem Mund des einen schwerer wiegt als das aus dem Mund eines anderen, selbst wenn alle die gleichen Rechte haben oder gleich viel besitzen. Und wird eine Form der Hackordnung abgeschafft oder überwunden, ersetzt ein neues Hierarchiesystem das alte. Besonders sichtbar wird das dort, wo Menschen laut behaupten, bei ihnen existiere keine Hierarchie, sie seien wirklich alle absolut gleich. Solche Gemeinschaften spinnen einen wundervollen Traum der Fairness für alle, doch dieser Traum bleibt eine Lüge, ... die sich diese Gemeinschaften vor allem selbst erzählen und von der dann ein paar Mitglieder profitieren. Am Ende reihen sich diese Gruppen oft in die lange und unaufhörlich wachsende Liste der gescheiterten Kommunen, Utopien und Bewegungen ein. Denn am Ende geht es doch immer um eines: ... Wer darf unter dem Banner der Gleichheit Privilegien geniessen und wer muss die Drecksarbeit verrichten.»[105]

Das Modell mit seinen Regeln und Abläufen kann als «blutleer» wahrgenommen werden, in welchem das Menschliche zu kurz kommt. Ausserdem kann die Selbstverantwortung zu einer individuellen Überforderung führen: Nicht jeder und jede will die mit den Rollen verbundenen Verantwortlichkeiten übernehmen:

«Hierarchien sind entlastend. Sie schaffen Klarheit, indem sie Grenzen setzen und genau definieren, was erwartet wird ... Das Verlangen nach mehr Struktur mag reaktionär sein. Paradoxerweise wächst es durch moderne Belastungsfaktoren: ständige Erreichbarkeit, Durchlässigkeit von Arbeit und Freizeit, weniger Möglichkeiten der Erholung. Auf die Nebenwirkungen der Digitalisierung muss ein Unternehmen reagieren ... Statt abgeschafft, sollte die Chef-Rolle also viel eher neu gedacht werden: Weg von der Kontrolle, hin zu Koordination. Jemand muss die Verantwortung tragen, fürs Geschäft wie für die Mitarbeitenden.»[106]

Ähnlich beschreibt Claudio Feser die Bedeutung von Hierarchien:

«Hierarchien ermöglichen es Unternehmen, die Arbeit von Tausenden von Menschen zu organisieren und gleichzeitig die Kohärenz zu wahren und eine Strategie effektiv umzusetzen.»[107]

Eine neue Studie, an der sich über 5800 Personen aus 144 Unternehmen beteiligten, kam zu einem ähnlichen Schluss: Der Transfer von Entscheidungskompetenzen auf untere Ebenen der Organisation kann Selbstständigkeit und Leistung von informell Führenden fördern, sofern sie von Vorgesetzten ermutigt, angeleitet und gecoacht werden. Wenn diese Unterstützung fehlt, so fühlen sich die aufstrebenden Talente entweder rasch entmutigt oder überfordert.[108]

Ohne Führende geht es also auch nicht:

«Wenn man nach singulären Bedingungen suchen würde, die artenüber-greifend existierten, würde man möglicherweise nur wenige Universalien finden. Ein universelles Prinzip, das es gibt, zumindest bei den Spezies, die über Gehirne und Nervensysteme verfügen, ist Führung ... Man kann mit Fug und Recht davon ausgehen, dass sich bei jeder sozialen Aktivität eine soziale Struktur entwickelt und dass ein (vielleicht das) bestimmende(s) Merkmal dieser Struktur die Entstehung eines oder mehrerer Führer ist.»[109]

Vom Business-Modell der Holokratie können wir folgendes mitnehmen:
- Es gibt keine Organisation, die völlig ohne Strukturen und schon gar nicht ohne Führende auskommt.
- Rahmenbedingungen (Spielregeln, «Verfassung») geben einer Organisation, vom Topmanagement bis zur einzelnen Mitarbeiterin, eine Perspektive und richten sie auf gemeinsame Ziele aus.
- Bestimmte Bereiche einer Organisation können eine vollständige oder teilweise Autonomie erhalten. Diese Division, Abteilung oder Einheit kann sich, immer innerhalb der festgelegten Rahmenbedingungen, selbst organisieren. Das Beispiel und die Unterstützung von Vorgesetzten bleiben wichtig.
- Einzelne Elemente, wie die Delegation der Entscheidungsbefugnisse auf jene Ebene, welche die höchste Fachkompetenz besitzt, die Gestaltung der Meetings und die Einführung von Moderatoren können zu mehr Achtsamkeit und einer grösseren Ermächtigung tieferer Hierarchieebenen führen.

3.9 Künstliche Intelligenz

ChatGPT 4.0 hat mir folgende Antworten[110] geliefert auf die Frage, ob Künstliche Intelligenz (KI) und Führung zusammenpassen:

«KI hat einen zunehmenden Einfluss auf den Bereich der Führung und des Managements. Hier sind einige Punkte, wie KI die Führung beeinflusst:
- *Entscheidungsfindung*: KI kann Führungskräften helfen, bessere Entscheidungen zu treffen, indem sie grosse Mengen an Daten schnell analysiert und Einsichten liefert, die sonst möglicherweise übersehen würden. Dies kann besonders in Bereichen wie Marktanalysen, Risikobewertung und Kundenverhalten nützlich sein.

- *Automatisierung von Routineaufgaben*: KI kann Routineaufgaben automatisieren, was Führungskräften mehr Zeit gibt, sich auf strategische Ziele zu konzentrieren. Dies kann die Effizienz steigern und die Produktivität erhöhen.

- *Personalmanagement*: KI-Tools können im Personalwesen eingesetzt werden, um bei der Rekrutierung und Auswahl von Mitarbeitern zu helfen, Leistungsbeurteilungen zu optimieren und personalisierte Entwicklungspläne zu erstellen.

- *Verbesserung der Kommunikation*: KI kann die interne und die externe Kommunikation durch Tools wie automatisierte Übersetzungen oder die Analyse von Kommunikationsmustern verbessern.

- *Change Management*: KI kann dabei helfen, Veränderungen in Organisationen zu managen, indem sie Vorhersagen über die Auswirkungen verschiedener Strategien macht und dabei hilft, den Wandel effektiver zu gestalten.

- *Ethische und soziale Herausforderungen*: Mit dem Einsatz von KI in Führungsrollen kommen auch ethische Fragen auf. Es ist wichtig, dass Führungskräfte die Auswirkungen von KI auf die Mitarbeiter und die Gesellschaft berücksichtigen, insbesondere in Bezug auf Datenschutz und Arbeitsplatzsicherheit.

- *Lern- und Anpassungsfähigkeit*: Führungskräfte müssen sich ständig weiterbilden, um mit den rasanten Entwicklungen in der KI-Technologie Schritt halten zu können. Diese erfordern eine kontinuierliche Anpassung und das Lernen neuer Fähigkeiten.»

Insgesamt – so ChatGPT 4.0 – biete KI enorme Möglichkeiten für die Führung, bringe aber auch Herausforderungen und Verantwortlichkeiten mit sich. Es sei wichtig, dass Führungskräfte die Technologie verstehen und verantwortungsvoll einsetzen.

Wenn dem so ist, dann gilt das Wort von Rob Thomas von IBM:

«KI wird Führungskräfte nicht ersetzen, aber Führungskräfte, die KI nutzen, werden diejenigen ersetzen, die das nicht tun.»[111]

KI wird auf allen Ebenen der Führung, also auf den strategischen und organisationalen Ebenen sowie in der Personal- und Selbstführung, Auswirkungen haben:

«KI verändert die Arbeitswelt und führt zu einer dynamischen Neugestaltung der Arbeitsteilung zwischen Menschen und Technik in Unternehmen. Dies betrifft nicht zuletzt auch den Bereich der Führung. KI-Systeme können Führungskräfte bei der Ausübung ihrer Aufgaben unterstützen, etwa indem sie vor allem administrative Koordinations- und Kontrollaufgaben und Entscheidungen übernehmen. Dadurch bleibt den Führungskräften mehr Zeit, sich der Personalführung oder Innovationsprozessen zu widmen. Führungskräfte nehmen künftig eine zentrale Rolle ein, den KI-Transformationsprozess erfolgreich mitzugestalten und dabei im Rahmen ihrer Fürsorgepflichten besonders auf die menschengerechte Gestaltung der KI-Systeme mit den und für die Beschäftigten hinzuwirken.»[112]

KI mag Menschen Angst machen, weil sie befürchten, von der digitalen Revolution ausgemustert zu werden. Wenn jedoch KI als Werkzeug verstanden wird, kann die Angst zum Interesse und zur Chance für die Entwicklung eigener Möglichkeiten werden. KI erweitert dann das individuelle Potenzial.[113]

KI basiert auf Algorithmen, wertet rasch eine riesige Datenmenge aus und macht Zusammenfassungen und Vorschläge für die Entscheidungsfindung. Aufgrund ihrer Schnelligkeit und der guten Formulierungen könnten wir bequem werden und dazu neigen, ihr zu folgen. KI könnte aber falsche Informationen liefern oder uns mit ihren Schlussfolgerungen fehlleiten. Wir müssen deshalb immer die Faktenlage prüfen und die eigenen Kenntnisse und Erfahrungen sowie diejenigen des Teams (und der Partner) einbeziehen, bevor wir definitiv entscheiden. Wir sollten KI nicht blind vertrauen.[114]

Jede Organisation sollte sich eine eigene KI-Governance geben bevor sie sich mit KI beschäftigt.

Wählt die Organisation spezielle Bereiche für Tests mit KI aus, so können folgende Tipps nützlich sein:[115]
- Projekte auswählen, die den besten strategischen Wert haben;
- spezielle Softwaretools und KI-Fabriken einsetzen, die sich bei der Entwicklung bereits bewährt haben;
- bei der Evaluierung die tatsächlichen Auswirkungen prüfen;
- den Algorithmus so anpassen, dass er mit immer neuen Veränderungen Schritt halten kann;
- Entwicklungsschritte erst nach sorgfältiger Analyse des Zwischenstandes auslösen;
- die menschliche Entscheidungsfindung bleibt in jedem Fall erhalten.

Die Künstliche Intelligenz (KI) ist heute und in Zukunft von grosser Bedeutung, sowohl für Organisationen wie für Führungskräfte:

- Jede Organisation sollte KI in ihre Strategie aufnehmen und eine *KI-Governance-Policy* erlassen: Wie können wir uns mit KI-Systemen so positionieren, dass wir effizienter und wettbewerbsfähiger werden? Wie stellen wir sicher, dass der Mensch im Zentrum von unternehmenswichtigen Entscheidungen bleibt?
- Führungskräfte können administrative Aufgaben vermehrt an KI delegieren und sich gezielter auf ihre *B-Funktionen* konzentrieren: *Beachten, beobachten, begleiten, betreuen und beraten* von anderen Führungskräften und Mitarbeitenden und so *beziehungsorientierter* werden; *Bewerten* von KI-Datenanalysen und *besprechen* der Optionen mit ihren Teams; *Beschliessen* und die Umsetzung *beaufsichtigen; Beantwortung* von Fragen der Geführten und aller Stakeholder; *Beeinflussen* von KI-Prozessen und von Mitarbeitenden in ihrer Karriereentwicklung.

3.10 Megatrends und Transformation

Heute leben wir in einer komplexen, mehrdeutigen und widersprüchlichen Welt, die viele Menschen verunsichert oder ängstigt.

Ich sehe folgende Megatrends:

- Eine *multipolare Welt* mit den USA, Europa, Russland, China und Indien: Drei demokratisch und zwei autokratisch regierte Mächte. Russland und China haben ihre Waffenarsenale in den letzten Jahren stetig vergrössert und fordern die USA in ihrer Rolle als Super-Power, die zwei Kriege gleichzeitig führen will, heraus. Die Länder Europas haben ihre Verteidigungsfähigkeit in den vergangenen zwanzig Jahren stark vernachlässigt und sind von den USA als Schutzmacht abhängig. China, das Land mit den grössten wirtschaftlichen Fortschritten der vergangenen 30 Jahre, und Indien, zahlenmässig die grösste Demokratie mit innovativen Zentren, aber einem fortschrittshemmenden Kastensystem, vereinen über einen Drittel der auf unserem Planeten lebenden Menschen. Brasilien, Südafrika, Iran und Nordkorea sind Länder, die in der internationalen Politik an Einfluss gewinnen wollen und entweder dem westlichen oder dem autokratischen, unberechenbaren Lager zugeordnet werden können.
- *Kriege*, die zu menschlichem Leid, Flüchtlingsströmen und Disruption des global verflochtenen Handels führen.

- *Polarisierung* durch Ideologien, extreme Positionen und soziale Medien.
- *Digitale Revolution* durch rasante technologische Entwicklungen in vielen Bereichen, vor allem in der Arbeitswelt (*New Work*) und dank Künstlicher Intelligenz.
- *Klimawandel*, der zu Veränderungen in den Lebensverhältnissen diverser Erdteile und Volksgruppen führt sowie zu schwer kontrollierbaren Migrationsströmen.
- *Populismus*, der zu Simplifizierungen und zur Geringschätzung demokratischer Abläufe und Strukturen führt.
- *Demographischer Wandel*, der in den westlichen Ländern, aber auch in China und Japan, zu einer Abnahme und in vielen Drittweltländern zu einer Zunahme der jüngeren Bevölkerung führt. Die Konsequenzen sind einerseits eine Abnahme der Arbeitskräfte und andererseits eine Zunahme der Arbeitslosigkeit und Auswanderung.

Die geopolitische Lage und die globalen Trends können zu einer subjektiven oder tatsächlichen Mega-Krise führen: Die einzelnen Unruheherde und Krisen türmen sich wie Flutwellen aufeinander und übereinander und verdichten sich. Daraus entwickeln sich vielseitige Ängste. Der einzelne Mensch ist wie auf sich zurückgeworfen und sucht nach Vorbildern.

Wir sind schlecht auf diese Veränderungen vorbereitet: Wir, der Westen, geben zu wenig Geld aus für Sicherheit (um uns gegen Aggressoren und die organisierte Kriminalität zu schützen), für Infrastruktur (um einen attraktiven Wirtschaftsstandort zu erhalten), für Bildung (um Arbeitskräfte für die KI fit zu machen oder sie umzuschulen) oder für die Förderung von innovativen Technologien. Wir sind an Frieden, Freiheit, Rechtsstaat und soziale Sicherheit gewöhnt und können uns Kriege und grössere Mangellagen in unserem Umfeld kaum noch vorstellen. Es geht uns gut. Aber trotzdem verfolgen viele Menschen die globalen Entwicklungen mit Sorge und Angst oder mit Resignation und Rückzug ins Private. Selbstoptimierung ist wichtiger als das Gemeinwohl.

Personen, die in der heutigen Lage Struktur schaffen könnten, sind Politiker. Allerdings reagieren sie auf anstehende Probleme. Sie handeln nicht strategisch, sondern blicken primär auf die nächsten Wahlen.

Viele Unternehmen, auch kleinere, sind global ausgerichtet, exportieren in andere Länder und müssen dort mit speziellen regulatorischen Vorschriften zurechtkommen. China ist für viele Firmen wichtig, als Produktionsstandort oder als Absatzmarkt. Wenn Lieferketten oder Niederlassungen infolge Krieges ausfallen oder Energie knapp wird, so sind das grosse Herausforderungen für das Topmanagement, das für das Wohlergehen und letztlich für das Überleben eines Unternehmens verantwortlich ist.

Es gibt keine einfachen Antworten auf die Megatrends und die damit verbundenen Herausforderungen, die sich zudem rasch ändern können. Eine engere Zusammenarbeit zwischen Politik (Regierung und Parlament) und den Spitzen der Unternehmen (vertreten durch deren Verbände) wäre ein grosser Schritt in die richtige Richtung.

Unternehmen müssen agil und anpassungsfähig sein. Wenn früher Strategien für die kommenden vier bis sechs Jahre entwickelt wurden, die sich als stabil erwiesen oder nur in Teilen verändert wurden, muss das Topmanagement heute rasch handeln und die Weichen aufgrund von veränderten Lagen neu stellen, unter Umständen im Halbjahres- oder sogar im Quartalstakt.

Diese rasche Abfolge von Transformationen ist nötig. Damit sind aber Risiken verbunden. Dazu zähle ich, dass das Topmanagement infolge der Dringlichkeit top-down entscheidet und direktiv führt: Die Geschäftsleitung analysiert die aktuelle Lage und erarbeitet die neue Ausrichtung der Firma. Sobald der Verwaltungs-/Aufsichtsrat dieser zugestimmt hat, macht sie sich anschliessend an die Kommunikation und die Umsetzung. Das Topmanagement geht davon aus, dass jedermann Ziele und Tragweite der neusten Transformation versteht und vorbehaltlos dahintersteht. Dieser Top-Down-Ansatz führt aber oft dazu, dass Mitarbeitende auf den erneuten Wandel verunsichert reagieren. Wenn noch hinzukommt, dass Teile ihrer Arbeit wegfallen oder sie gewisse Abläufe, die sich in der Vergangenheit bewährt haben, nicht mehr wie gewohnt ausführen können, so kommt Angst oder Resignation auf.

Es ist deshalb von Vorteil, wenn das Mittlere Management (oder zumindest ein Teil) in die Transformation einbezogen wird. So steigt die Akzeptanz bei den Mitarbeitenden, und der Wandel kann besser und rascher in die Tat umgesetzt werden: «Betroffene zu Beteiligten machen». Transformation muss gelingen. Sie verlangt die Mitarbeit vieler Führungskräfte bei der Ausarbeitung der neuen Strategie, eine offene, ehrliche Kommunikation, das Vorangehen der obersten Führungsstufe sowie Geduld.

- Rasch wechselnde sicherheitspolitische Lagen, Veränderungen in der globalen Wirtschaft mit Verknappung von Ressourcen oder überraschenden Änderungen der Rechtslage in bestimmten Ländern führen zu häufigeren Transformationen in Unternehmen.
- Es ist wichtig, dass die obersten Führungskräfte als anerkannte Autoritäten auftreten und den Mitarbeitenden Orientierung und Halt geben.

* Sie müssen das Mittlere Management mitnehmen und mit ihren wichtigsten Führungskräften und Leuchttürmen den Wandel ermöglichen, um das Überleben des Unternehmens sicherzustellen.

3.11 Zusammenfassung

Während die Ergebnisse jedes Unterkapitels jeweils am Ende aufgeschrieben sind, geht es hier darum, die wichtigsten Erkenntnisse für das weitere Vorgehen zusammenzufassen.

1. *Leadership wird auch in Zukunft relevant sein.* Weder Holokratie noch KI machen Führende unwichtig oder sogar überflüssig. Gesucht sind Führungskräfte auf allen Stufen, die integer sind und ihre Emotionen kontrollieren, Erwartungen klar formulieren, kommunizieren und Zusammenarbeit ermöglichen, an Mitarbeitenden interessiert sind, sie fordern und fördern, ermächtigen, koordinieren und unterstützen. Sie verfolgen Ziele mit Menschen und achten darauf, dass ihre Mitarbeitenden weder über- noch unterfordert sind. Dabei agieren sie als Vorbilder und sind eher Coaches als Befehlsgeber. In Krisen oder Katastrophen geben Führende ihren Geführten Stabilität und Direktion.

2. *Führungskräfte benötigen Vorgaben, Unterstützung und Aufsicht,* weil Leadership mit Macht ausgestattet ist, die missbraucht werden kann. Sie müssen verpflichtet werden, (inter-)nationale Regeln, organisationsspezifische Werte und Führungsphilosophie zu befolgen.

3. *Das Topmanagement muss Rahmenbedingungen vorgeben,* die für alle Führenden und Mitarbeitenden gelten. Mit diesen Vorgaben schafft es die Voraussetzungen für eine faire, gerechte, angstfreie Kultur. Das Topmanagement hat eine Vorbild-, Support- und Kontrollfunktion gegenüber allen anderen Führungskräften in derselben Organisation.

4. *Die obersten Führungskräfte müssen den steten Wandel orchestrieren,* indem sie mit ausgewählten Managern, die nicht dem C-Level angehören, die gesellschaftlich-soziale Lage, die internationalen politischen und ökonomischen Trends eng verfolgen und mit dem Mittleren Management Strategien entwickelt, um ihr Unternehmen den aktuellen Gegebenheiten anzupassen.

5. *Führende müssen ihren Mitarbeitenden Halt und Orientierung geben,* weil Komplexität, Volatilität und Ambiguität der heutigen Gesellschaft sowie der Arbeits- und Wirtschaftswelt viele Menschen verunsichern und ängstigen. Natürliche Autoritäten sind gefragt.

6. *Macht kann dazu führen, dass Führende sie missbrauchen. Führungs-fehler sind toxisch*, vor allem in Fällen von Machtmissbrauch und in zwischenmenschlichen Beziehungen. Sie vergiften das Klima und schaffen eine demotivierende Arbeitskultur. Zudem können sie Kosten verursachen und der Reputation der Organisation schaden.

7. *Neben Führungsfehlern gibt es auch «andere» Fehler*: Einerseits sind es Fehler, die Menschen im Alltag machen, die einfach zu vermeiden sind und in der Regel keinen grösseren Schaden anrichten. Andererseits gibt es Fehler, die zu Unfällen mit teils schwerwiegenden Folgen führen. Dann gibt es auch Fehler, die gewollt sind, um Neues zu erproben. Entscheidend für eine Organisation ist, dass diese Fehler so rasch als möglich entdeckt und gemeldet werden, damit sie analysiert und Massnahmen ergriffen werden können. Damit dies ohne Schuldzuweisungen geschehen kann, ist eine achtsame, sichere und angstfreie Kultur zu schaffen und am Leben zu erhalten. Auch dazu sind die Initiative, die Taten und das Vorleben des Topmanagements von zentraler Bedeutung.

Im folgenden Kapitel wollen wir uns der Frage zuwenden, welche Massnahmen von einer Organisation erlassen werden müssen, um Führungsfehler zu verhindern oder zu reduzieren.

Kapitel 4:

Wie das Topmanagement Führungsfehler verhindert

Führungsfehler sind nicht immer nur auf eine bestimmte Führungskraft zurückzuführen und ihr anzulasten, sondern sie können auch systembedingt sein. Das System kann mit Weisungen für Arbeitsprozesse oder aufgrund einer herrschenden Kultur eine Ausgangslage bzw. Bedingungen schaffen, welche Führungsfehler und Fehlleistungen begünstigen. So kann der Wechsel von drei Arbeitsschichten (3 × 8 Stunden) zu zwei (2 × 12 Stunden) zu Überforderung und Übermüdung von Führenden und Angestellten führen. Eine Kultur, in der kritische Meinungen nicht gehört oder belächelt werden, kann Frust und Resignation bei den Mitarbeitenden auslösen. In beiden Fällen können sich Fehler häufen, die ihrerseits in Krisen oder sogar Katastrophen für das gesamte System münden.

Wer ist das System? Wer ist für Handlungen oder Unterlassungen des Systems verantwortlich?

Darauf gibt es nur eine Antwort: Die Eigner, der Aufsichts-/Verwaltungsrat und die Geschäftsleitung. Ihr Einfluss auf die Gestaltung des gesamten Systems ist sehr gross. Wissenschaftliche Untersuchungen belegen, dass das Topmanagement die Arbeits- und Organisationskultur sehr stark beeinflussen, weil sie über die finanziellen Mittel verfügen und die Macht besitzen, die Unternehmensphilosophie zu prägen und Vorgaben für das gesamte Unternehmen zu kommunizieren und deren Umsetzung einzufordern.[116]

Nur die Führungskräfte an der Spitze eines Systems können organisationsspezifische Massnahmen erheblich beeinflussen, beispielsweise[117]

* Strategie und Transformation einen *Sinn geben,*
* Denkweisen und Verhaltensweisen *prägen,*
* ein starkes und engagiertes Spitzenteam *auswählen und erhalten,*
* *Wirkung zum Wohl der Organisation entfalten.*

Edgar Schein, ehemaliger Professor für Organisationspsychologie und Management am MIT, hat fünf «primäre Prozesse» definiert, durch welche Topmanager die Unternehmens- und Führungskultur prägen:[118]

* Was sie im Alltag vorleben.
* Ihre Reaktionen auf problematische Vorfälle und Krisen.
* Was sie in der Organisation beachten, wie sie es kontrollieren und beurteilen.
* Ihre Kriterien für die Erteilung von Belohnung und Status.
* Die Prozesse bei der Rekrutierung, Auswahl, Beförderung und Kündigung.

Somit ist klar, dass das Topmanagement den *nachhaltigsten Einfluss auf die Arbeit, die Kultur und den Erfolg einer Unternehmung* hat,[119] wie das auch verschiedentlich in unserer HSG-Umfrage (vgl. Kap 2.1) zum Ausdruck gebracht wurde:

«Die obersten Führungskräfte der Organisation müssen dafür sorgen, dass die Strukturen, die man sich gegeben hat, gelebt werden.»

«Die obersten Manager prägen mit ihrem Verhalten die ganze Organisation.»

«Die Organisation muss in der Lage sein, Führungsfehler zu erkennen und ihnen entgegenzuwirken.»

«Die Organisation muss eine Diskussion von Missständen und Problemen auf Augenhöhe erlauben bzw. ermöglichen.»

«Die Defizite von Führungskräften sind bekannt. Aber die Organisation duldet diese zu lange.»

«Der Anstoss zur Verbesserung der Unternehmenskultur muss vom obersten Management kommen, die müssen das Ganze auch vorleben.»

4.1 Sinngeber und Vorbilder

Der *Verwaltungs-/Aufsichtsrat* eines Unternehmens hat vier zentrale Aufgaben:
- Die Strategie festlegen,
- das Management überwachen,
- die Controlling-Funktion wahrnehmen und
- wichtige Posten in der Geschäftsleitung besetzen.

Er sollte den Willen der Eigentümer berücksichtigen und gleichzeitig die langfristige Entwicklung der Organisation und insbesondere deren gesellschaftlich-soziale Verantwortung im Auge behalten und daraus die Unternehmensphilosophie als Grundlage für die Strategie, die zusammen mit den obersten Führungskräften erarbeitet wird, ableiten.

Im Verwaltungs-/Aufsichtsrat braucht es keine Ja-Sager, Postenjäger und Kumpels von früher, sondern Mitglieder, die integer, intelligent und fachlich kompetent (in mindestens einem für das Unternehmen relevanten Bereich) sind sowie Erfahrungen auf dem C-Level einer vergleichbaren Organisation mitbringen.[120]

Die *Mitglieder der Geschäftsleitung/des Vorstands* werden von den Mitarbeitenden als *Sinngeber und Vorbilder* betrachtet, weil sie mit ihren Vorgaben und ihrem Tun die Grundlagen für das Gedeihen ihrer Organisation schaffen:

- Sie verfügen über die Finanzen und geben die Richtung vor; somit tragen sie die Gesamtverantwortung.
- Sie werden als Vorbilder wahrgenommen.
- Sie schaffen Rahmenbedingungen für Führende und Geführte.
- Sie geben Strukturen vor, um die Organisation zu stabilisieren und Freiräume zu schaffen.
- Sie sind präsent und nehmen so Anteil an der Arbeit, «hören das Gras wachsen», «riechen den Rauch» und haben den Mut, Verstösse gegen die ethischen Grundlagen zu ahnden.
- Sie unterstützen ihre Führungskräfte, vor allem das Mittlere Management, weil sie «unendlich» auf diese angewiesen sind.
- Sie wählen die «passenden» Führungskräfte aus und fördern Talente, damit die Mehrheit der Führenden aus dem eigenen Haus befördert werden.

Oft ist sich ein C-Level-Leader zu wenig bewusst, welche Wirkung er oder sie auf die gesamte Belegschaft ausübt. Jeder ihrer Schritte, jeder Gesichtsausdruck, jedes Wort wird beobachtet und registriert, ob es einem passt oder nicht. Darüber sprechen die Mitarbeitenden untereinander. Daraus entstehen Gerüchte und Mutmassungen über die nächste Reform oder ein neues Projekt. Nichts entgeht den wachen Sinnen der Angestellten.

Topmanager wissen, dass man nicht *nicht* kommunizieren kann, vergessen aber den allgemeinen Grundsatz, dass «der Fisch am Kopf zu stinken beginnt» oder – positiv formuliert – «his master's voice leaves us no choice». Mit jedem Auftritt, jedem Vortrag, jedem Gespräch am Kaffeeautomaten, sei es noch so kurz, jedem Besuch in einer Filiale, schlicht mit allem, was die Topmanagerin tut oder nicht tut, erzeugt sie eine bestimmte Wirkung. Mit ihrem Sein und Handeln, ihren Worten oder ihrem Schweigen beeinflusst sie andere Menschen in ihrem direkten und indirekten Umfeld.

Jede Person beeinflusst auf ihre individuelle Art eine Kultur, beispielsweise diejenige eines Teams. Je länger eine Person in einer Organisation arbeitet, vor allem, wenn sie intern als Leistungsträgerin oder als «Leuchtturm» gilt, desto grösser kann ihr Einfluss auf die Kultur sein. Der Umfang des Einflusses hängt von der Grösse der Organisation ab sowie von ihrem Umfeld, der nationalen Identität und von weiteren Faktoren. Aber der Einfluss eines einzelnen Mitarbeitenden wird nie über den einstelligen Bereich hinausreichen. Umso wichtiger und bedeutender ist es, sich die Dimension des Einflusses eines C-Level-Leaders auf die gesamte Organisation vorzustellen. Diese enorme Wirkung hängt mit dem Status und der damit zusammenhängenden Macht einer Person an der Spitze einer Organisation zusammen. Geführte erwarten von obersten Führungspersonen, dass sie im Interesse der Gemeinschaft handeln und – im weitesten Sinn – ihr Überleben sicherstellen. Rangordnung und Machtausübung finden statt, auch wenn wir das gerne ausblenden oder uns eine egalitäre Organisation wünschen.

Topmanager mögen sich ihrer Verantwortung bewusst sein und sich über die Gestaltungs- und Entscheidungsmöglichkeiten ihres C-Level-Jobs freuen, aber nur selten begegne ich Führungskräften an der Spitze einer Organisation, die sich ihrer Wirkung auf Mitarbeitende und auch auf die Gesellschaft bewusst sind und daraus die nötigen Konsequenzen ziehen.

4.2 Gesamtverantwortung

Wer in ein Gremium des Topmanagements gewählt wird, ist nicht nur für einen Bereich, sondern für das Gesamte mitverantwortlich. Für den Verwaltungs-/Aufsichtsrat ist das eher verständlich, weil hier die einzelnen Mitglieder nicht einer Division oder einer wichtigen Supportfunktion vorstehen, auch wenn es für eine Juristin oder einen Finanzspezialisten auf der Hand liegt, für welchen Teil der Organisation sie oder er aufgrund der Fachkenntnisse und der Erfahrung das Schwergewicht der Aufsicht legt.

Der CEO, die oberste exekutive Führungsperson, hat mehrere Anspruchsgruppen zu berücksichtigen und zum Wohl und im Interesse der Organisation zu beeinflussen. Es handelt sich um die fünf Dimensionen der Führung, beginnend bei sich selbst, den Direktunterstellten, Kollegen und Kunden auf der horizontalen Achse sowie der Einflussnahme nach «oben» via den Verwaltungs-/Aufsichtsrat (VR/AR), wo der Präsident oder Chairman seine wichtigste Adresse ist. Die VR/AR-Präsidentin ist nicht nur die Chefin des CEO, sondern dient auch als Sparringpartner und Coach. Mit ihrer Hilfe und ihrem Einverständnis kann der CEO die «externen» Partner kontaktieren.

Die CEO führt ihre Kollegen in der Geschäftsleitung und kümmert sich um alle Führenden ihrer Organisation, in erster Priorität um die Angehörigen des Mittleren Managements (vgl. Kapitel 5.1). Die Führungskräfte sind ihre Botschafter und wichtigsten Ausführenden. Mit ihrer periodischen Präsenz in allen Teilen der Organisation zeigt sie Interesse an den dort arbeitenden Menschen und verschafft sich einen persönlichen Einblick in den Alltag der Mitarbeitenden.

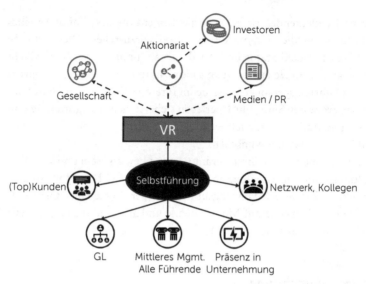

Abbildung 14: CEO und Anspruchsgruppen

Auf der Stufe einer Geschäftsleitung bzw. eines Vorstands hat in der Regel jedes Mitglied einen bestimmten Verantwortungsbereich, für den – ganz im Sinn der Bedeutung des Worts «Verantwortung» – die Pflicht besteht, Antworten zu geben und Rechenschaft abzulegen, sowohl für Erfolge oder Misserfolge als auch für alle Vorkommnisse, die hier geschehen. Hier «kämpft» man, macht Eingaben, stellt sich vor die eigenen Mitarbeitenden, verantwortet das Budget und ist auch gegenüber Externen das Gesicht dieses Teilbereichs.

Oft gerät in Vergessenheit, dass zudem eine *(Mit-)Verantwortung für die ganze Organisation* besteht. Es ist nicht zulässig – kommt aber in der Praxis häufig vor –, sich bei den Geschäften der anderen Vorstandsmitglieder vornehm zurückzulehnen, nach dem Prinzip «wenn ich dir nicht dreinrede, lässt du mich auch in Ruhe». Dieser Ansatz ist falsch, weil er nicht im Interesse der Organisation ist. Es geht darum, sich nach bestem Wissen und Gewissen einzugeben, vor allem zu fragen, Support anzubieten, das Silo-Denken zu überwinden und die interdisziplinäre Zusammenarbeit zu fördern. Dazu gehört, sich an Diskussionen zu beteiligen, gewisse Anträge in Frage zu stellen und zu verhindern, dass im Gremium eine «Wohlfühl-Oase» und ein *Gruppendenken* entstehen, welche dem mittel- und längerfristigen Gedeihen der Organisation abträglich sind. Zuviel Homogenität verhindert fruchtbare Konflikte. Probleme, Bedenken und alternative Ideen sind eindeutig zu äussern.

Die CEO oder Vorstandsvorsitzende kann die Mitverantwortung ihrer Kolleginnen und Kollegen aktiv fördern,[121] indem sie

- jeden auffordert, die eigene Meinung zu äussern;
- darauf achtet, dass jeder zu Wort kommt und redegewandte Topmanager «den Raum nicht für sich allein in Anspruch nehmen»;
- Entscheidungen vertagt, wenn sie den Eindruck hat, die Schwachpunkte eines Projekts oder Vorhabens seien noch zu wenig klar bezeichnet und (aus)diskutiert worden;
- bei wichtigen Geschäften einen *advocatus diaboli* bestimmt, dessen Aufgabe darin besteht, entgegengesetzte Positionen zu vertreten und Argumente ans Licht zu bringen, die kleingeredet oder an den Rand gedrängt wurden (wichtig ist, dass jedes Mal eine andere Person in dieser Rolle ist);
- in ausgewählten Fällen, beispielsweise bei den Budgetberatungen, die Rollen tauscht. Jeder bereitet sein eigenes Budget vor und präsentiert es einem Kollegen: Divisionsleiter A dem Produktionsleiter, die HR-Chefin dem Finanzchef, der IT-Leiter dem Vorstand der Division B, usw. Im Gremium vertreten die «Stellvertreter» das Budget des anderen Bereichs. So muss jeder die Organisation durch die Augen eines anderen betrachten und die wichtigen wechselseitigen Verbindungen und Abhängigkeiten erkennen. Auch wenn damit vordergründig Mehrarbeit entsteht, wächst daraus ein besseres Verständnis für die ganze Firma und die Verantwortung der anderen Kolleginnen;
- die einzelnen Bereiche auffordert, von einem anderen Organisationsteil einen 5-minütigen Film zu drehen, welcher dann überall gezeigt wird;
- anlässlich eines Off Sites eine einfache Wanderung einbauen lässt. Immer zwei Personen absolvieren ein bestimmtes Wegstück zusammen, wobei der eine dem anderen erzählt, wo ihn der Schuh drückt; die Begleitung hört zu; nach einem Halt werden die Rollen getauscht. Für das weitere Vorgehen gibt es diverse Möglichkeiten: Die Zuhörer verhalten sich wie ein Coach oder Mentor und stellen vorwiegend Fragen oder geben ihre Meinung ab. Die Gespräche könnten auch am Ende der Wanderung im Plenum vorgestellt, miteinander diskutiert und Lösungen aufgezeigt werden. So wird das Vertrauen untereinander gestärkt;
- jeweils an einem Freitagnachmittag am Ende eines Quartals zu Präsentationen aus einem Teilbereich einlädt. Die Geschäftsleitungsmitglieder sind anwesend, und alle Mitarbeitenden sind eingeladen, an den Diskussionen teilzunehmen und ihre Ideen und kritischen Einwände vorzutragen.

Diese gezielten Aktionen fördern die Zusammenarbeit und das gegenseitige Verständnis unter den Mitgliedern des obersten exekutiven Organs; zusätzlich stärken sie eine offene Kultur des Zuhörens und die aktive Teilnahme über den eigenen Bereich hinaus.

4.3 Vorbild für alle Führungskräfte

Topmanager sind die wichtigsten Führungskräfte einer Organisation, weil ihr Einfluss in allen Belangen am grössten ist. Sie sind diejenigen, welche Sinn stiften, Vision, Strategie und Ziele vorgeben und vorleben. Die Gesamtverantwortung für die Organisation – trotz nötiger Delegation von Aufgaben – ist und bleibt auf der obersten Stufe.

Aber allein kann das Topmanagement die vielen Aufgaben nicht bewältigen. Es ist auf die Unterstützung der anderen Führungskräfte der Organisation dringend angewiesen. Die wichtigsten Unterstützer finden sich im Mittleren Management (vgl. Kap. 5.1), das – zusammen mit den Teamleitenden – nicht nur für die Umsetzung der Entscheidungen von oben nützlich und unabdingbar ist, sondern auch für die Durchsetzung der gesamten Philosophie. Deshalb muss sich das Topmanagement intensiv mit den anderen Führungskräften der Organisation beschäftigen. Dazu gehören unter anderem Vorgaben für die Auswahl von Führungskräften sowie ihre Kompensation und ihre Entwicklung.

Das Topmanagement ist das Fundament der Organisation. Bürde und Würde liegen hier. Auf ihm und seinen Zielen und Vorgaben bauen das Mittlere Management und die übrigen Führungskräfte ihren eigenen Verantwortungsbereich auf, was die Abbildung verdeutlicht:

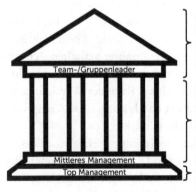

«Die Wirksamen»
Mitwirkung bei operativen Zielen; Umsetzung, Einflussnahme nach oben und unten; Ermöglicher, Türöffner, Coach; Aufsicht, Verantwortung für Team / Gruppe

«Die Säulen»
Partielle Mitwirkung bei der Festlegung strategischer Ziele und Definition der operativen Ziele; Umsetzung, Einflussnahme nach oben und unten; Ermöglicher, Türöffner, Coach; Aufsicht, Verantwortung für Abteilung/Department mit mehreren Teams/Gruppen

«Die Sinngeber und Vorbilder»
Vision, Strategie, Ziele; Philosophie, Aufsicht; Gesamtverantwortung

Team-/Gruppenleader

Mittleres Management
Top Management

Abbildung 15: «Der Tempel» der Führungskräfte

Wie alle Mitarbeitenden sind auch die Führungskräfte dem Topmanagement *anvertraut*, was bedeutet, dass ein Mensch einem anderen in Obhut und Fürsorge gegeben wird. Wie an anderer Stelle bereits erwähnt, kann es nicht darum gehen, die Organisation und damit das Topmanagement für das Glück der Mitarbeitenden verantwortlich zu machen. Das geht zu weit. Hingegen ist es im Interesse der Organisation, dass ihre Angestellten mit ihrer Arbeit und ihrer Behandlung zufrieden sind. Zufrieden ist, wer in einer erfolgreichen Firma arbeitet, mit sinnvollen Aufgaben beschäftigt ist und respektvoll behandelt wird. Ist jemand einer anderen Person anvertraut, so hat letztere eine Verantwortung. Diese gilt es in die Tat umzusetzen.

Die Führungskräfte einer Organisation geniessen einen Sonderstatus, weil sie eine Mitverantwortung für ihren Erfolg oder Misserfolg haben, wobei klar ist, dass das Topmanagement die Gesamtverantwortung auf seinen Schultern trägt. Aber auch eine Team-/Gruppenchefin ist verantwortlich für die Ziele, die auf ihrer Stufe zu erreichen sind, und für die ihr anvertrauten Team-/Gruppenmitglieder. Wie oben ausgeführt, ist es im Interesse des Topmanagements, dass alle Führungskräfte der Organisation im Sinne der Strategie, der Philosophie und der Werte handeln. Im Gegenzug erwarten Führungskräfte, dass sie entsprechend ihrer Stellung, ihren Pflichten und ihrer Verantwortung *be*handelt werden.

Führungskräfte müssen vom Topmanagement unterstützt werden. Die einzelne Führungskraft soll sich als Teil der Organisation sehen und sich nicht alleingelassen fühlen. Ich habe in diesem Bereich Fehler gemacht:

Bei meinem Arbeitgeber waren wir uns spätestens seit der Finanzkrise 2008/09 bewusst geworden, dass die Karriere von Frauen gefördert werden muss. Damals bestand unsere Belegschaft aus etwa 52 % Frauen, 25 % *Vice-Presidents*, 12 % Direktorinnen und etwa 6 % *Managing Directors* (MD). Ein trauriges Bild. Ich machte es zu meinem persönlichen Ziel, «geeignete weibliche Führungskräfte» für höhere Funktionen auszuwählen. Tatsächlich konnte ich bereits im ersten Jahr drei tüchtige, leistungsstarke und erfahrene Frauen für eine Beförderung vorschlagen. Um das Ergebnis nach einem weiteren Jahr vorwegzunehmen: Zwei der drei Frauen hatten ihre höheren Positionen verlassen: Die eine wollte wieder zurück zu ihrem Team und die andere ging zur Konkurrenz in eine ähnliche Funktion, welche sie vor der Beförderung eingenommen hatte. Die dritte MD stieg später bis ins Topmanagement auf. Warum verloren wir die zwei Spitzenleute? Ich machte mir selbst Vorwürfe, weil ich es versäumt hatte, die Frauen mit geeigneten Massnahmen wie Führungsausbildung oder -coaching zu unterstützen. Sie blieben weitgehend ohne Support in ihren neuen, viel umfassenderen und verantwortungsvolleren Funktionen. Der «Sprung» von der Teamleitung in eine Abteilungsche-finnen-Stelle, also von neun zu 150 Personen, war zu gross ohne entsprechende Unterstützung. Sie fühlten sich unwohl und nicht unterstützt. Als ich dessen gewahr wurde, war es zu spät. Sie hatten, unabhängig voneinander, ihre eigenen Entscheidungen getroffen.

Das Verhältnis zwischen dem Topmanagement und seinen Führungskräften erschöpft sich nicht im Gehalt. Das Topmanagement ist für eine Reihe von führungsrelevanten Handlungen – immer zum Wohl der Organisation und einer positiven Arbeitskultur – verantwortlich, die im Folgenden präzisiert werden.

4.4 Rahmenbedingungen

In den meisten Organisationen fehlen Rahmenbedingungen, die vom Topmanagement als Gesamtpaket verabschiedet, umgesetzt, vorgelebt, eingefordert und periodisch kritisch überprüft werden. Es handelt sich um eine «Magna Charta» oder eine organisationsspezifische Verfassung, die für alle gilt. Damit kann das Topmanagement Führungsfehler verhindern, sofern es sich ebenfalls an die Vorgaben hält. Im Folgenden soll dieses Rahmenwerk vorgestellt werden:

Übergeordneter Zweck der Organisation:
«Wieso existieren wir?»

Sinn / Vision

Ziele, die die Richtung der Organisation für die mittelbare Zukunft festlegen — Strategische Ziele

Operative Ziele — Spezifische, messbare Jahresziele

Werte / Führungsphilosophie

Prinzipien und Verhaltensweisen, die in der Organisation gefördert/gelebt werden sollen

Abbildung 16: Rahmenbedingungen einer Organisation

- *Sinn und Vision*:
  Der Sinn der Organisation beantwortet das «warum»: Weshalb existiert unsere Organisation? Warum tun wir, was wir tun? Die Vision zeigt auf, wohin die Reise gehen soll, ohne jedoch konkrete Zahlen zu nennen.
- *Strategie*:
  Die mittelfristige Ausrichtung der Organisation beantwortet, «was wir tun», welche Ziele wir anpeilen, welche Produkte wir herstellen, welches Vertriebsnetz wir anstreben und welche Märkte unsere Aufmerksamkeit auf sich ziehen.
- *Operative Ziele*:
  Die kurzfristig zu erreichenden Ziele, Quartals-, Halbjahres- oder Jahresziele. Darauf richten sich Divisionen/Abteilungen/Departemente und Teams in der gesamten Organisation aus.
- *Werte/Führungsphilosophie*:
  Allgemeine Werte, zwei bis drei, welche die Richtschnur für alle Mitarbeitenden sind. Die Führungsphilosophie mit klaren Aussagen, zum Beispiel ob Auftragstaktik (vgl. Kap. 3.3) gilt oder allgemein, wie Zusammenarbeit angestrebt wird, welche Werte in der Führung gelten, die als Kompass dienen und allen Führungskräften werteorientiertes Handeln vorschreiben.

Die Strategie entsteht in enger Zusammenarbeit zwischen Aufsichts-/Verwaltungsrat und der Geschäftsführung, die ihrerseits das Mittlere Management involviert. Die operativen Ziele sind Ableitungen der Strategie, die von den unterstellten Organisationseinheiten ausgearbeitet werden. Die Summe aller operativen Ziele sollte, wie die einzelnen Puzzleteile, sich so zusammenfügen, dass das gesamte Bild (= Strategie) sichtbar wird. Vision und Werte/Führungsphilosophie, auch wenn sie – was empfehlenswert ist – *bottom-up*, also zusammen mit Mitarbeitenden aus vielen Organisationsbereichen erarbeitet werden, bilden zusammen mit der Strategie und den operativen Zielen das Rahmenwerk, das *top-down* verabschiedet und allen kommuniziert wird.

Mit diesem *Rahmenwerk* besitzt jede Organisation *das* Mittel oder Instrument, welches
- für alle Sub-Einheiten (Divisionen, Abteilungen, Departemente, Teams, Projektteams, Task Forces) gilt und ihnen gleichzeitig
- die Möglichkeit bietet, die operativen Ziele innerhalb des Rahmens festzulegen und
- Raum schafft, um sich innerhalb dieses Rahmens zu entfalten;
- den Fokus für alle auf eine gemeinsame Vision und Werte sowie auf eine Strategie richtet;

- als «Magna Charta» oder Verfassung für alle, ob Führungskraft oder Mitarbeitende, gilt und in diesem Sinn auch eingefordert wird;
- Sicherheit und Stabilität in die Organisation bringt;
- Vertrauen schafft (sofern es umgesetzt und gelebt wird);
- eine Kultur der Leistung (Strategie, operative Ziele) sowie der gegenseitigen Wertschätzung und des Respekts (Vision, Werte/Führungsphilosophie) enthält, welche wiederum
- Kreativität, innovatives Handeln und Lernen fördert.

Führungsfehler werden reduziert, wenn jedes Aufsichts-/Verwaltungsrats – und Geschäftsleitungsmitglied das Rahmenwerk
- als festen Bestandteil des Arbeitsvertrags und des Aufgabenprofils akzeptiert,
- danach handelt und als Vorbild wirkt und
- bei Verstössen mit einer Untersuchung und Massnahmen rechnen muss.

Die Rahmenbedingungen, von der Geschäftsleitung/dem Vorstand aufgesetzt und vom Aufsichts-/Verwaltungsrat genehmigt und in Kraft gesetzt, sind dann nutzlos, wenn sie von Führungskräften an der Spitze der Organisation nicht vorgelebt werden:

Der CEO einer mittelständischen Unternehmung mit etwas über 1000 Angestellten gab mir das Mandat, das mittlere Kader (etwa 80 Führungskräfte) in Workshops für die neue Strategie zu motivieren, sie zu Mit-Verantwortlichen (seine eigenen Worte) zu machen und sie bei der Umsetzung zu unterstützen. Ich präsentierte ein Konzept, in welchem die Mitarbeit des CEO und seiner Geschäftsleitung explizit vorgesehen war, beispielsweise bei der Erläuterung und Begründung der Strategie sowie bei der Umsetzung (wenn die Führungskräfte die Vorgaben in operative Ziele für ihren Bereich überführen). Der CEO genehmigte mein Konzept mit Ausnahme der aktiven Teilnahme des C-Levels. Er meinte wörtlich: «Ich habe genügend Zeit und Engagement für die Erarbeitung der Strategie mit der Geschäftsleitung und dem Verwaltungsrat eingesetzt. Nun ist es am Mittelbau, diese in die Praxis umzusetzen. Und das ist Ihre Aufgabe, für die ich Sie auch gut bezahle.» Obschon ich alles versuchte, um ihm den Wert seines Engagements in dieser Phase vor Augen zu führen, lehnte er kategorisch ab, auch mit Verweis auf seine beschränkte Verfügbarkeit. Es gelang mir nicht, ihn zu überzeugen. Deshalb gab ich das Mandat zurück.

4.5 Präsenz

Die geschäftsführenden Mitglieder des Topmanagements müssen in der eigenen Organisation anwesend sein. Präsenz bedeutet, sichtbar zu sein, Anteil am Geschäftsalltag zu nehmen, sich zu interessieren, was wo geschieht, zu beurteilen und Entscheidungen zu treffen, immer im Interesse der Organisation.[122] Wenn sie das nicht tun, laufen sie Gefahr, den Bezug zur Realität ihres Geschäfts zu verlieren oder von Risiken und Gefahren überrascht zu werden.

Karl-Theodor zu Guttenberg, von 2009 bis 2011 Verteidigungsminister in der Regierung von Angela Merkel, beschrieb in einem Interview, wie er diese Zeit erlebt hat:

«Die Gefahr liegt in dem völlig abartigen Rhythmus, dem man als Spitzenpolitiker unterworfen ist. Der lässt einem kaum Zeit, um zu reflektieren. Sie kommen einfach nicht dazu, sich mal eine halbe Stunde zu nehmen und sich um ihre innere Freiheit zu kümmern. Das muss man ja auch proaktiv machen. Aber sie haben manchmal bis zu 15, 16 Termine an einem Tag. Und wenn sie nicht gerade einen Termin haben, wird irgendwo eine Lunte gezündet, läuft irgendwo wieder eine Grossintrige. Dann kommen sie nach elf Uhr abends mit einem Stapel von Aktenordnern nach Hause. Die Familie fragt zu Recht, ob es sie überhaupt noch gibt. Und dann soll jemand in der Lage sein, sich um seine innere Freiheit zu kümmern.»[123]

Dieses Zitat eines ehemaligen Spitzenpolitikers erinnert an Kaiser Karl von Österreich-Ungarn. Vom Verlierer des I. Weltkriegs wurde berichtet, dass er immer beschäftigt und unterwegs war:

«Der Kaiser widmete sich seinen Pflichten mit grossem Eifer und äusserlichem Fleisse. Schon frühzeitig am Morgen begannen die Empfänge und Audienzen, nahmen den ganzen Tag bis zum späten Abend in Anspruch und füllten auch meist die Eisenbahnfahrten aus ... Diese emsige Tätigkeit hatte aber stark den Charakter der Geschäftigkeit. Es war eine Eigentümlichkeit der österreichischen Geschäftskunst, den Monarchen oder einen Vorgesetzten, dem man keine Zeit zu wichtigen Gedanken lassen wollte, in einer Flut nichtiger Geschäftsstücke zu ersticken.»[124]

Zuletzt blieb keine Zeit für strategische Fragen, keine Zeit, um im Krieg mit dem Kabinett und den Generälen operative Pläne zu diskutieren oder sich ernsthaft zu überlegen, wie der Krieg beendet werden könnte. Wer immer «auf dem Sprung» und «unterwegs» ist, kann sich nicht in Ruhe den wirklich wichtigen Dingen der Organisation widmen, sei es der Staat oder die Firma. Ich treffe manchmal CEOs, die (zu) viel Zeit in der Öffentlichkeit, an Vernissagen, Podiumsdiskussionen und Referaten für Workshops oder an Hochschulen verbringen. Dabei bin ich mir oft unsicher, ob diese Auftritte der Reputation der eigenen Organisation oder dem Ego dienen. Die entscheidenden Fragen, die sich jeder Topmanager bei der Beantwortung der vielen Anfragen für öffentliche Auftritte und Interviews stellen sollte, sind:

- Erwächst daraus ein Gewinn (Ansehen, neue Kunden) für die Organisation, dient dieses zusätzliche Engagement der Firma? Ist gewährleistet, dass ich mich vom «Leitstern», dem Wohl unseres Unternehmens,[125] leiten lasse?

- Kann eine andere Person aus dem oberen oder mittleren Management diese Aufgabe ebenso übernehmen oder ist eine freundliche Absage zweckmässiger?

Klar ist, dass Spitzenpolitiker und Topmanager jede Menge Arbeit und Verantwortung haben. Umso wichtiger sind Reflexion und Planung der eigenen Agenda: Welche Prioritäten gibt es in den kommenden Wochen im Interesse meiner Organisation? Wo muss ich in der nächsten und übernächsten Woche anwesend sein, welche Termine kann ich delegieren? (vgl. Kapitel 5.3)

Die Harvard-Professoren Porter und Nohria haben in einer Studie zum Zeitmanagement von CEOs folgende Resultate erhalten: CEOs arbeiten durchschnittlich 52 Stunden pro Woche. Montag bis Freitag sind es im Durchschnitt 9,7 Stunden pro Tag. Ausserdem arbeiten beinahe 80 % der CEOs auch am Wochenende (durchschnittlich 3,9 Stunden pro Tag) oder während des Urlaubs (durchschnittlich 2,4 Stunden pro Tag).[126] Dieses Ergebnis entspricht auch meinen Erfahrungen: Als C-Level-Führender in diversen Funktionen habe ich häufig je einen halben Tag am Samstag und einige Stunden am Sonntag (oder umgekehrt) für die Organisation gearbeitet, zum Beispiel am Samstag einen Ausflug mit der Familie unternommen und am Abend mit den Vorbereitung für die kommende Woche begonnen und diese am Sonntagmorgen abgeschlossen.

Es ist deshalb realistisch, auf dem C-Level von einer Sechstagewoche auszugehen: ⅔ ihrer Zeit, das heisst vier Tage, sollten Topmanager den aktuellen Herausforderungen und dem Tagesgeschäft nachgehen sowie in verschiedenen Bereichen der Organisation präsent sein. ⅓ der Zeit, je ein Tag, sollte dem Vordenken über strategische bzw. strategisch-operative Entwicklungen ihres Geschäftsbereichs sowie der Pflege des inner- und ausserbetrieblichen

Netzwerks vorbehalten sein. Das ist keine «in Stein gemeisselte» Vorgabe, sondern soll dem Topmanager die wichtigsten Prioritäten immer wieder vor Augen führen, um die eigene Planung zielgerichtet zu gestalten.

Eine mehrtägige Präsenz in der Organisation ist aus verschiedenen Gründen nicht nur erwünscht, sondern dringend gefordert. Neben allen Terminen, Sitzungen und *jour fixes* in der Zentrale geht es auch darum, Organisationsbereiche zu besuchen und dort Zeit zu verbringen: Wo wird was und wie für die Firma geleistet? Wo «geschieht» die Organisation? Diese Besuche sind wichtig, weil:

- auf die Berichte der unterstellten Manager nicht immer vollständig abgestellt werden kann. Auch bei guter Faktenlage mit bewährten Key Performance Indicators (KPIs = Schlüsselkennzahlen), gegenseitiger Wertschätzung und langer gemeinsamer Zusammenarbeit ist es nötig, sich von Zeit zu Zeit ein persönliches, ungefärbtes Bild von der Arbeit zu machen. Das erhöht die eigenen Fachkenntnisse und damit die Glaubwürdigkeit auf dem C-Level. Es ist dann nicht mehr einfach, der Chefin etwas vorzumachen. Und «mit ihr Schlitten zu fahren» ist keine Option. Es geht mir hier nicht darum, die Redewendung «Vertrauen ist gut, Kontrolle ist besser» zu propagieren. Dafür ist das Vertrauen zu wichtig, als dass es durch Kontrolle ersetzt werden könnte. Die CEO ist präsent aufgrund ihrer Verantwortung gegenüber der Organisation und ihren Mitarbeitenden, nicht aus einem generellen Misstrauen gegenüber ihren unterstellten Chefs;
- die Chefin mit ihrer Präsenz vor Ort Anerkennung für die geleistete Arbeit und Wertschätzung gegenüber den involvierten Angestellten zeigt, die täglich dort anwesend sind und für die Firma mit ihrem Engagement und ihrer Leistung Mehrwert erbringen;
- erfahrene, sachkundige und unvoreingenommene Augen und Ohren bei diesen Besuchen vieles mitnehmen. Unter Umständen nehmen sie Dinge wahr, die genauer zu analysieren sind oder potenzielle Risiken enthalten können;
- es Begegnungen mit Mitarbeitenden gibt, bei denen ein Topmanager lernen kann. Er hört zu und muss sich vielleicht eingestehen, dass es «unten» tolle Ideengeber hat. Ein Unternehmen wird nicht nur Top-Down geführt, sondern gedeiht durch den Austausch zwischen den Ebenen und den Menschen mit unterschiedlichen Rollen und Verantwortlichkeiten.

Wichtig ist, dass die unmittelbaren Vorgesetzten anlässlich dieser Besuche entweder anwesend sind und alles 1:1 mitbekommen oder anschliessend mündlich über die Erkenntnisse informiert werden. Bei Besuchen von Produktionsstätten und Filialen im Ausland empfiehlt es sich, einen kurzen Bericht von einer Seite zu erstellen und den zuständigen Kollegen des C-Levels zu schicken.

4.6 Struktur

Struktur bedeutet Ordnung schaffen, Orientierung geben, Routinen etablieren, Aufgaben oder den Arbeitsalltag gliedern, eine Organisation formen. Durch Struktur entstehen Sicherheit und Vertrauen, weil damit die Organisation in Vorgaben und Regeln eingebettet ist, welche den Rahmen abstecken, in dem gehandelt wird und der festlegt, wo man gebunden oder frei ist.

Strukturen dürfen kein Korsett sein, das den Mitarbeitenden die Luft zum Atmen abschnürt und sie zur Konformität zwingt.[127] Im Gegenteil, Strukturen sollen befreiend wirken: Sie sollen Orientierung geben und den Raum öffnen, um neue Perspektiven und Ideen auszutauschen; sie sollen den Menschen die Freiheit und Sicherheit geben, sich an Diskussionen zu beteiligen, ihre Meinung zu vertreten, um Rat zu bitten und Fehler einzugestehen.

Strukturen müssen von Zeit zu Zeit überprüft und, falls nötig, angepasst werden. Das Wachstum einer Organisation führt notwendigerweise zu Änderungen in der hierarchischen Gliederung.

Wenn ein Team mehr als neun Mitglieder aufweist, ist die Struktur dahingehend zu ändern, dass entweder ein weiteres Team gebildet wird oder eine Stellvertretung mit einem Sub-Team eingeführt wird. Der Grund dafür liegt in der Erkenntnis, dass sich eine Führende mit mehr als neun Teammitgliedern nicht mehr ausreichend mit jedem Einzelnen beschäftigen kann und Feedbackgespräche, Entwicklungsmassnahmen und Zeit für eine persönliche Unterhaltung zu kurz kommen. Sich selbst organisierende Teams können für eine bestimmte Phase oder ein Projekt erfolgreich sein, sofern Förderungsgespräche nicht gefordert werden, die Teammitglieder untereinander klarkommen und einzelne bereit sind, zusätzliche Verantwortung, beispielsweise als Interim-Chef, Moderator oder Koordinator, zu übernehmen (vgl. Kap. 3.8).

Bill Anderson ist seit Juni 2023 CEO des Bayer Konzerns. Auf rund 100 000 Mitarbeitende kommen etwa 17 000 Führungskräfte. In einem Interview bekräftigt Anderson, die Zahl der Führenden reduzieren zu wollen und gibt folgendes Beispiel:

«Ich habe gerade mit einem Team aus unserer Forschungs- und Entwicklungsabteilung gesprochen, das bisher aus einem Teamleiter, vier weiteren

Führungskräften und fünfzehn Beschäftigten bestand ... Sie haben sich Gedanken darüber gemacht, wie sie in Zukunft arbeiten wollen, nämlich mit einem Teamleiter und neunzehn Spezialisten, um an ihren einzelnen Projekten besser arbeiten zu können, ohne unterm Strich mehr Personal zu brauchen.»[128]

Mein Kommentar:
- Fünf Führungskräfte für fünfzehn Mitarbeitende waren zu viel, eine Führende für neunzehn ist zu wenig – unter Berücksichtigung der oben erwähnten Gründe.
- Es ist richtig, die Teams nach Lösungen suchen zu lassen. Allerdings wäre es nötig, wenn der C-Level Leitlinien dafür erlassen und das Mittlere Management als Begleit- und Koordinationsstelle für dieses interne Projekt ernennen würde.

Die Geschäftsleitung gibt der Organisation Struktur, indem sie Regeln aufstellt und einfordert, die ihre Mitarbeitenden nicht einengen, aber Sicherheit in bestimmten Bereichen geben, zum Beispiel zum Thema *Meeting-Kultur*:

- Erstellen einer Agenda für ein halbes oder ein Kalender-/Geschäftsjahr: Wann finden welche Meetings statt: Informations-, Projektstand-, Entscheidungs-, Budget-, Investitionsmeeting usw.
- Festlegen eines fixen Ablaufs: *WOIDIDEN* – Diese Abkürzung steht für *Welcome, Objectives, Information, Discussion, Decisions, Next Steps.* Jedes Meeting wird mit der Begrüssung eingeleitet, gefolgt von den Zielen, Informationen, zum Beispiel Wichtiges aus der Firmenzentrale, allgemeine Orientierungen oder Präsentationen mit anschliessender Diskussion, Entscheidungen (ja, nein oder später) und den nächsten Schritten. Diese Abfolge von Traktanden gibt jedem Meeting eine klare Struktur.
- Bei *Präsentationen* anlässlich eines Meetings empfiehlt sich ebenfalls eine klare Struktur: Es sollte die ⅓ – ⅓ – ⅓ – *Regel* befolgt werden, die folgendes beinhaltet: Ein Drittel der zur Verfügung stehenden Zeit für ein Thema gehört der Referentin, die ihre Präsentation zusammenfasst (nachdem die Teilnehmer die Folien 72 Stunden vor dem Meeting erhalten haben); ein Drittel der Zeit ist der Diskussion über das Thema gewidmet, zum Beispiel mit Fragen an die Referentin beginnend und in einen Meinungsaustausch über die zentralen Teile mündend; das letzte Drittel gehört der Entscheidung. Mit oder ohne Beisein der Referentin berät das Gremium über die zu treffende Entscheidung: *Was* wollen wir,

wer setzt *wie* und *wann* um. Für jeden Referenten ist von vorneherein klar, wann er seine Präsentation einreichen muss und wie viel Zeit ihm zur Verfügung steht, um seine Anliegen nochmals prägnant vorzustellen und anschliessend Fragen zu beantworten. Die Mitglieder des Gremiums wissen, dass ihnen drei Tage zur Verfügung stehen, um sich mit der Materie vertraut zu machen, und kennen das Ziel: Über das Thema gibt es entweder einen Zwischenbericht oder eine Entscheidung wird erwartet.

- Die Meetings werden nicht vom Verantwortungsträger, sondern vom COO oder Stabschef oder einer anderen, speziell dafür designierten Person geführt. Diese *Moderatorin* sorgt für einen zweckmässigen Ablauf des Meetings, beachtet die zur Verfügung stehende Zeit, gibt jedem Teilnehmenden die Möglichkeit, sich zu äussern, weist Vielredner, wenn nötig, in die Schranken und sendet bis spätestens zwei Tage nach durchgeführtem Meeting das Protokoll an die Teilnehmenden; dabei handelt es sich in der Regel um ein Beschlussprotokoll (das divergierende Meinungen speziell erwähnt) mit dem weiteren Vorgehen und Terminen.

Ein weiteres Beispiel wäre die Regelung des *Gebrauchs von Laptops und Smartphones in Meetings*. Ein CEO berichtete:

«Während einer Vorstandssitzung kam mein Assistent zu mir mit der Meldung, einer meiner Jungs habe sich in der Schule ein Bein gebrochen. Ich unterbrach das Meeting, um vor dem Sitzungszimmer mit meiner Frau zu sprechen. Dabei passierte ich drei meiner Vorstandskollegen. Was ich dabei kurz sah, übertraf meine Vorstellung: Der eine hatte ein Computerspiel geöffnet, der zweite war mit Folien eines nachfolgenden Themas beschäftigt und der dritte beantwortete eine Mail. Ich wusste sofort, dass ich hier eingreifen musste.»

Weil sich unser eigener Computer, das Hirn, in einem Augenblick bloss auf eine einzige Sache konzentrieren und nicht mehrere Dinge parallel ausführen kann und *Multitasking* ein Mythos ist, sollten Mitglieder eines Gremiums, sei es nun eine Geschäftsleitung, ein Vorstand, ein Projektteam oder eine Abteilungskonferenz, alle diese Geräte weglegen und auf stumm stellen. So kann sichergestellt werden, dass die volle Aufmerksamkeit den einzelnen Themen gilt und jedes Teammitglied an den Diskussionen teilnimmt. Das macht auch deshalb Sinn, weil die einzelnen Mitglieder zwar einen eigenen Verantwortungsbereich haben, gleichzeitig aber für das Ganze, ihre Organisation, eine

Mitverantwortung tragen. Pausen können dazu benutzt werden, die Mails und das Telefon dahingehend zu prüfen, ob dringliche Meldungen eingegangen sind, welche eine sofortige Reaktion erfordern.

Die Regel, wonach *E-Mails nicht nach 20 Uhr und nicht vor 7 Uhr* empfangen werden können, gibt jedem Mitarbeitenden die Sicherheit, dass er oder sie während elf Stunden nicht mit Nachrichten aus der Firma konfrontiert wird. Diese Zeit soll der Familie und der eigenen Erholung dienen. Manager, die das Smartphone immer neben ihrem Bett deponieren und auf Empfang sind, können auf Dauer nicht abschalten, sind immer «sprungbereit» und meinen, sie würden so ihrer Organisation dienen. Topmanager, die eine jederzeitige Erreichbarkeit fordern, liegen falsch: Sie fügen damit sich selbst, ihren bewährten Kräften und der ganzen Organisation Schaden zu. Sollte eine Dringlichkeit bestehen, so wird zum Telefon gegriffen. Im Fall von Mails aus anderen Zeitzonen kann der Versand der Nachricht so terminiert werden, dass der Empfänger diese ausserhalb der Sperrzeiten erhält. Analoges gilt für Personen, die gerne später am Abend E-Mails beantworten oder verschicken, zum Beispiel, wenn die Kinder im Bett sind oder sie von einer Vereinsaktivität nach Hause kommen.

Eine Regelung empfiehlt sich auch *für die Ferienzeit*: Generell sollten Mitarbeitende mit schulpflichtigen Kindern mindestens einmal pro Jahr während den Schulferien zwei bis drei Wochen am Stück Ferien machen. Führungskräfte und Mitarbeitende können sich nicht genügend erholen, wenn sie dauernd erreichbar sein müssen. Eine vernünftige und praktikable Lösung könnte darin bestehen, dass beispielsweise nur zwischen 17:30 und 18:30 Uhr täglich oder an jedem zweiten Tag am Ferienort die Mails gelesen werden und dass Mann oder Frau in diesem Zeitfenster telefonisch erreicht werden kann. Im Notfall kann geregelt werden, dass eine WhatsApp-Nachricht mit Dringlichkeit verschickt oder auf eine Notfallnummer, die am Hauptsitz hinterlegt ist, angerufen wird. Im Übrigen sollte eine eingeführte und bewährte Stellvertreter-Regelung dazu führen, dass jederzeit, auch während der Abwesenheit einer Schlüsselperson, wichtige Entscheidungen getroffen werden können.

Eine *Entscheidungsmatrix* hilft bei der Frage, auf welcher Stufe welche Sachfrage entschieden wird. Hier besteht die Gefahr, dass daraus eine seitenlange Zusammenstellung aller möglichen firmeneigenen Entscheidungen entsteht. So wäre das Ziel verfehlt. Es geht darum, die wichtigsten Sachfragen derjenigen Hierarchieebene zuzuteilen, bei welcher das entsprechende Fach- und Spezialwissen liegt. Mit dieser Entscheidungsmatrix wird ein Flaschenhals verhindert: Nicht jede Sachfrage, sondern nur die allerwichtigsten sollen vom Topmanagement entschieden werden müssen.

Solche und ähnliche organisationsbezogene Regeln schaffen Struktur und damit Klarheit, was erwartet und gefordert wird. Zusätzlich geben sie allen Mitarbeitenden die nötigen Leitplanken, um sich zurechtzufinden, sich zu engagieren und an der Organisation und ihrer Entwicklung teilzuhaben. Damit verbunden ist die Sicherheit, sich im Rahmen dieser Regeln zu bewegen und allenfalls Einspruch zu erheben, Ideen zu vermitteln oder auf entdeckte Risiken und Gefahren hinzuweisen.

Die oberste Führungsebene sollte sich überlegen, welche *Karrierestrukturen* sie schafft. Eine Studie des Gottlieb-Duttweiler-Instituts (GDI) hat ergeben, dass die Zahl der Führungskräfte in der Schweiz seit Beginn der 1990er Jahre um 30 % auf 400 000 gestiegen ist. Die Zahl der Erwerbstätigen nahm in derselben Zeit um 25 % auf 5 Millionen zu.[129] Die Frage stellt sich, ob es alle diese «neuen» Führungskräfte braucht. Es gilt zu bedenken, dass jeder Chef dazu neigt, seinen Bereich zu vergrössern und mehr administrativen Aufwand (vgl. unten zur Bürokratie) zu generieren. Brauchen alle Firmen unterhalb der obersten Ebene zusätzliche «Häuptlinge» (Chief Strategy Officer, Chief Compliance Officer, Chief Information Officer, Chief Efficiency Officer, Chief Happiness Officer ...), die alle an den CEO berichten wollen, weil ihr Bereich so wichtig ist? Würde es nicht genügen, diese in einen Stab unter dem CEO-Stellvertreter oder dem COO zu integrieren und mit weniger klingenden Titeln, beispielsweise «Head of ...» zu versehen?

Um Karriere in einer Organisation zu machen, sollte es auch möglich sein, mehr Verantwortung (inklusive einer höheren Vergütung) zu übernehmen, ohne die Führung für einen Bereich zu übernehmen, beispielsweise als *Experte* oder *Projektleiter*. Hierzu ein Beispiel:

Wer soll die Chirurgie im Spital X leiten? Es stehen zwei verdiente Ärztinnen zur Auswahl: Die eine ist die fachlich sehr kompetente, auch international anerkannte Professorin an der Universität, die andere die empathische, im Umgang mit jüngeren Ärzten und den Pflegefachleuten beliebte Oberärztin. Ich würde letztere zur Leiterin der Abteilung Chirurgie machen und die Frau Professorin zur Chefärztin Chirurgie ohne Führungsverantwortung. Beide würden befördert, wobei es durchaus möglich wäre – zumindest aus meiner Sicht –, die Chefärztin mit einem höheren Honorar an das Spital X zu binden. Die Chefärztin macht weiter das, was sie am besten kann: operieren und forschen. Die Leiterin Chirurgie führt die gesamte Abteilung, arbeitet eng mit der Pflege, den anderen Abteilungen und den Querschnittsbereichen zusammen und vertritt ihren Bereich in der Spitalleitung. Bürokratische Hürden gegen diese Regelung, zum Beispiel ausgehend von der kantonalen Verwaltung, würde ich auf dem Verhandlungswege regeln, geht es doch darum, Personen dort zum Wohl einer Organisation einzusetzen, wo sie aufgrund ihrer Kompetenzen und Eigenschaften am richtigen Platz sind.

4.7 Auswahl von Führungskräften

Führungskräfte aller Stufen auszuwählen gehört zu den «Königsdisziplinen» des Topmanagements, weil sie eine Organisation zu Erfolg oder Misserfolg führen. Ohne Führende, die mit Mitarbeitenden zusammen Ziele erreichen, gibt es für keine Organisation eine Zukunft. Diese Aussage gilt auch noch im Zeitalter der Künstlichen Intelligenz.

Die Selektion ist ein Mittel zur Gestaltung der Führungskultur, wie wir bereits erwähnt haben.[130]

Wir wissen, dass Führungsfehler zum Alltag gehören. Niemand ist fehlerfrei, auch ich nicht. Als junges Geschäftsleitungsmitglied habe ich einmal folgenden Fehler gemacht:

Ich konnte eine wichtige Position aufgrund des altersbedingten Rücktritts eines Abteilungsleiters neu besetzen. Ich war überzeugt, dass X am besten geeignet war: Er hatte die Firmenziele in den vergangenen zwei Jahren deutlich übertroffen und war beliebt bei Mitarbeitenden wie Kollegen. Aber nach sechs Monaten in der neuen Position kamen wir beide überein, die Zusammenarbeit zu beenden. Wieso? – X war in seiner neuen Umgebung unwohl, stiess auf diverse Widerstände, fühlte sich von seinem Team nicht unterstützt und blieb unter den Jahreszielen. Meine Fehler waren: Ich hatte keinen systematischen Selektionsprozess in Gang gesetzt und keine anderen Kandidatinnen geprüft. Zudem hatte ich nicht berücksichtigt, dass das neue Umfeld anders war als das bisherige, in dem X erfolgreich gewesen war.

Es geht darum, diese und andere Fehler zu reduzieren. Und dazu benötigen wir Führungskräfte, vor allem an der Spitze von Organisationen, die in einem sorgfältig durchgeführten Selektionsprozess ausgewählt werden. Auch in der Rekrutierung und Selektion werden wir nie absolute Sicherheit haben, dass *der* oder *die* Richtige ausgewählt worden ist. Wenn wir in 75 % der Fälle richtig entscheiden, so machen wir einen guten Job.[131] Aber dafür benötigen wir jedes Mal ein hohes Engagement, gute Vorbereitung und eine möglichst objektive und vorurteilsfreie Entscheidungsfindung. Dazu gehören ein systematischer Auswahlprozess und strukturierte Interviews.

Folgende zehn Kompetenzen stehen bei der Auswahl von Führungskräften im Vordergrund (Vgl. Anhang IV.) und können in der Praxis mit einer Skala von 1 (sehr schwach) bis 10 (ausgezeichnet) bewertet werden:[132]

- Integrität,
- Wille, Anspruch und Mut zur Übernahme von Verantwortung,
- Empathie,
- Intelligenz,
- Fachkompetenz,
- Kommunikation,
- Leistungsausweis,
- Fähigkeit, Gefolgschaft zu erzeugen,
- Integrationsfähigkeit,
- Resilienz.

Aufgrund meiner Erfahrung sind die ersten fünf Kriterien entscheidend: Wer nicht integer ist, sich nicht exponieren will, sich nicht in andere Menschen hineinversetzen kann, eine mangelnde Analysefähigkeit besitzt und das Business nicht versteht, eignet sich nicht für eine Führungsposition. Fehlende Integrität ist in jedem Fall ein «Killer-Kriterium». Die übrigen fünf Kriterien sind ebenfalls wichtig und können je nach Organisation zu den «Big Five» zugerechnet werden.

Die für die Selektion verantwortliche Führungsperson der Linie kann die entscheidenden Kompetenzen für eine bestimmte Funktion in der Organisation benennen oder eine Gewichtung vornehmen, wobei die ersten fünf Kompetenzen stärker zu gewichten sind.

Intelligenz, Fachkompetenz, Leistungsausweis und Kommunikationsfähigkeit sind in der Regel gut zu evaluieren. Bei den anderen Kompetenzen müssen Fragen, Studien, Szenarien und Nachforschungen im Detail vorbereitet werden, damit am Ende aussagekräftige Antworten bzw. Beobachtungen und Wahrnehmungen vorliegen.

Es ist wichtig, dass mehrere Assessoren ins Auswahlprozedere involviert werden. Mehrere sehen und hören mehr als nur ein Einzelner. Empfehlenswert werden Personen beigezogen, die in einem 360-Grad-Verhältnis zur gesuchten Führungsperson stehen, zum Beispiel ein zukünftig unterstellter Mitarbeiter, eine Kollegin auf derselben hierarchischen Stufe, ein Manager aus einem anderen Organisationsbereich und jemand in einer übergeordneten Position.

Um eine Auswahl von Führungskräften möglichst ohne Vorurteile und «geräuscharm» vorzunehmen, benötigen wir folgenden systematischen und strukturierten Prozess:[133]

Verantwortung und Gesamtleitung: Linienvorgesetzte

Support: HR-Businesspartnerin (verantwortlich für Jobprofil, Auswahl-prozess, Fristen, Kontakt zu Kandidatinnen: «Gesicht» des Unternehmens)

1. Schritt: Geeignete Interviewer bezeichnen, die aus unterschiedlichen Bereichen kommen, zum Beispiel eine künftige Kollegin, ein künftiger Teamleiter, der Leiter der Strategieabteilung, ein künftiger Mitarbeiter (3–5 Interviewer).

2. Schritt: Teilbeurteilungen und Ratings festlegen; welcher Interviewer fokussiert sich auf welche Kompetenzen; welche Fallstudien, Referate werden von den Kandidaten auf der *shortlist* verlangt; welche Referenzen werden eingeholt, welche sozialen Medien «durchforstet».

3. Schritt: Unabhängigkeit: Interviewer urteilen unabhängig voneinander und erstellen ein Protokoll. Teilbeurteilungen (Fakten, Scores) werden separat zusammengetragen.

4. Schritt: Aufgeschobenes, ganzheitliches Urteil (Linienvorgesetzte, HR, Interviewer) mit Hilfe einer App, die es gestattet, dass alle gleichzeitig ihre Meinung abgeben; so können «Group Think» und zu viel Harmonie unter den Urteilenden verhindert werden. Am Ende empfiehlt sich noch einmal eine offene Runde, in der jede nochmals zu Wort kommt. Der Linienvorgesetzte trifft die finale Entscheidung.

5. Schritt: (Individuelle) Kommunikation des Ergebnisses an die Kandida-tInnen.

Auf viele Fragen können sich Kandidatinnen und Kandidaten vorbereiten, beispielsweise «Welche Führungsstärken haben Sie?», «Weshalb waren Sie in der Firma X erfolgreich oder weshalb waren sie nur eine kurze Zeit in die-ser Position?», «Welche Fehler, die sie in der Vergangenheit gemacht haben, wollen Sie künftig vermeiden?», «Was ist Ihre Hauptschwäche?» usw. Die Antworten auf diese Fragen sind in der Regel wenig aussagekräftig, weil sie *vergangenheitsbezogen* sind und sich jedermann darauf vorbereiten kann. Hingegen sind Fallstudien oder Vorträge zu einer aktuellen, organisations-spezifischen Herausforderung spannend und aussagekräftig. Als besonders ergiebig haben sich kurze Szenarien erwiesen, die sich *in der Zukunft* abspie-len *könnten* und davon ausgehen, dass die Kandidatin in der gewünschten Funktion ist. Diese Fragen sind deshalb besonders relevant, weil sie sich im Arbeitsumfeld der Organisation bewegen und Kandidaten darauf spontan antworten müssen:[134]

«Es ist Freitag, der 12. Mai, um 17 Uhr. Sie sind gerade dabei, Ihre Sachen zu ordnen und sich für das Wochenende zu verabschieden, als ein Mitarbeiter zu Ihnen kommt und Sie fragt, ob Sie kurz Zeit hätten. Als Sie bejahen, wird Ihnen Folgendes berichtet: …»

«Beim Besuch der Filiale in Y werden Sie unvermittelt Zeuge einer Auseinandersetzung zweier Produktionsleiter. Die beiden machen sich lauthals Vorwürfe betreffend …»

«Im Feedbackgespräch sagt Ihnen eine unterstellte Führungskraft, dass sie kürzlich in der Kantine gehört habe, wie sich A und B über Sie beschwert hätten …»

In allen Szenarien folgt die Frage an die Kandidatin: «Wie reagieren Sie?»

Wenn externe Berater hinzugezogen werden, die Kompetenzen und Erfahrungen in der Selektion von Top-Führungskräften haben und Assessments durchführen, sind folgende zwei Grundsätze zu beachten:
- Die Verantwortung der auswählenden Vorgesetzten ist nicht delegierbar.
- Es ist zu vereinbaren und genau zu prüfen, welche Kriterien und welche zusätzlichen Fähigkeiten im Assessment evaluiert werden, um sicherzustellen, dass ein massgeschneidertes Verfahren durchgeführt wird und nicht ein x-beliebiges, das die Beratungsfirma «im Sortiment» führt.

«Wenn's nicht passt, mach' eine Rast». Dann muss die Suche weitergehen. Wenn die Zweifel überwiegen und das «Bauchgefühl» sich meldet, sind Schnellschüsse zu vermeiden: Es ist besser, noch eine Runde zu drehen und die wichtige Funktion vorerst nicht zu besetzen. Wer auf allen Führungsstufen Stellvertreter einsetzt, wird die Lücke für eine begrenzte Zeit verschmerzen.

4.8 Talentmanagement und Führungskräfteentwicklung
Selektion und Förderung von Talenten werden top-down geführt. Leistungen (Resultate und Verhalten) und Potenzial der Führungskräfte sind auf den verschiedenen Ebenen zu beurteilen und führen zu Stellvertreterregelungen, Beförderungen sowie zu individuellen Entwicklungsmassnahmen.

Vor einigen Jahren erhielt ich vom CEO eines staatsnahen Konzerns das Mandat, meine Überlegungen zum Talentmanagement vor den Top-führungskräften vorzutragen. Allerdings verschwieg man mir, dass der eigene Personalchef denselben Auftrag erhalten hatte. Er sprach vor mir und erläuterte, dass jeder und jede der etwa 50 000 Mitarbeitenden ein Talent sei, das es für den Konzern zu nutzen gelte. Dazu sollte ein Prozess mit externen Coaches lanciert werden. Ich traute meinen Ohren und Augen nicht und überlegte für einen Moment, ob ich nun wirklich auf das Podium gehen sollte, weil mir der sympathische Mann leidtat. Das Ziel des CEO wurde mir mit einem Schlag bewusst: Er hatte jemanden gesucht, der seinem Personalchef dieses Konzept im wahrsten Sinn des Wortes zerlegen würde. Ich hätte mir gewünscht, den Irrweg unter vier Augen aufzudecken. Aber ich musste antreten und sagte, dass es sich um einen Top-Down-Prozess handle, in welchem Führungskräfte evaluiert und Entwicklungsmassnahmen für die ausgewiesenen Talente beschlossen werden. In der anschliessenden Fragerunde wurde der Personalchef regelrecht «gegrillt», was in mir weiteres Unbehagen auslöste. Er tat mir aufrichtig leid. Er erklärte sich damit, dass er alle Mitarbeitenden in einem Bottom-Up-Prozess als Talente ansprechen wollte. Das war zwar eine ehrenwerte Absicht, aber kein zielführendes Unterfangen, weil seine Idee zu ambitioniert, zu kostspielig war und ausserdem nicht der Realität menschlichen Verhaltens entsprach: Alle Menschen haben Talente; die einen kochen gerne, die andere fahren leidenschaftlich gerne Rad, wieder andere engagieren sich in einem Verein und einige züchten Bienen, die ganze Palette menschlichen Tuns ist vorstellbar. Aber nicht jeder Mensch will Führungskraft werden oder eignet sich dafür. – Sechs Monate später trennte sich der Konzern von seinem Personalchef. Unfair handelte der CEO, der seinen HR-Chef vor anderen Führungskräften ins «offene Messer» laufen liess und damit einen gravierenden Führungsfehler beging.

Im Talentmanagement geht es um Führungskräfte, die für die Organisation von grosser Bedeutung sind und in die investiert werden soll. Es ist ein Top-Down-Prozess, der beim Verwaltungs-/Aufsichtsrat beginnt und über die Geschäftsleitung zum Mittleren Management geht und auf Stufe des Teams endet.

Für die identifizierten Talente sind Weiterentwicklungsmassnahmen zu prüfen und zu entscheiden, weil man sie damit an sich bindet und so auch für externe Bewerber attraktiv wird.

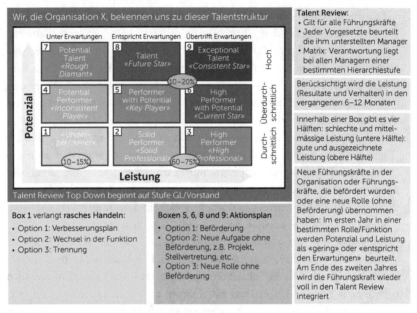

Abbildung 17: Talentmanagement mit Schlüsselkriterien

Es handelt sich nicht um ein *forced ranking*, das Jack Welsh bei General Electric eingeführt hat und das viele Nachahmer gefunden hat. Dieses jährliche (oder halbjährliche) Beurteilungssystem gilt für alle Mitarbeitenden und wird organisationsweit durchgeführt. Es teilt die gesamte Belegschaft in 10–20 % Top-Leistungsträger und 10–20 % Non-Performer, die entweder das Unternehmen von sich aus verlassen oder denen gekündigt wird; der Rest gehört zur Mitte, zu den durchschnittlichen, in der Regel gute Leistungen erbringenden Angestellten. Dieses rigide Klassifizierungsmodell sendet negative Botschaften: Es erzeugt Angst (hoffentlich falle ich nicht in die Kategorie des «verlorenen letzten Fünftels») und verhindert Zusammenarbeit (Wer will schon mit einem «Looser» kooperieren?), Austausch und soziale Kontakte. *Forced ranking* ist weder ziel- noch menschengerecht und erzeugt eine toxische Arbeits- und Organisationskultur.

Anders ist es mit dem vorgestellten Talentmanagement-Modell:

* Erstens findet es nur Anwendung für Führungskräfte;
* zweitens ist es ein Instrument, Leistung (Resultate und Verhalten) sowie Potenzial von Führungskräften zu erkennen und in ihre Entwicklung zu investieren;

- drittens werden die Resultate bzw. die Einschätzungen der jeweiligen Vorgesetzten periodisch (in der Regel einmal pro Geschäftsjahr) in einem Team (Geschäftsleitung/Vorstand, Abteilungsleitung, usw.) diskutiert und entschieden;
- viertens werden die Resultate nicht organisationsweit kommuniziert, sondern jede Führungskraft wird individuell informiert;
- fünftens dient dieser Top-Down-Prozess dem regelmässigen Austausch über die «Qualität der Führungskräfte», die eingeleiteten Entwicklungsmassnahmen sowie der Auswahl der Stellvertreter und der künftigen potenziellen Nachfolger für höhere Positionen oder wichtige Projekte, damit als Richtlinie etwa ⅔ der neu zu besetzenden Führungsstellen intern und ⅓ mit externen Leuten besetzt werden können.

Leistung besteht aus Resultaten und Verhalten:

- *Resultate* sind relativ einfach zu evaluieren: Sie umfassen Zahlen (Verkaufs-, Produktions-, Lieferungszahlen usw.), erfüllte bzw. nicht erfüllte Aufgaben und weitere Daten und Fakten, die während der Beurteilungsperiode gesammelt werden.
- Beim *Verhalten* geht es um die Art und Weise, wie eine Führungskraft handelt und wie sie spricht, wie sie mit anderen Menschen, seien es Mitarbeitende, Kunden oder Partner, umgeht. Das Verhalten reduziert sich nicht auf die Loyalität gegenüber den Vorgesetzten und der Organisation, sondern geht viel weiter. Es bewertet, ob die Führende mit anderen Personen respektvoll umgeht, zuhört, sie ermächtigt, ihnen Türen öffnet und eine angstfreie Kultur fördert, sich zu Gunsten innovativer Projekte exponiert, die Initiative ergreift und Zusammenarbeit über den eigenen Bereich hinaus ermöglicht, und, nicht zuletzt, ob sie an sich selbst arbeitet und sich weiterentwickelt. Dazu ist nötig, dass sich Vorgesetzte, HR, Kollegen, Kunden, Mitarbeitende und Partner äussern und ihre Beobachtungen und Erfahrungen offenlegen. Interesse an anderen Menschen und ihrer Entwicklung, Achtsamkeit und Empathie sind gefragt.

Leistung ist in diesem Sinn mehr als Meritokratie, der «Inbegriff des liberalen Staatsverständnisses», und auch mehr, als in den Begriffen Talent, Intelligenz und Engagement enthalten ist. Leistung stellt – neben den erzielten Resultaten – die Integrität, einer Person in den Vordergrund und hebt sich ab von einem Ideal, das den Verdienst einseitig nur auf Zahlen und Daten abstellt, den Einzelnen in den Vordergrund drängt und sträflich vernachlässigt, dass Erfolg in einer komplexen, mehrdeutigen und unsicheren Welt nur mit Hilfe anderer und in der Zusammenarbeit vieler entsteht. Zudem spielen Zufall und Glück[135] oft ebenfalls eine Rolle, sodass Bescheidenheit und nicht Eliteverhalten eine Führungskraft auszeichnen sollte:

> «Es ist eine gute Idee, Menschen aufgrund ihrer Verdienste eine Stelle zu geben. Es ist aber eine schlechte Idee, wenn diejenigen, die sich verdient gemacht haben, eine Klasse bilden, die niemanden anders mehr zulässt.»[136]

Das Talentmanagement einer Organisation ist dann am wirkungsvollsten, wenn es mit Entwicklungsmassnahmen kombiniert wird und das Topmanagement sich aktiv daran beteiligt:[137]

- Viele Organisationen senden ihre Manager an Hochschulen oder engagieren private Institute für ihre firmenspezifischen Trainings und Weiterbildungen. Das ist nicht falsch, aber ist weniger wirksam als *Seminare,* welche *«im Haus»* stattfinden und an denen ein Teil des Topmanagements aktiv beteiligt ist, entweder als Dozentinnen oder Studienbegleiter oder Coaches. Die besten Fallstudien sind solche, die sich auf die eigene Organisation beziehen und an denen die Vorstände mitwirken und mit den Talenten nach den besten Optionen suchen.
- *Organisationsspezifische Herausforderungen oder innovative Projekte* können unter der Supervision von erfahrenen Managern an Talente delegiert werden.
- *Rotationsprogramme,* wenn beispielsweise Talente für eine bestimmte Zeit in einem anderen Bereich im In- oder Ausland arbeiten und gezielte Aufgaben erfüllen müssen.
- *Mentoring,* wenn Talente von einem älteren, erfahrenen Manager, der die Organisation kennt und erfolgreich unterwegs ist, begleitet werden.
- *Coachings* durch externe Spezialisten mit klar definierten Zielen innerhalb einer begrenzten Zeitspanne.
- *Schatten-Programme,* bei denen Talente die Gelegenheit erhalten, einen Topmanager während einer Reise oder einer Projektphase «über die Schultern zu schauen» und von ihnen zu lernen.
- *Externe Herausforderungen,* beispielsweise ein Aufsichts-/Verwaltungsratsmandat in einer anderen Firma für auserwählte Talente, die für den C-Level vorgesehen sind.
- *Automatische Berücksichtigung* für offene Führungsstellen der Organisation, das bedeutet, dass ausgewiesene Talente direkt von HR kontaktiert und angefragt werden, ob sie sich für diese Stelle interessieren.

- *Besondere Anlässe*: Führungskräfte sollen erleben, dass sie «von oben» als wichtig wahrgenommen werden und ihre Leistungen geschätzt werden. Als besondere Veranstaltungen eignen sich beispielsweise «Management Informationen» (welche neben «nackten» Zahlen auch Hintergründe und Herausforderungen beleuchten), «Strategie-Seminare» (an denen freiwillige oder ausgewählte Führungskräfte aller Ebenen mit dem CEO und einigen anderen Topmanagern über ausgewählte Bereiche der Unternehmensentwicklung diskutieren) oder ein «Führungskräfte-Ausflug» mit einer Wanderung (im Gehen kann man sich gut unterhalten, auch über kontroverse Themen) und einem gemeinsamen Essen.

Führende aller Stufen, aber vor allem die Vorgesetzten und der C-Level, müssen ein Talent in seiner weiteren Entwicklung begleiten, beobachten und bewerten: Erreicht das Talent seine Ziele? Werden alle Personen, mit denen es zu tun hat, respektvoll behandelt? Entwickelt es sich weiter, ist es lernfähig? Diese Fragen sind periodisch zu beantworten. Daraus ergibt sich die Entscheidung, ob die Führungskraft weiterhin als Talent gilt, in das sich Investitionen lohnen, oder ob sie – wenigstens vorläufig – an die Grenze ihrer Entwicklung gestossen ist. Wer einmal als Führungstalent beurteilt worden ist, wird es eventuell nicht immer bleiben.

4.9 Fürsorge und unpopuläre Massnahmen

Wie schon erläutert, besteht Leistung aus Resultaten und Verhalten. Jemand kann ausgezeichnete Resultate vorweisen, sich jedoch gleichzeitig entgegen den Werten der Organisation verhalten. Mit seinen Resultaten erbringt der Angestellte einen Mehrwert für die Firma, mit seinem Betragen schädigt er aber die Organisationskultur. Wo er sein Unwesen treibt, herrscht ein vergiftetes Klima. Dabei handelt es sich nicht um ein Dilemma. Man hat immer eine Wahl und muss sich fragen: Was ist langfristig im Interesse unserer Organisation? Geld oder Werte? – Es ist von grosser Bedeutung, dass die Führungskräfte handeln. Dazu müssen sie Fehlverhalten feststellen können, und das bedeutet, präsent zu sein, mit offenen Augen und Ohren durch die Organisation zu gehen und dann gezielt und angemessen einzuschreiten.

Wir erinnern uns an die HSG-Studie (vgl. Kap. 2.1) zu Führungsfehlern, wo die grosse Mehrheit «keine Massnahme» als Folge eines Fehlers angegeben hat. Das Topmanagement muss auch hier mit gutem Beispiel vorangehen und dem Sprichwort «der Fisch beginnt am Kopf zu stinken» entgegenwirken.

Wenn die Belegschaft spürt, dass «oben» weggeschaut wird, werden die Führungskräfte auf den unteren Ebenen dasselbe tun. Nur wer Rückendeckung hat, wird auch agieren.

Führung ist kein «Honig lecken», und entbehrt zeitweise dem «Ich fühle mich wohl in meiner Haut». Führung ist manchmal mühselig, oft anstrengend, hin und wieder kraftraubend. Aber diese Gefühle und Zustände gehören zu Leadership wie die Freude am Erfolg der Firma und von einzelnen Teams und Personen. So wie die Gärtnerin Unkraut entfernt, muss die Führungsmannschaft vereint gegen unlautere, negative Energie versprühende Mitarbeitende vorgehen.

Von aussen betrachtet mag es manchmal ein schmaler Grat sein zwischen Mitarbeitenden, die Feedback geben und auf Missstände hinweisen, und solchen, die ein unangenehmes, vielen die Energie raubendes Individuum sind. Aber bei näherer Betrachtung ergibt sich ein klares Bild: Während es den ersten um das Wohl der Organisation geht, sind die zweiten nur an sich interessiert. Negative Individuen versprühen ihr Desinteresse, ihr respektloses Verhalten oder ihre giftigen Bemerkungen nicht nur einmal, sondern solange sie nicht daran gehindert werden. Die anderen Mitarbeitenden beobachten dieses Verhalten. Sie fragen sich: «Sehen die oben das nicht?», oder: «Wie lange soll das noch so weitergehen?» Je länger nicht interveniert wird und keine Besserung eintritt, desto frustrierter werden diejenigen, die der negativen Kultur überdrüssig sind und nach einem Ausweg suchen, allenfalls zuletzt kündigen werden. Sie geben dann an, aufgrund der negativen Organisationskultur wegzugehen.

Zur Fürsorge des Topmanagements gehört, sich von Führungskräften zu trennen, die den Anforderungen nicht gewachsen sind, das heisst entweder die geforderten Resultate nicht liefern oder deren Verhalten gegen die gemeinsamen Werte verstösst: «Wer nicht kann oder wer nicht will, hat bei uns keinen Platz.» Topmanager sind nicht verpflichtet, jedermann glücklich zu machen, sondern im Interesse und zum langfristigen Wohl des Unternehmens zu handeln.

Das erfordert, dass der C-Level – wie bereits mehrmals betont – präsent ist und aufmerksam das Handeln seiner Führenden beobachtet und begleitet. Es geht um Verhinderung von Führungsfehlern und gleichzeitig um das «Herz der Organisation», also um Sinn und um Werte. Wer nicht hinschaut, schadet der Arbeitskultur und im wiederholten Mal auch dem Image und der Reputation der Organisation. Im Falle eines strafbaren Verhaltens oder eines groben Verstosses gegen die Regeln der Unternehmenskultur kann eine sofortige Entlassung gefordert sein.

In allen anderen Fällen empfehle ich die Einleitung eines dreistufigen Verfahrens:

1. *Abklärung des Sachverhalts* und Feststellung (ja oder nein) eines oder mehrerer Fehlverhalten (Mithilfe von HR und Juristen der Organisation). Im Falle ungenügender Resultate kann auf die Phase 1 verzichtet werden, da die Faktenlage gegeben ist.

2. *Mündliche Eröffnung* durch den direkten Vorgesetzten der betroffenen Führungskraft, im Beisein eines Topmanagers, über die Resultate der Untersuchung und, im Falle eines erwiesenen Fehlverhaltens, die Anweisung, dass die Leistung (Resultate und / oder Verhalten) innert einer bestimmten Frist (zum Beispiel sechs Monate) den Erwartungen der Organisation entsprechen muss.

3. Nach Ablauf der Frist folgt die *Entscheidung*, ob das Arbeitsverhältnis weitergeführt oder die Kündigung ausgesprochen wird.

Dieses Verfahren ist an sich bereits der Beweis für das vorbehaltlose Einstehen des Topmanagements zu Gunsten der leistungsorientierten Vorgaben und Erwartungen der Organisation. Es gibt jeder ins Visier geratenen Führungskraft Gelegenheit, sich zu den vorliegenden Fakten oder den angeblichen Vorfällen oder Verstössen zu äussern, und die Chance, sich unter Umständen innerhalb der Frist von einigen Monaten zu beweisen.

4.10 Fallstricke

Der Erfolg, der anzustreben ist, um die Organisation mittel- und langfristig gesund zu erhalten, birgt in sich Elemente des Niedergangs, weil häufig davon ausgegangen wird, dass es so bleiben wird. Gleichzeitig lässt jedoch die Achtsamkeit nach und Risiken werden nicht ernst genommen.

Wie der Erfolg gehören auch die übrigen E-Fallen zu Stolpersteinen des Topmanagements: Erotik, Ermüdung, Eindimensionalität, Emotionen, Erfahrung, Erfüllungsgehilfen, Entgelt, Entrückung. Während einige E-Begriffe (Erotik, Erfahrung, Entgelt) zunächst für positive Assoziationen stehen, enthalten die übrigen die Gefahren und Risiken bereits in sich.

Das Topmanagement ist – neben den E-Fallen – einigen Stolpersteinen ausgesetzt. Diese zu kennen und sich selbstkritisch zu fragen (und dazu auch andere Leute beizuziehen), wo eine gewisse Gefahr bei sich selbst oder im C-Level-Team besteht, gehört zur Reflexion auf dieser Stufe einer Organisation.

Bei den folgenden Fallstricken besteht die Gefahr, dass es sich um Machtmissbrauch handelt oder zumindest eine gewisse Nähe zu toxischen Führungsfehlern besteht: Die Integrität eines C-Level-Leaders ist in Frage gestellt und hat Auswirkungen, die über die eigene Organisation hinausgehen. Es sind keine «Kavaliersdelikte», sondern ernst zu nehmende Fallstricke, welche zu vermeiden sind.

Exorbitante Saläre

Die Chefs grosser US-Unternehmen verdienen heute im Durchschnitt 344-mal so viel wie ein Arbeiter. Im Jahre 1965 lag dieses Verhältnis bei 21 zu 1.[138] Bei einem Jahressalär von CHF 80 000.- sind 344-mal mehr der stolze Betrag von CHF 27,52 Millionen. Ist ein einzelner CEO das wert, das heisst leistet er allein so viel für das Unternehmen?

Wer auf der obersten operativen Stufe einer Organisation steht, verdient mehr Geld als eine Führungskraft, die ein Team oder eine Abteilung führt und viel mehr als eine gewöhnliche Mitarbeiterin. Damit haben wir keine Mühe, weil wir wissen, dass das Topmanagement eine grössere, umfassendere Verantwortung hat als alle anderen in der Organisation. Eine C-Level-Führungskraft muss Antworten geben und ist auskunftspflichtig gegenüber dem Aufsichts-/Verwaltungsrat, den Aktionären und Investoren und manchmal auch gegenüber den Medien. Unverständnis kommt dann auf, wenn das Salär des Topmanagers ein x-faches des «einfachen Arbeitnehmers» beträgt. Wir begreifen nicht, dass eine einzelne Person einen dermassen übersteigerten Mehrwert für die Organisation erbringen kann. Wir empfinden dann dieses Gehalt als zu hoch und manchmal sogar als unmoralisch. Wir fragen uns: Wer hat das bewilligt? Wieso akzeptiert das der Verwaltungs-/Aufsichtsrat?

Kann kausal erklärt werden, wie der Unternehmenserfolg zustande kommt, wie sich daraus ausserordentlich hohe Saläre für CEOs und Topmanager ableiten lassen? Hat nicht der Erfolg viele Väter und Mütter? Spielen nicht auch das Glück bzw. der Zufall eine Rolle?[139] Napoleon soll jeweils vor einer Beförderung eines Offiziers gefragt haben: «Hat er Fortune?»

Ähnliche Überlegungen gelten auch für Boni: Weder sind die Topmanager die Haupttreiber für den Erfolg, noch motivieren immer höhere Boni Manager zu höheren Leistungen.[140]

Antoinette Weibel, die an der Universität St. Gallen forscht und lehrt, sagt dazu:

> «Fallen Leistung und Lohn zu weit auseinander, stört das das Gerechtigkeitsempfinden vieler Menschen. Es entstehen soziale Kosten ... Ich wünsche mir, dass Unternehmen Vergütungsmodelle etablieren, die den Shareholder Value langfristig abbilden.»[141]

Sich mit Ja-Sagern umgeben

Ich kenne das aus eigener Erfahrung: Es tut gut, sich mit Leuten zu umgeben, mit denen man gerne zusammenarbeitet. Sie sind «pflegeleicht», finden meine Ideen gut, ziehen am gleichen Strick und erst noch in dieselbe Richtung. Leider kommt es vor, dass Vorstandsmitglieder ausgewählt werden, die dem CEO intellektuell, fachlich oder als Führungskraft unterlegen sind. Das würde der CEO nicht zugeben, aber es lässt sich so einfacher «regieren». Der Auserwählte wird kaum seine Stimme erheben und den Finger auf «wunde Punkte» legen, weil er «ewig dankbar» sein wird für seine Wahl in die Geschäftsleitung.

Es gibt überall und zu jedem Zeitpunkt, vor allem während der sonnigen Perioden, Schmeichler, die sich als Freunde der Firma ausgeben, in Tat und Wahrheit aber nur die eigenen Interessen im Blick haben:

«Wir haben in den Tagen unseres Glanzes
Dem Schmeichler ein zu willig Ohr geliehn.»[142]

Wenn in einer Geschäftsleitung nur willfährige oder opportunistische Ja-Sager sitzen, wird es gefährlich. Niemand erhebt seine Stimme, will anecken oder kritische Worte vortragen. «Group Thinking», das Gruppendenken, blüht und verhindert Diskussionen oder sogar Streit, der wie ein reinigendes Gewitter sein kann, sofern gegenseitiger Respekt die Basis der Auseinandersetzung ist. In einer Geschäftsleitung braucht es verschiedene Menschen. Diversität ist in unserer komplexen und widersprüchlichen Welt wichtig: Kritische Geister und unabhängige Denker sind nötig, und das nicht zum Wohl des Chairmans und des CEO, sondern zum Wohl des Unternehmens. Anstelle der «Wohlfühloase» braucht es heterogen zusammengesetzte Gremien, in denen ein offener Wettstreit von Ideen stattfinden kann.[143] Bei der Auswahl der einzelnen Mitglieder ist darauf zu achten, dass kritische Denker und kluge Persönlichkeiten Einsitz nehmen. Der Verwaltungs-/Aufsichtsrat hat hier eine besondere Verantwortung.

Realitätsverlust

Es besteht manchmal die Gefahr, dass Topmanager den Realitätsbezug verlieren. Sie nehmen die Dinge nicht mehr so wahr, wie sie gemäss Faktenlage sind. Die Gründe für den Realitätsverlust können Erwartungen von Teilen der Geführten oder eine akute Krisensituation sein; denkbar ist auch ein abgehobener Manager, dessen Wünsche und Illusionen überhandnehmen und zu verzerrten Wahrnehmungen führen. Dieser Realitätsverlust kann gravierende Konsequenzen für die gesamte Organisation haben, wenn der Topmanager seine Macht und Autorität dazu benutzt, Massnahmen aus einer realitätsfremden Analyse heraus anzuordnen.[144]

Realitätsverlust und Rechthaberei gehen oft Hand in Hand. Der Chef mit seinen verzerrten Wahrnehmungen beharrt auf seinem Standpunkt und weist andere Meinungen zurück, die er als gegen seine Person gerichtet wahrnimmt. Wenn er sich zusätzlich noch über den Gesetzen und Regeln der Organisation glaubt, wird die Situation immer gefährlicher.

Wer hat in einer solchen Situation den Mut, ihm entgegenzutreten? Wenn nicht der Verwaltungs-/Aufsichtsrat einschreitet, sieht es schlecht aus. Vielleicht kann ein «moderner Narr», beispielsweise eine Ombudsfrau, ein externer, mit der Organisation vertrauter Berater oder ein älterer, erfahrener, allseits geachteter C-Level-Angehöriger die Sache wieder ins Lot bringen.[145] Diese Vertrauensperson kann entweder in einem offenen Vier-Augen-Gespräch mit dem Topmanager oder mit geschickten Fragen während eines Vorstandsmeetings den Realitätsbezug wieder herstellen.

Falsche Signale

Wieso muss sich ein CEO in der Konzernzentrale einen Fitnessraum *nach seinen Bedürfnissen* einrichten lassen, ohne dass die gesamte Belegschaft Zutritt hätte? Wieso lässt sich der Regierungsrat die Spesen für eine Banane im Wert von CHF 0.80 erstatten? Wieso fährt das Vorstandsmitglied mit seinem teuren Sportwagen-Oldtimer demonstrativ vor die Produktionshalle, wenn gleichzeitig Kurzarbeit angeordnet werden musste? Warum verbleibt die gesamte Geschäftsleitung während der Corona-Pandemie im Homeoffice, wenn zugleich ⅔ der Angestellten täglich an den Firmenstandorten zur Arbeit gehen müssen? Warum geben sich die Berater die Klinke in die Hand und begleiten jedes Projekt und jede Transformation – sind die eigenen Leute nicht in der Lage, diese Herausforderungen anzunehmen? Warum fordert ein CEO öffentlich eine höhere Arbeitslosigkeit, damit die Arbeitnehmer endlich einmal von ihrem hohen Ross herabsteigen? Wieso beklagt ein CEO in der Öffentlichkeit die «Abnahme des Leistungsprinzips und der Eigenverantwortung» und lässt sich und seinem Vorstand hohe Boni auszahlen, obschon im eigenen Haus Abschreibungen und Verluste im Geschäftsjahr zu verzeichnen waren?

Warum sehen diese Topmanager nicht die Wirkungen ihres Handelns? Warum sind sie sich nicht bewusst, dass dieses Tun von ihren Mitarbeitenden bemerkt wird und dass es zu einem Vertrauensverlust führen kann? Sehen sie nicht, dass ihre Voten auch in der Gesellschaft gehört und interpretiert werden?

Mitarbeitende und Öffentlichkeit vermissen bei diesen «Kleinigkeiten» das Fingerspitzengefühl und haben den Eindruck, dass es Machtdemonstrationen sind und das Ego offensichtlich stärker ist als die Sorge um das Wohlergehen des Unternehmens.

Solche Handlungen sind unnötig. Wo bleiben der «moderne Narr» und die Aufsicht?

Sich aus der Verantwortung stehlen

Manchmal fehlt Topmanagern der Mut, zu eigenen Handlungen oder denjenigen ihrer Mitarbeitenden zu stehen. Sie versuchen sich vor möglicher späterer Kritik, rechtlichen Strafen oder anderen Auswirkungen zu schützen.

Dieses Verhalten ist anzutreffen in stark hierarchisch aufgebauten, grösseren Organisationen, in denen Fehler nicht toleriert werden. Der Vorgesetzte ist ängstlich darum bemüht, dass «kein Schatten» auf ihn fällt; er sichert sich ab mit Verboten oder mit dem Hinweis, «wenn Sie das tun, werde ich Sie oben nicht verteidigen». Die untere Führungsebene wird nicht unterstützt, man sucht nicht gemeinsam nach Lösungen, die Folgen eines bestimmten Tuns werden nach unten delegiert. Die eigene Führungsverantwortung als Angehöriger des C-Levels oder des Mittleren Managements, erkannte Probleme oder Herausforderungen auf der eigenen Stufe zu entscheiden oder mindestens an ihrer Lösung mitzuwirken, wird nicht wahrgenommen.

Wer schreitet ein?

Die Schuld sofort bei «den anderen» suchen

Wir wissen, dass Fehler unvermeidlich sind. Umso wichtiger ist es, sie zu sehen und ein Klima zu schaffen und zu erhalten, in dem Fehler gemeldet werden können, ohne dass jemand Angst vor Reaktionen haben muss.

Auch wenn Topmanager dieses Fehlermanagement grundsätzlich bejahen, sind einige unter uns gefährdet, die Ursache für einen bestimmten Fehler oder den Bereich, in dem er geschehen ist, sofort zu kennen und Anweisungen zu geben, dass «an dieser Stelle» mit der Fehleranalyse zu beginnen sei:

«Um diese Ursachen als Möglichkeiten überhaupt zuzulassen, müsste man die Linse öffnen und auf Entdeckungsreise gehen. Das nicht zu tun, hingegen Mitarbeiter zu Sündenböcken zu stempeln, nur weil dafür Problemlösungen im Regal liegen, ist nicht auf der Höhe der Komplexität, für deren Bewältigung das Management bezahlt wird.»[146]

Es wäre wichtig, eine Gesamtanalyse zu machen und sich und alle Hierarchieebenen miteinzubeziehen. Es könnte sein, dass der Fehler ganz oder teilweise auf Anordnungen von «oben» zurückzuführen ist, beispielsweise weil unter grossem Zeitdruck gearbeitet wurde oder zu wenig Mitarbeitende zur Verfügung standen.

Eine gesunde Portion Bescheidenheit und Selbstkritik sollte sich ein Topmanager aneignen.

Bürokratisierung

Zu Recht wird darauf verwiesen, dass staatliche Organisationen immer mehr Personal anstellen[147] und dass daraus zusätzlicher administrativer Aufwand für Organisationen, vor allem für Firmen, resultiert. Das führt zu einem Mehraufwand und zur Aufstockung des Überbaus, der Stäbe und Supportfunktionen. Diese zusätzlichen Mitarbeitenden sind zwar erforderlich, um den staatlichen Forderungen zu genügen, erwirtschaften aber keinen direkten Mehrwert für das Unternehmen. Das wird stets belastender, weil die vom Staat ausgehende Bürokratisierung Mehrkosten verursacht und die unternehmerischen Tätigkeiten zunehmend behindert.

Viele Organisationen schaffen intern eine zusätzliche Bürokratisierung, indem das Topmanagement regelmässig Berichte einfordert über eine Vielzahl von Zahlen, wie KPI, Kosten, Verkäufen usw. oder den Status von Projekten. Viele Führungskräfte verbringen oft Stunden oder sogar Tage für die qualitäts- und zeitgerechte Meldung. Zeit, die ihnen für andere, produktivere Arbeiten fehlt. Einerseits ist es verständlich, dass sich die Geschäftsführung periodisch einen Überblick verschaffen will, was gegangen ist, welche Produkte sich am besten verkauft haben und wie viele Mitarbeitende krank gewesen sind, um daraus Massnahmen abzuleiten. Andererseits sind Aufwand und Ertrag dieser Berichterstattung auch aus der Sicht derjenigen zu beurteilen, die das Reporting ausführen müssen: «Oben» gibt man sich oft zu wenig Rechenschaft über die Auswirkungen, welche diese Meldungen «unten» verursachen.

Es empfehlen sich folgende Massnahmen, die von der Geschäftsleitung im Paket erlassen werden sollten, da sie untereinander korrelieren:

- Am Anfang des Geschäftsjahres werden die geforderten Kennzahlen und Berichte namentlich erwähnt und die diesbezüglichen Meldungen in der Firmenagenda zeitlich fixiert.
- Den Supportbereichen ist es untersagt, zusätzliche Kennzahlen von den Einheiten anzufordern.
- Nicht wöchentliche, sondern monatliche oder Berichterstattung nur alle 2,5 Monate (damit per Ende Quartal die Gesamtzahlen des Unternehmens eruiert werden können).
- An einem Tag oder zwei Halbtagen in der Woche dürfen keine Meetings mit mehr als zwei Personen geplant und durchgeführt werden.
- Zusätzlich wird in der Woche, in der Rapporte erstellt werden müssen, ein zusätzlicher Halbtag ohne irgendwelche Meetings angeordnet.

Diffuse Delegation

Jede Führungskraft muss das Handwerk der Delegation von Aufgaben beherrschen. Sie kann und soll nicht alles selbst tun, sondern gezielt Teammitarbeitende einbeziehen und ihnen Verantwortung für Teilbereiche übergeben. Zur wirkungsvollen Delegation gehören das Ziel, die Termine (bis wann was zu tun ist) und die zur Verfügung stehenden Ressourcen (Personal, Geld, Produktionsmittel usw.). No-Gos sind beispielsweise, wenn Personen mit delegierten Aufgaben überhäuft und damit überfordert werden, die Ressourcen nicht zeitgerecht oder überhaupt nicht bereitgestellt werden oder die delegierende Führungskraft sich wiederholt unnötig einmischt.

Diffus und damit problematisch wird die Delegation, wenn Verantwortung abgeschoben wird:[148]

- Aufgaben werden an *externe Berater, Gutachter* oder *«Interim-Manager»* delegiert, welche bereits beschlossene Strategien, Restrukturierungen, Einsparungen oder Kündigungen abwickeln und bei einem allfälligen Scheitern als Blitzableiter und Sündenböcke dienen müssen. Die Externen verdienen gutes Geld und sind persönlich nicht betroffen, und die eigentlichen Verantwortungsträger an der Spitze der Organisation waschen ihre Hände in Unschuld.
- *Subcontracting* oder *Werkverträge* sind in unserer komplex organisierten Arbeitswelt sehr verbreitet. Fast 90 % aller deutschen Unternehmen lagern mindestens einen Kernprozess aus. In den Bereichen Industrie, Ernährung, Textil und Bekleidung, Möbel sowie im Baugewerbe finden sich die höchsten Anteile an Beschäftigten im Rahmen von Werkverträgen. Dabei lässt sich die Verantwortung und damit auch ethisches Verhalten

kaum mehr richtig zuordnen, weil sie sich auf ihrem langen Weg durch die Hierarchieebenen und Subunternehmen, Filialen und Tochterfirmen auflöst. Die Verantwortung für Arbeitsbedingungen, Hygiene oder Behandlung von Arbeitnehmerinnen lässt sich nicht mehr klar festmachen.

* *Sponsoren* werden Projektteams zugeteilt. Sponsoren sollten Troubleshooter, Türöffner und ganz allgemein Ansprechpartner sein. Als Sponsoren werden oft Mitglieder des Topmanagements eingesetzt, die bereits alle Hände voll zu tun haben. Nun werden sie zusätzlich in einem bestimmten Projekt als Unterstützer, Antreiber, Ideen- und Problemlöser eingesetzt. Wer trägt nun die Verantwortung, wenn das Projekt in die falsche Richtung geht oder scheitert? Der Topmanager oder der Projektleiter aus dem unteren oder mittleren Management? Wer fühlt sich verantwortlich? – Die Lösung lautet: Es muss von Anfang klar geregelt werden, wer die Gesamtverantwortung für ein bestimmtes Projekt trägt und welche Rolle der Sponsor hat.

Es kann nicht im Interesse einer Organisation sein, dass Verantwortung diffus wird und nicht mehr zugeordnet werden kann. Was im eigenen Haus gefordert ist, muss auch bei jenen gelten, die helfen, Aufgaben zu erledigen und Gewinne zu erzielen. Sonst macht sich die Organisation unglaubwürdig. Deshalb müssen ihre Topmanager die Verträge mit Beratern und Subunternehmern so formulieren, dass die eigenen Werte beachtet und Verstösse geahndet werden. Periodische Kontrollen und Besuche vor Ort sind wichtig und müssen in die Präsenzpflichten (vgl. Kap. 4.5) eingebunden werden.

Untaugliche Initiativen

Manchmal meinen frisch gewählte CEOs, sie müssten «etwas Neues» in die Organisation bringen. Mit einer Initiative möchten sie sich vermutlich von der Vorgängerin abheben oder bei den Mitarbeitenden auf Gehör und Akzeptanz stossen und damit Wirkung erzielen. In vielen Fällen wirken sich diese Initiativen jedoch negativ aus, weil sie nicht im mittel- und längerfristigen Interesse der Organisation sind. Energie in Form von zusätzlicher Arbeit und vielen Meetings sowie Finanzen werden verschleudert, wie folgendes Beispiel dokumentiert:

Nach der Corona-Pandemie lancierte der CEO eines grösseren Unternehmens die Initiative «Be a Leader». Angesprochen waren nicht die Führungskräfte, sondern alle Mitarbeitenden. Alle sollten in ihrem Job als Leader auftreten, Verantwortung übernehmen, andere unterstützen, Eigeninitiative entwickeln, innovativ sein und von sich aus Verbesserungsvorschläge machen. Als ich davon Kenntnis erhielt, suchte ich Kontakt zum CEO und wollte ihm das Ganze ausreden. In einem Telefongespräch sagte ich, dass ich kein Mandat suche, aber mir trotzdem gestatte ihn darauf hinzuweisen, dass es sich um eine Initiative handle, die zum Scheitern verurteilt sei. Obschon der CEO mir freundlich mitteilte, er werde meine Einwände mit seinen Direktunterstellten besprechen, wurde die Initiative drei Monate später in die Tat umgesetzt. Jede Angestellte erhielt eine plastifizierte Scheibe, mit der die verschiedenen Elemente von «Be a Leader» je in einem separaten Fenster zu finden waren. Beilage war ein Schreiben des CEO, in welchem er darlegte, dass jedermann das Zeug zum Leader habe. Weitere Massnahmen oder Schulungen fanden nicht statt. Von Insidern erhielt ich Feedback, dass bereits nach einem Monat niemand mehr von dieser Initiative sprach und alle im gewohnten Alltag weiterarbeiteten.

Es ist eine Tatsache, dass nicht jeder Mann bzw. jede Frau führen will oder zur Führung geeignet ist. Führung bedeutet Verantwortung für Ziele und andere Menschen übernehmen, und das wollen nicht alle. Die Mehrheit will sich für die Organisation einsetzen und die mit dem Stellenprofil verbundenen Leistungen erbringen, aber nicht mehr. Sie ist zufrieden damit und verfolgt ausserhalb der Berufstätigkeit andere Ziele und geht ihren eigenen Hobbies nach. Ausserdem gibt es Personen, die zwar an einer höheren Position (die oft mit einer Führungsverantwortung verbunden ist) interessiert sind, die jedoch nicht über die fachlichen oder führungsrelevanten Kompetenzen verfügen. Deshalb ist eine Kampagne, die alle Mitarbeitenden als «Leader» sehen, zum Scheitern verurteilt. Anders wäre es, wenn sie sich an die Führungskräfte gerichtet hätte und besondere Schulungsmassnahmen und Workshops – mit Teilnahme des Topmanagements – damit verbunden gewesen wären.

Wo war der Verwaltungs-/Aufsichtsrat? Wieso liess er dem CEO freie Hand?

Drogen- und/oder Medikamentenmissbrauch

Jede Führungskraft hat ab und zu Stress, ist unter Druck und fühlt sich allein gelassen. Je höher die Position in einem Unternehmen, desto grösser kann die Versagensangst oder die Angst vor einer Kündigung bei Nichterreichen der Umsatzziele sein. Die Luft ganz oben ist manchmal dünn, und die Anforderungen sind teilweise hoch. Das ist in vielen Bereichen der Alltag.

Deshalb ist es wichtig, dass sich Führungskräfte eine solide, gesunde Widerstandskraft schaffen und erhalten: Genügend Schlaf und Erholungsphasen, gesunde, abwechslungsreiche Ernährung mit genügend Wassereinnahme, wöchentlich zwei- bis dreimal körperliche Bewegung, Pflege des persönlichen Umfelds und des Netzwerks gehören zur physischen und psychischen Gesunderhaltung.

Das ist die Theorie, und sie ist richtig. Aber ich weiss aus eigener Erfahrung, dass es berufliche Phasen gibt, in denen diese Planungen nicht umgesetzt werden. Hier besteht das grosse Risiko, dass man zu Medikamenten oder Alkohol greift, um «herunterzufahren», «einmal wieder richtig zu schlafen» oder «für ein paar Stunden dem hektischen Treiben zu entfliehen». Das ist verständlich, nachvollziehbar, aber gefährlich, denn daraus kann sich eine Gewohnheit entwickeln. Man greift regelmässig zu diesen Beruhigungs- und Besänftigungsmitteln, konsumiert härtere Drogen oder halluzinogene Pilze (Psylocybin), welche an Seminaren angeboten werden.[149] Das wird zum Teufelskreis, aus dem man nicht einfach mehr herauskommt. Man schadet seiner eigenen Psyche und Physis und riskiert die Führungsposition und/oder den Support des eigenen Umfelds, der Familie, derjenigen, die einem am wichtigsten sind.

Gefragt sind Selbstdisziplin und gute Arbeitskollegen, die sich um einen bemühen, sowie ein persönliches Netz von Liebsten und Freunden, die einen auffangen und unterstützen. In schwerwiegenden Fällen sollte externe Hilfe angefordert werden.

Kapitel 5:

Wie das Mittlere Management und die Teamleader Führungsfehler reduzieren

Dem Mittleren Management, das häufig völlig zu Unrecht übergangen wird, widme ich den ersten Teil dieses Kapitels. Die Abteilungs-, Bereichs-, Instituts- und Projektleitenden, die für direktunterstellte Team- oder Gruppenführende und Dutzende von Mitarbeitenden verantwortlich sind, werden zu wenig in wichtige Entscheidungen integriert und oft als «Durchlauferhitzer» für Informationen und Umsetzungsmassnahmen verwendet. Ihnen fehlt oft die Wertschätzung, die sie als «Rückgrat» oder als «Säule» der Organisation verdienen.

Am Ende der Führungspyramide stehen die Team- oder Gruppenchefs. Sie führen aus und machen die Abschlüsse. Mit ihren Teams produzieren sie, machen Verträge, vertreten die Firma, hören sich Lob oder Tadel der Kunden an. Sie sind die «Wirksamen», obschon sie oft die jüngsten und unerfahrensten Führungskräfte sind und deshalb am meisten Unterstützung und Anerkennung bräuchten.

Am Schluss dieses Kapitels geht es um Tätigkeiten, die alle Führenden angehen und geeignet sind, auf verschiedene Art und Weise Führungsfehler zu reduzieren.

5.1 Das Mittlere Management: Die Säulen

Wer ist im Mittleren Management? – Das hängt von der Grösse und der Struktur einer Organisation ab. Kleinere Firmen bis etwa 80–100 Mitarbeitende kennen in der Regel drei Ebenen: Die Mitarbeitenden, Teams und den C-Level. Hier können die Teamleiter als «die Mitte» bezeichnet werden. In grösseren Organisationen gibt es mindestens vier Hierarchien: Neben den bereits erwähnten drei Ebenen kommen die Abteilungs- oder Bereichsleiterinnen hinzu, die das Mittlere Management bilden.

Es ist modern geworden, flache Hierarchien zu fordern. Dabei sollen die Mittleren Manager eliminiert werden. Die Folgen sind dann, dass sich jeder Angestellte (bei kleinen Firmen) oder die Teamleitenden (bei grösseren) direkt bei jedem kleinsten Problem an die Führungskräfte auf der Geschäftsleitungsebene wenden.

In einem global tätigen Unternehmen habe ich erlebt, dass nach einer Reorganisation mit dem Ziel, flache Hierarchien zu schaffen, der Abteilungsleiter zwar seinen Posten behalten konnte, aber die Teamleiter-Ebene aufgehoben wurde, mit der Begründung, erstens würden alle mehr oder weniger dasselbe tun und zweitens könnten sich die Teams untereinander selbst konfigurieren und abstimmen. Das führte dazu, dass der Abteilungsleiter mit einer Welle von Anfragen der 54 Mitarbeitenden konfrontiert wurde, die ihn überforderte und nach wenigen Monaten in einen Burnout trieb. Erst nach dieser eindrücklichen Warnung aus der Praxis wurden die vormaligen Teamleiter wieder eingesetzt.

Stellung und Bedeutung

Ich habe diverse Bezeichnungen für das Mittlere Management im Verlauf meiner beruflichen Karriere gehört: Die «Lehmschicht», die keine Informationen weitergibt und jegliche Initiative von «oben» an sich abtropfen lässt, der «Klebstoff», der am Bisherigen festhält, oder «die Verhinderer», die sich abweisend gegenüber dem Wandel verhalten. Dies mag in Einzelfällen zutreffen, aber in erster Linie stellt sich die Frage, wie das Topmanagement gegenüber diesen Führungskräften auftritt: Mit Vorurteilen oder positiv, respektierend und integrierend?

Aus meiner Erfahrung kann ich sagen, dass
- die grosse Mehrheit, 70–80 % des Mittleren Managements, aus den *Treuen* besteht. Das sind langjährige, bewährte, engagierte, der Organisation loyal verbundene Personen. Hier sind oft die «Leuchttürme» zu finden, mit denen jede Person, die eine Frage oder ein Anliegen hat, Kontakt aufnimmt und Rat sucht. Dann heisst es: «Geh zu X, sie weiss Bescheid, wie der Laden hier läuft.»
- Daneben gibt es die *Talente*, die sich auf der Karriereleiter nach oben orientieren. Sie machen etwa 10–15 % des Mittleren Managements aus und sind bereits auf dem Radar der Topmanager und im Talentprogramm. Ihr Engagement ist gross, ihre Leistungen sind oft sehr gut, sowohl was die Resultate als auch was ihr Verhalten betrifft. Auf sie ist Verlass, sie sind anerkannt und beliebt, auch die Kollegen arbeiten gerne mit ihnen zusammen.
- Dann bleiben noch die restlichen 5–10 %, die sich aus verschiedenen Individuen zusammensetzen: Da gibt es die *«Verbliebenen» und die «Toxischen»*. Erstere gehören seit Jahren zum Kreis der «Mitte», leisten in der Regel gute Arbeit, sind aber frustriert, weil sie nicht mehr weiterbefördert wurden, die Jungen an ihnen vorbeizogen oder andere Führende ihnen vorgezogen wurden. Unter ihnen finden sich einige, die öfters als andere abwesend (krank) sind, und andere, die sich strikt an die Arbeitszeiten halten und kaum für zusätzliche Projekte gewonnen werden können. Sie könnten am ehesten als «Lehmschicht» bezeichnet werden. Zu diesen letzten 5–10 % der «Mitte» zähle ich auch die *«Toxischen»*, die Narzissten, Machiavellisten und Psychopathen (vgl. Kap. 3.7), welche die erste

grössere Hürde auf dem Weg an die Spitze erklommen haben und nun den Kontakt zu den Entscheidungsträgern forcieren. Wie die Talente sind sie sehr (hyper-)aktiv, wollen jedoch in vorauseilendem Gehorsam sofort alle Projekte umsetzen und ihr Ego in Szene setzen. Sie müssen von der Organisation noch entlarvt werden, und dabei spielt das Topmanagement, das hinschaut, den «Treuen» zuhört und sich nicht blenden und einschmeicheln lässt, eine führende Rolle.

Rückgrat der Organisation

Ich bezeichne das Mittlere Management als «Säule» oder als Rückgrat. Sie sind der Rückhalt der Unternehmensleitung, Dreh- und Angelpunkt der Organisation, Bindeglied zwischen unten und oben, weil[150]

- die mittleren Manager die Belegschaft gut beurteilen können, insbesondere die Stärken und Schwächen einzelner Teamleiter oder Mitarbeiter kennen und wie die Geschäftsleitung «tickt»;
- die neue Arbeits- und Lebenswelt (Automation, KI, Fachkräfte- und Talentmangel, gesellschaftliche Erwartungen, Inflation, Lieferkettenausfälle, Energiepreise, Kriege usw.), die die Organisationen vor immer neue Herausforderungen stellt und die das Topmanagement nur mit der Unterstützung des Mittleren Managements meistern kann;
- die Mittleren Manager die Methoden kennen, wie Transformation gelingen kann: Sie haben ein grosses Netzwerk und wissen, mit wem, was, wie angegangen und umgesetzt werden kann; sie wissen, wie Daten effizient und effektiv genutzt werden; sie haben Ideen, wie Bürokratie abgebaut werden kann.

Wenn die «Mitte» einbezogen wird und Gelegenheit zur Mitarbeit erhält, wird die Umsetzung einer Strategie, eines Projekts, eines Auftrags besser gelingen. Es ist eine Tatsache, die ich mehrfach erlebt habe, dass es dank dem Mittleren Management jedes Mal ein Erfolg wurde und jedes Mal im Vorneherein zum Scheitern verurteilt war, wenn die «Mitte» übergangen wurde oder abseitsstand.

Den Geschäftsleitungen empfehle ich, das Mittlere Management zu hegen und zu pflegen (nicht zu verwöhnen und auch nicht händeringend vor ihm aufzutauchen), indem sie

- die Mittleren Manager (mindestens ausgewählte Mitglieder) in den Strategieprozess integrieren, ebenso in die Entscheidung bezüglich der Rahmenbedingungen;

- ihnen die Möglichkeit bieten, im Rahmen der strategischen Vorgaben die operativen Ziele selbstständig zu erarbeiten (mit anschliessender Präsentation vor der Geschäftsleitung);
- frühzeitig mit dem Mittleren Management Kontakt aufnehmen, wenn es um die Initiierung von Transformationen oder strategisch relevanten Projekten geht;
- zu besonderen Anlässen einladen, bei denen das Mittlere Management explizit angesprochen wird;
- ausgewählten Mittleren Managern immer wieder Gelegenheit geben, vor den obersten Gremien der Organisation aufzutreten;
- dem Mittleren Management Vertrauen schenken und bei ihnen nachfragen, was die «Treuen» beschäftigt;
- das Mittlere Management bei Beförderungen und Gehaltsrunden nicht vergessen.

5.2 Die Team- und Gruppenleiter: Die Wirksamen

Am Ende braucht es Führungskräfte, die *«Wirkung»* erzielen, das heisst Aufgaben zeit- und fachgerecht erledigen, Produkte mit einer hundertprozentigen Qualität herstellen, Verkäufe abschliessen, Kundenfragen beantworten, die Organisation an Messen und bei Kunden und Partnern vertreten oder neue Produktideen testen und zur Marktreife bringen usw. Hier, auf dieser Stufe, bei den Teams und Projektgruppen, «passiert» das Unternehmen, hier agieren die Mitarbeitenden, welche im Kontakt mit dem Markt und der Gesellschaft stehen und als Botschafterinnen auftreten.

Stellung und Bedeutung

Die «wirksamen» Team- und Gruppenleitenden stehen am unteren Ende der Führungshierarchie. Sie sind täglich gefordert, haben klare Ziele zu erfüllen und werden von allen Seiten beansprucht: von den eigenen Teammitgliedern, den Vorgesetzten, den Kunden und den Partnern. Es ist ein knallharter Job, in dem sich vor allem Jüngere befinden, die zum ersten Mal in einer Führungsfunktion sind, und einige Ältere, die über viel Erfahrung verfügen, aber auch ein Mass an Frustration mit sich tragen, vor allem, wenn sie zu wenig Unterstützung erfahren.

Auch wenn die Geschäftsleitungsebene zweckmässige Rahmenbedingungen und Strukturen (vgl. Kap. 4.4 und 4.6) vorgegeben hat, braucht es auf Stufe der Teamleitenden weitere *Vorgaben*, um die Teamleistung zu erreichen und möglichst alle gleich zu behandeln (und nur dort Ausnahmen zu bewilligen, wo es sachliche und/oder zwingende individuelle Gründe gibt). Einzelne Vorgaben betreffen zum Beispiel die Frage,

- welche Ziele zu erreichen sind;
- was allgemein von jedem Einzelnen erwartet wird bezüglich Engagement, Aufgaben, gegenseitiger Unterstützung, Umgang mit Fehlern oder Beinahe-Fehlern;
- wer Stellvertretungen wahrnimmt;
- welche Sub-Teams es gibt;
- wer in welchen Projekten (auch ausserhalb des Teams) eingesetzt wird;
- welche Ferien- und Abwesenheitsregeln gelten;
- wann die Teammeetings stattfinden und wann alle physisch anwesend sein müssen; welche Meetings virtuell durchgeführt werden;
- wann und in welchem Zeitrahmen bilaterale Meetings stattfinden und welche Traktanden jeweils behandelt werden;
- welche Kriterien für individuelle Feedbacks gelten;
- wer Zugang zur Agenda des Teamleiters hat;
- wer zuständig ist für das Reporting;
- wer die Blumen im Sitzungszimmer giesst, die Kaffeekapseln entsorgt usw. (Rotation?)
- wer an die Geburtstage der Teammitglieder denkt usw.

Diese «Regeln im Kleinen» werden nicht verhindern, dass Konflikte auf der Mikroebene entstehen. Das ist normal, bringt aber die eine oder die andere Teamleaderin an den Rand ihrer Kräfte.

Es geht darum, das Team auf die gemeinsamen Ziele hin auszurichten und gleichzeitig jedes Mitglied nach seinen Stärken und Schwächen zu führen. Diese Herausforderung gibt es auf jeder Hierarchieebene: Der Verwaltungs-/Aufsichtsrat, die Geschäftsleitung, die Divisions- und die Abteilungsleitung bestehen alle aus Teams.

Die folgenden Überlegungen gelten also nicht nur für die Teamebene, sondern für alle anderen Ebenen genauso. Aber hier, auf der Teamebene, wo die Leistung, die Wirkung für die Organisation erzielt werden muss und wo oft die Führenden mit den wenigsten Erfahrungen am Werk sind, stecken die grössten Herausforderungen:

- Das Team muss als Ganzes erfolgreich sein, aber die einzelnen Mitglieder werden in unterschiedlicher Art und Weise zur Gesamtleistung beitragen: Bei einer Aufgabe wird der Teamleiter im Lead sein, bei zwei anderen nur einen marginalen Beitrag erbringen; für zwei weitere Aufträge oder

Projektbeiträge kann ein Teammitglied im Vordergrund stehen und den Prozess, vielleicht mit Personen aus anderen Abteilungen, vorantreiben. Am Schluss zählt das Teamergebnis.

- Jedes Teammitglied bringt seine individuellen Stärken und Schwächen, seine eigene Geschichte und beruflichen Erfahrungen ins Team ein, hinzu kommen seine familiären Umstände und seine persönlichen Vorlieben und Abneigungen.

- In vielen Unternehmen kommen die Mitarbeitenden aus mehreren Kulturen: Jede Ethnie und jedes Land besitzen eigene politische und gesellschaftliche Werte, die teils über Jahrhunderte hinweg entstanden sind. In diesen speziellen kulturellen Gegebenheiten, die von Generation zu Generation weitergegeben werden, verbringen Menschen ihre Kindheit und Jugend; ihre Persönlichkeit wird in den ersten 20 bis 25 Jahren entsprechend geformt. Diese Prägungen finden ihren Niederschlag in den Beziehungen zwischen den Geschlechtern, in Einsichten gegenüber anderen Lebensformen und -modellen und in der Vorstellung, wie Führung in der Gesellschaft und in Firmen praktiziert wird.[151]

- Verschiedene Generationen arbeiten im Team, ältere Angestellte und Angehörige der Generation Z arbeiten Seite an Seite.

- In multinationalen Firmen ist bei der Ansetzung von Meetings auf die Zeitzonen Rücksicht zu nehmen.

Besondere Herausforderungen

Es handelt sich um Herausforderungen, die auch am Leben gewachsene, gereifte und im Management erfahrene Führungskräfte nicht «mit links» bewältigen: Die individuellen, kulturellen und generationsspezifischen Unterschiede sind heute faktisch überall in Teams anzutreffen. Wie geht die verantwortliche Führungskraft mit Individuen um, die mit personellen Problemen in der Familie konfrontiert sind? Mit einem «Clash of Cultures»? Mit Konflikten zwischen älteren und jüngeren Kollegen? Mit «Unruhestiftern»? Mit oberflächlich sachlichen Problemen, die sich bei näherer Sicht als Konflikt zwischen zwei «Alpha-Tieren» herausstellen?

Es gibt vier unterschiedliche Konfliktarten:[152]
- *Aufgabenkonflikte*, die unter anderem Leistungserwartungen betreffen;
- *Prozesskonflikte*, die sich um Zuständigkeiten und Arbeitsabläufe drehen;
- *Interessenkonflikte*, beispielsweise unterschiedliche Vorstellungen bezüglich des Lohnes, Homeoffice oder der Ferienbezüge;
- *Beziehungskonflikte*.

Aufgaben- und Prozesskonflikte können positive Wirkungen entfalten. Aus solchen Konflikten können ein Team und seine Partner gestärkt hervorgehen. Ähnlich wie wir es bei Fehlern gesehen haben, können diese Konflikte Ausgangspunkte für das Lernen und für innovative Schübe in Organisationen sein. Persönliche Konflikte hingegen sind stets am problematischsten, weil Emotionen mitspielen, Personen sich aus dem Weg gehen oder sich feindselig gegenüberstehen.

Jüngere Führende könnten leicht überfordert sein, wenn sie nicht angeleitet, gecoacht und betreut werden. Das ist primär die Aufgabe der unmittelbaren Vorgesetzten, also des Mittleren Managements. Die Rahmenbedingungen und das Vorbild der obersten Führungsmannschaft sind aber eine wichtige Voraussetzung für den Erfolg auf der untersten Ebene einer Organisation.

Es ist einfach, von aussen zu sagen, Konflikte seien normal und gehörten zum Alltag von arbeitenden Menschen. Im Einzelfall kann ein Konflikt rasch eskalieren und Schaden anrichten, der über das Team hinausgeht. Um Konflikte möglichst in einem frühen Stadium zu entdecken («wo es Rauch hat, gibt es vermutlich ein Feuer») und nach Lösungen zu suchen, müssen Teamleitende

- ihre *kognitiven Fähigkeiten* einsetzen, das heisst aufmerksam sein, Verhalten von Mitarbeitenden beobachten;
- *rasch eingreifen*: Ruhe bewahren, aber nicht zu lange zusehen, eher einmal zu schnell als zu spät intervenieren;
- *Gespräche führen*, in denen die Sachlage geklärt wird: Fragen, fragen, fragen, ohne zu urteilen und bereits konkrete Massnahmen zu ergreifen; zuerst individuell, mit der einen Partei, dann mit der anderen und schliesslich mit allen;
- *zuhören*, auch Kritik zulassen und diese als Chance für die eigene Weiterentwicklung betrachten. Ich weiss, dass kritische Bemerkungen oft schmerzen, man nimmt es persönlich; aber es ist ein Zeichen der eigenen Konfliktfähigkeit, wenn man damit umgehen kann;
- als *Vermittler oder Mediator* auftreten: *Optionen* miteinander analysieren und ihre Vor- und Nachteile bestimmen, gemeinsam das *weitere Vorgehen* entscheiden;
- *Konflikte auch als Chancen* wahrnehmen: konstruktive Auseinandersetzungen können die Zusammenarbeit in Teams verbessern;[153]
- *respektvollen Umgang* in jeder Situation zeigen: *die eigenen Emotionen* unter Kontrolle halten;
- *um Hilfe bitten* bei HR, einem Kollegen oder beim Vorgesetzten.

Zuhören ist wichtig. Es bedeutet,[154]
- sich einem Menschen zuzuwenden, sich auf ihn zu konzentrieren;
- ihm mit unterstützenden Antworten den Raum zu geben, eventuell selbst auf Lösungen zu kommen;
- Aufmerksamkeit zu schenken durch Augenkontakt, Rückfragen oder bestätigende Worte.

Zu den schwierigsten Aufgaben zählt auch das *Feedback* an Mitarbeitende: Wie sage ich es, ohne die Person anzugreifen und nach einem Schuldigen zu suchen und gleichzeitig im Sinne der Organisation zu handeln? Wie kann ich Leistungsbeurteilungen (Resultate und Verhalten) fair übermitteln?[155] Folgende Tipps können hilfreich sein:
- Personen nie vor anderen Feedback geben, immer in einem persönlichen Gespräch unter vier Augen.
- Fragen stellen, um zu verstehen, wie eine bestimmte Leistung zustande gekommen ist, und zu eruieren, inwiefern sich die Mitarbeiterin bereits selbst Gedanken gemacht hat und wie ihre eigene Beurteilung lautet.
- Mitteilen, wie das Resultat oder das Verhalten auf mich, die Chefin, gewirkt hat und wie ich mich gefühlt habe.
- Hat die Mitarbeiterin konkrete Vorschläge, wie sie es künftig anders machen könnte?
- Das weitere Vorgehen miteinander festlegen.
- Bei aufkommenden Emotionen das Gespräch abbrechen und auf einen anderen Tag verschieben, eventuell in der Zwischenzeit Hilfe anfordern.

Es darf nicht sein, dass auf der Stufe des Teamleitenden die Redewendung «die Letzten beissen die Hunde» zutrifft. Damit es nicht so weit kommt, müssen sich die vorgesetzten Führungskräfte mit Rat und Tat um ihre meist jüngeren Kolleginnen und Kollegen kümmern. Die Teamführenden haben diese Unterstützung sehr nötig: *Der direkte Vorgesetzte, Mitglied des Mittleren Managements, hat die wichtige Funktion als Coach und Ratgeber.* Er muss für den Teamleiter ansprechbar sein, sich nicht nur während der bilateralen Meetings um die Belange des Teamleiters kümmern, sondern immer wieder das Team besuchen, Anteil am Geschehen nehmen, seine Antennen ausfahren und «Rauchentwicklung riechen»; er kann von sich aus Unterstützung anfordern oder jemanden aus seinem Netzwerk um Hilfe bitten. Es ist von grosser Bedeutung, dass diejenige Führungsstufe, die für «Wirkung» zu Gunsten der Organisation sorgt, weiss, sie kann sich auf die oberen Führungskräfte verlassen; sie spürt deren Vertrauen und Unterstützung, auch wenn es einmal nicht rund läuft.

5.3 Empfehlungen zur Reduktion von Führungsfehlern für alle Führenden

Es gibt Themen, die alle Führungskräfte, vom Aufsichts-/Verwaltungsrat über den CEO bis zum Teamleader, angehen, auch wenn im einen oder anderen Fall die Bedeutung des Themas von oben nach unten abnimmt. So ist das Führen einer Agenda für einen CEO von grosser Bedeutung, weil er in einer komplexen Welt ungleich höhere Herausforderungen zu bewältigen hat als die Chefin von sieben Leuten. Und trotzdem lohnt es sich, dieses Thema unter diesem Kapitel aufzuführen, weil Reflexion und Planung für alle Führenden zentrale Aspekte sind.

Die einzelnen Themen sind relevant, weil sie dabei helfen, Führungsfehler zu reduzieren: Wer sich als berufene Führungskraft sieht, ist sich seiner Machtstellung bewusst und wird Macht kontrolliert einsetzen. Der Chef, der über eigenes Handeln nachdenkt und seine Aktivitäten sorgfältig und regelmässig plant, wird weniger Fehler begehen und sich weiterentwickeln. Eine Führende, die ihre Emotionen im Griff hat, wird kaum Fehler im zwischenmenschlichen Bereich begehen, ebenso diejenige, die respektvoll ihren Einfluss nach oben ausübt oder sich mit Anstand aus einer Organisation verabschiedet.

Führung als Beruf(-ung)

Während meines Studiums zum Anwalt habe ich keinen Unterricht in Sachen Leadership erhalten; das ist vielen Ärztinnen, Ingenieuren und Wirtschaftsfachleuten ebenso ergangen. Erst in den letzten Jahren haben einige Hoch- und Fachschulen begonnen, einzelne Aspekte der Führung in ihr Curriculum aufzunehmen.

Allgemein wird die Führung nicht als Beruf betrachtet. Es gibt keinen Nobelpreis in Management. Auch ein MBA oder EMBA machen eine Person nicht zu einem *Profi in Sachen Führung*, obwohl viele Module in diesen Weiterbildungen eng mit Management und Leadership verknüpft sind und wesentliche Elemente für erfolgreiches Führen enthalten.

Viele antworten auf die Frage «Was machen Sie beruflich?» mit «Ich bin Teamleiter in einer Baufirma», «Ich arbeite als Abteilungsleiterin bei der Stiftung für X», «Chefarzt im Spital B» oder «Managing Partner im Beratungsunternehmen C». In allen diesen Berufsbezeichnungen ist die Führungsfunktion enthalten: Er oder sie *leitet*, ist *Chef* (von lateinisch *caput*, das Haupt) oder geschäfts*führender* Partner.

Ich befürworte, die *Führung als Beruf* zu bezeichnen und damit ihren Stellenwert in Organisationen und der Gesellschaft zu erhöhen. *Berufung* ist noch besser, weil der Begriff mit Lebensaufgabe und -sinn zusammenhängt, und so die Bedeutung der Führung stärker hervorgehoben wird. Und damit wären wir wieder bei der Meisterschaft in der Führung, die es anzustreben gilt (vgl. den Prolog).

Allerdings ist die Führung immer in einem bestimmten Kontext zu betrachten, in dem eine Führungskraft tätig ist: Der gelernte Maurer hat sich nach diversen Weiterbildungen zum Bauführer und Teamleiter in einem Bauunternehmen entwickelt; die Kauffrau hat sich in Kommunikation und Marketing zusätzlich ausgebildet und leitet jetzt die entsprechende Abteilung einer Stiftung; der Arzt hat sich nach diversen Stationen als Assistenzarzt, Oberarzt und leitender Arzt zum Chefarzt einer Klinik hochgearbeitet. Mit einer hohen Wahrscheinlichkeit ist die eigene Fachkompetenz Grundlage für die Führungskarriere. Wenn wir Führung als Beruf akzeptieren, so ergibt sich daraus die *Notwendigkeit einer stetigen Arbeit an den eigenen Führungsfähigkeiten*, analog zur fachbezogenen Erst- und Weiterausbildung:

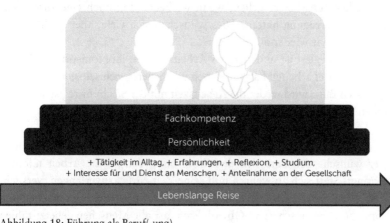

Abbildung 18: Führung als Beruf(-ung)

Die Führungskompetenz eines Menschen baut primär auf seiner individuellen Persönlichkeit und der erlernten Fachkompetenz auf. Das ist die Grundlage, mit der eine Teamleiterin auf dem Bau, der Chef der Pflegeabteilung, die Head Compliance, der Chefredaktor usw. ihren Job als Führungskraft versehen. Sekundär hängt es nun davon ab, ob das Individuum in seiner Eigenschaft als Führender sich weiterentwickelt: Durch Weiterbildungen im Bereich Leadership und Management, mittels Reflexion über vergangene Erfahrungen und Feedbacks und aufgrund von individuellen Studien, beispielsweise durch Lektüre und Nachbearbeitung. Freude am Umgang mit anderen Menschen und

Interesse an gesellschaftlichen, politischen und sozialen Themen sind weitere wichtige Voraussetzungen für «Leadership as a Journey», das lebenslange Lernen als Führungskraft.

Selbstführung: Reflexion und Planung

Wir leben in einer komplexen und hektischen Zeit. Die Technologie hat es möglich gemacht, dass wir überall und zu jeder Tages- und Nachtzeit erreichbar sind und kommunizieren können. Und so meinen wir, täglich alles erledigen zu müssen, von der Betreuung der Kinder, über das Einkaufen bis zur Beantwortung aller Mails. Wer sich darüber beklagt, zu wenig Zeit zu haben, wird bewundert: «Wow, was sie alles schafft, so toll!» Aber die Schattenseiten dieses Multitaskings – das unser Hirn gar nicht bewältigen kann – sind längst bekannt: Erschöpfung, Gefühle der Machtlosigkeit und der Überforderung, die zu negativem Stress, Burnout und Krankheit führen können.

Würde es uns besser gehen, wenn wir jeden Tag noch eine zusätzliche Stunde zur Verfügung hätten? Dies wünschen sich viele; aber nach einigen Tagen wären wir wieder auf Feld eins.

Wer privilegiert ist und fern des Arbeitsplatzes, im Homeoffice oder auf einer Ferieninsel arbeiten kann, ist noch gefährdeter, sich selbst auszubeuten. Im privaten Büro wird weder die Arbeitszeit mit der Stechuhr registriert noch mahnen die Kollegen, «es sei doch für heute genug.»

> «Der Mensch hat die Bedürfnisse der Wirtschaft verinnerlicht. Und auch er wünscht sich natürlich den Wohlstand, den all die Arbeit mit sich bringt. Statt sich zu wehren und seine Zeit zurückzuverlangen, versucht er, … noch weiter zu optimieren, immer mehr gleichzeitig zu machen und immer mehr zu schaffen. Obwohl sich fast alle Menschen gehetzt fühlen und nach Ruhe sehnen, ist es schwierig, sich eine Pause zu gönnen. Eine Ursache dafür ist die Arbeit. Zeitdruck ist aus Sicht der Beschäftigten eine grosse Plage der Arbeitswelt, und zwar über alle Berufe hinweg, wie eine Umfrage des Deutschen Gewerkschaftsbunds unter 25 000 Beschäftigten (im Jahre 2023) ergeben hat.»[156]

Eine Studie des Instituts für Führung und Personalmanagement der Universität St. Gallen unter der Leitung von Heike Bruch hat ergeben,[157] dass von 1011 Führungskräften aus 80 Unternehmen 55 % zur Gruppe der erschöpften Führungskräfte gehören. Diese fühlten sich angesichts der gestiegenen Anforderungen überfordert, teils lustlos oder sogar müde. Belastung, Druck und das Gefühl, am Limit zu operieren, gehen oft mit physischer, mentaler und/oder emotionaler Erschöpfung einher. Erschöpfte Führungskräfte

- haben weniger Energie und Fokus;
- reagieren *entweder* mit *Nichtführung*, also Laissez-faire-Führung, und vermeiden es, Entscheidungen zu treffen und bieten Mitarbeitenden wenig Support;
- *oder* agieren mit *Command and Control-Führungsformen* mit zentralisierter Entscheidungsfindung und Einschränkung der Freiräume für Mitarbeitende.

Wir laufen im Hamsterrad, hetzen von Termin zu Termin, nehmen an produktiven, aber auch an völlig sinnlosen Meetings teil und werden den Eindruck nicht los, dass wir für die wirklich wichtigen Dinge keine Zeit haben. Die Volksweisheiten «Eile mit Weile» oder «Kommt Zeit, kommt Rat» werden belächelt. Wo nehme ich die Zeit her, um produktiv zu sein, Optionen sorgfältig abzuwägen und sinnvolle, nachhaltige Entscheidungen zu treffen?

Einerseits sollte die Organisation unterstützend einschreiten und Strukturen schaffen (vgl. Kapitel 4.6), den «Dampf aus dem Kessel nehmen». Wenn es beispielsweise gewisse Sperrzeiten gibt für den Mail-Verkehr, während der Ferien das Smartphone nicht benutzt werden darf oder der Arbeitstag für Alleinerziehende mit Kleinkindern (vor dem Eintritt in den Kindergarten) von 9 bis 17 Uhr dauert, so nimmt die Organisation mit diesen Weisungen Hektik und Druck aus dem Alltag der betroffenen Mitarbeitenden und begünstigt eine sichere und angstfreie Kultur.

Andererseits hat jede Führungskraft eine Verantwortung, die zur Verfügung stehende Zeit optimal zu nutzen, indem sie die richtigen Prioritäten setzt. Diese Form der Selbstführung besteht aus

- der *Reflexion*, die eine der wirksamsten Methoden darstellt, über Erlebtes nachzudenken und daraus Massnahmen abzuleiten. Das bedeutet nichts anderes, als über eigene Führungshandlungen zu reflektieren. Wir wissen, dass wir 70–80 % unserer (Führungs-) Lehren aus dem Arbeitsalltag mitnehmen. Umso wertvoller ist das eigene Nachdenken über Erlebtes und das Vordenken im Sinne der Gestaltung der eigenen Arbeit.
Es gibt die periodische Reflexion, bei der man sich einige Stunden Zeit nimmt, um darüber nachzudenken, was man erreicht hat und wo man steht. Grundlage dieser Reflexion kann ein zwei- bis dreiseitiges Papier sein, das vor dem Antritt einer neuen Führungsfunktion geschrieben wird und etwas folgende Punkte umfasst: Welche Ziele will ich erreichen? Wie will ich führen? Wie will ich in Erinnerung bleiben? Diese Standort-

bestimmung, die man beispielsweise alle sechs bis neun Monate macht, kann sehr hilfreich sein. Zusätzlich zum Dialog mit sich selbst könnte man sich über einzelne Ereignisse oder Überlegungen mit dem Partner oder einer Freundin austauschen. Aus diesem Nachdenken ergeben sich Erkenntnisse und möglicherweise ein Aktionsplan, wie diese im Alltag umgesetzt werden.

An dieser Stelle möchte ich auf die Reflexion im Zusammenhang mit der Planung der eigenen Agenda eingehen: Wir analysieren das, was in den letzten sieben Tagen geschehen ist und überlegen, welche Folgen daraus für unsere Agenda entstehen. Es handelt sich um angewandtes Lernen aus unserem vor Kurzem erlebten Tätigkeitsgebiet. Wir denken anhand unserer Agenda sechs oder sieben Tage zurück und erinnern uns an jede Aktivität: Am vergangenen Donnerstag war von 9–10 Uhr das Meeting zum Projektverlauf Y. Wir vereinbarten, dass ... Mir fiel auf, dass die Projektleiterin schlecht vorbereitet war, ich sollte in den kommenden Tagen Kontakt zu ihr aufnehmen ... Anschliessend war das bilaterale Meeting mit dem Chef, mit folgenden Aufgaben ... Haben wir uns eventuell in einem Punkt missverstanden? Ich sollte ihn nächste Woche noch einmal fragen ... Lunch hatte ich mit dem Kollegen aus der anderen Division. Das war gut. Haben wir uns wieder verabredet? ... Am Nachmittag ging es um ..., dabei ist mir aufgefallen, dass ... hier muss ich nachhaken ... Gegen 16 Uhr kam Z in mein Büro und meldete mir ... Wie kann ich hier zielgerichtet weiterarbeiten? Ich sollte mich mit HR und Legal absprechen ... usw. Diese strukturierte Reflexionsarbeit erfolgt in enger Kombination mit

- der *Planung der künftigen Tätigkeiten,* das heisst der Planung für die kommenden ein bis zwei Wochen. Entweder gibt es aufgrund der Reflexion einen Eintrag in die Agenda oder in die To-do-Liste. Wie der nachstehenden Graphik zu entnehmen ist, werden alle Termine in die Agenda eingetragen. Persönliche Termine stehen neben geschäftlichen. Es handelt sich um eine «Work-Life-Integration»-Agenda, weil unser eigenes Wohlbefinden stark von sozialen Beziehungen, gesunder Ernährung und körperlichen Aktivitäten abhängt, die mit geschäftlichen Prioritäten und Terminen koordiniert werden müssen. Eine Studie der beiden Harvard-Professoren Porter und Nohria zur Frage, wie CEOs ihre Zeit verbringen, ergab, dass die meisten CEOs der eigenen Zeitplanung eine hohe Bedeutung zumassen: Je mehr Zeit sie in ihr *Agenda Setting* investierten, desto besser fühlten sie sich und desto mehr konnten sie die gesetzten Prioritäten erfüllen.[158] Arbeitsforscher Hans Rusinek sieht in der Planung der eigenen Agenda folgende Vorteile:

«Wir leben in chaotischen Zeiten. Und das Planen gibt uns das Gefühl, die Welt im Griff zu haben. Dass wir uns auf Dinge verlassen können ... Darum tut es auch gut, To-dos abzuhaken ... Ich plädiere deshalb stark dafür, sich Freiräume im Kalender einzutragen ... Es ist schön, Dinge zu erledigen, To-dos abzuhaken, aber die wahre Magie passiert in den Zwischenräumen, dort findet sich auch die Kreativität und Energie für das nächste Projekt.»[159]

Schematisch ergibt sich folgendes Bild der Agenda als Folge aus Reflexion und Planung:

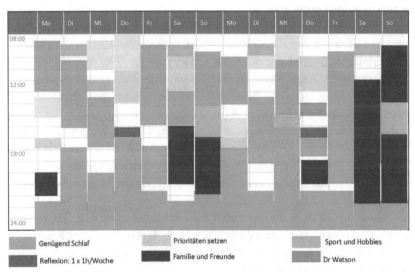

Abbildung 19: Selbstführung: Reflexion und Planung

Die Graphik zeigt, dass für die einmal wöchentlich durchzuführende Reflexion und Planung eine Stunde einzusetzen ist. Diese eine Stunde sollte immer zur selben Zeit und ohne Störung durch Telefonate und Mails oder andere Unterbrüche genutzt werden. Für jede Aktivität sollte eine bestimmte Farbe verwendet werden. Die Prioritäten («gelb») werden erst dann bestimmt, wenn alle Tätigkeiten in der Wochenplanung enthalten sind. «Grau» ist die Farbe für Termine, die sich bereits in der Agenda befinden und die «kritische Prüfung» ihrer Notwendigkeit überstanden haben. Viele «weisse Flecken» erhöhen die individuelle Flexibilität. Dr. Watson («dunkelgrün») steht für «Zeit für mich allein».

Individuell ist zu entscheiden, wer befugt ist, die eigene Planung «über den Haufen zu werfen», zum Beispiel 1. die Familie, 2. die Chefin, 3. ein «Notfall».

Erfahrungen zeigen, dass die Führungskraft, die diese Art der Selbstführung diszipliniert jede Woche anwendet,

- Führungsfehler reduziert;
- «Leadership als ein Prozess» in die Tat umsetzt;
- weniger gestresst ist, weil sie die Zeit wirksamer nutzt;
- trotz gelegentlicher Rückschläge der Überzeugung ist, das Leben insgesamt besser im Griff zu haben;
- den vielfältigen Ansprüchen – vielleicht nicht immer – gerecht wird.

Kontrolle der Emotionen

Aus dem Management von lebensbedrohlichen Krisensituationen (vgl. Kapitel 3.2) wissen wir, dass die Mehrheit der Menschen beim Eintritt eines solchen schwerwiegenden und unerwarteten Ereignisses von Emotionen regelrecht zugedeckt wird. Angst übernimmt die Kontrolle und lähmt das vernunftbasierte Denken. Puls und Blutdruck schnellen empor, das Herz rast und Menschen verfallen entweder in Starre oder in eine unkontrollierte Bewegung. Acht von zehn Personen reagieren so, nur eine bleibt ruhig und die zehnte kann sich nicht mehr aus dieser Spirale der Emotionen, vorwiegend der Angst («ich werde sterben») und der Wut («wieso habe ich mich in diese Situation manövriert?» «die andere Person ist schuldig»), befreien und wird destruktiv oder apathisch.

Nun gibt es auch im normalen Geschäftsalltag kritische Situationen, obschon die wenigsten lebensbedrohlich sind. Trotzdem gibt es Emotionen am Arbeitsplatz. Je nach Situation können die beteiligten Personen unterschiedliche Emotionen empfinden:

- Die Abteilungsleiterin, bekannt als ruhig und überlegt, hat die beiden letzten Nächte sehr schlecht geschlafen. Seit Tagen laboriert sie an einer Erkältung, die beiden schulpflichtigen Kinder sind krank zu Hause, eine Nachbarin schaut ab und zu nach ihnen; der Partner ist auf einer Auslandreise. – Sie kann das erneute Überschreiten der Kosten eines Projekts und die nonchalante Haltung der dafür verantwortlichen Führungskraft X nicht nachvollziehen. Daraus entsteht bei ihr *Wut*.
- Der Projektleiter und sein Team haben fast zwei Jahre an einer technischen Neuentwicklung gearbeitet. Aus ihrer Sicht haben sie alles getan, um das innovative Produkt zur Marktreife zu bringen. Es fehlt noch die Zustimmung des Innovation Board der Firma. Nach der finalen Präsentation müssen sie hören, dass die Idee vorerst auf Eis gelegt wird. Man werde, sagte der Chief Technology Officer, ihnen das weitere Vorgehen

innert zehn Tagen mitteilen. Daraus entsteht eine Mischung aus *Trauer* (über den Misserfolg) und *Angst* (was wird aus mir, verliere ich den Job?).

- Ein langjähriger Kunde, der für etwa 20 % des Umsatzes in der Division steht, flippt am Verkaufsmeeting Ende des Jahres völlig aus, nennt unsere Firma erbärmlich und illoyal (weil wir eine Preiserhöhung von 2,8 % für das kommende Jahr budgetiert haben) und droht mit dem Rückzug seiner Bestellungen. Mit Mühe kann sich der zuständige Verkaufschef im Griff halten, lässt den Angriff über sich ergehen und schlägt vor, in einigen Tagen nochmals miteinander zu sprechen. Die Köpfe sind heiss, als der Kunde den Raum verlässt: Daraus entstehen *Frust (Wut)*, diesen wichtigen Kunden zu verlieren (Wie schaffen wir es, ihn zufriedenzustellen?), *Angst* vor der Reaktion des CEO (Was wird er dazu sagen? Hat er mich nicht bereits im Vorfeld für den Erfolg verantwortlich gemacht?), eventuell *Wut* (gegenüber mir selbst oder dem Team, das die Vorbereitungen nicht gut gemacht hat?).

Wie leicht ist es in solchen Situationen, seinen Emotionen freien Lauf zu lassen. Wut, Trauer und Angst führen rasch zu Äusserungen oder Handlungen, die im Nachhinein bedauert werden und die Organisationskultur negativ belasten. Von den fünf Emotionen (Wut, Trauer, Angst, Ekel, Freude) sind die ersten vier auf das Überleben in einer archaischen Welt ausgerichtet. Sie sind jedoch im heutigen Kontext einer komplexen Arbeitswelt negativ konnotiert. Ich habe noch nie gehört, dass sich Mitarbeitende darüber beklagten, ihre Vorgesetzte sei stets freudig unterwegs und würde sie alle voller Freude führen. Wenn Führungskräfte ihre Emotionen, also vor allem Wut und Angst, nicht im Griff haben, so sind sie fehleranfälliger: Sie lassen sich schneller gehen und behandeln andere respektlos, weil sie nicht mehr rational, sondern geleitet von starken Gefühlen entscheiden. Wer sich nicht im Griff hat, verliert seine Integrität und Glaubwürdigkeit.

Wenn Emotionen die Oberhand gewinnen, so wird es sehr schwierig, sie in diesem Zeitpunkt wirkungsvoll einzudämmen. Es braucht vorgängiges Training. Mit etwas Übung kann es gelingen, das vernunftbasierte Denken einzuschalten. Übung ist nötig, um in einer emotionsgeladenen Situation das Richtige zu tun: Nicht ausflippen und respektlos handeln, sondern ruhig bleiben, tief atmen und das Ganze vorerst auf sich beruhen lassen, darüber schlafen, Optionen erwägen, andere um Rat fragen.

Dazu gibt es einige (Trainings-)Methoden, die helfen, emotionale Situationen zu überwinden und den Weg für vernünftiges Denken und Handeln wieder zu öffnen.

Die eine Methode ist das «*Wenn – Dann*»-*Prinzip*.[160] «*Wenn* ich mit einer solchen oder einer ähnlichen Situation konfrontiert werde, *dann* reagiere ich wie folgt ...». Zum Beispiel: *Wenn* Führungskraft X einmal mehr den Kostenvoranschlag überschreitet und so tut, als wäre nichts passiert, *dann* reagiere ich gelassen, stelle einige Fragen, treffe noch keine Entscheidung und beende das Meeting. *Wenn* das Entscheidungsgremium wider Erwarten unserem Vorschlag nicht folgen wird, *dann* gibt es für unser Team noch folgende Optionen ... *Wenn* der Kunde ausflippt, *dann* lasse ich ihn vorerst ausreden, frage ihn nach seinen Vorstellungen und schlage vor, sich in zwei Tagen zuerst einmal am Telefon auszutauschen ...

Eine weitere Möglichkeit, Emotionen unter Kontrolle zu bringen, besteht in den Methoden «STAR» oder «STOP»: STAR meint *Stop, Think, Act, Review*, und STOP steht für *Stop, Think, Options, Perform*. Beide Methoden sind sich ähnlich, insbesondere der Stopp-Befehl also die Aufforderung an sich selbst, die negativen Emotionen zu stoppen und dem rationalen Denken Platz zu machen. Auch diese Methode muss vorgängig geübt und eintrainiert werden. Es funktioniert meistens nicht, sich STAR oder STOP im Augenblick einer starken Emotion in Erinnerung zu rufen.

Diese Methoden eignen sich, um in emotional geladenen Situationen nicht auch emotional zu reagieren und durch eigene, unkontrollierte Handlungen oder Aussagen «Öl ins Feuer zu giessen», sondern stattdessen einen «kühlen Kopf» zu behalten.

Um langfristige Lösungen anzustreben, kann die «Fünf-Schritte-Methodik» hilfreich sein:[161]

• *Emotionen analysieren*: Was triggert Angst, Wut oder Trauer? Situationen aufschreiben, in denen negative Emotionen auftraten. Gibt es wiederkehrende Muster und, wenn ja, wie können diese vermieden oder rasch überwunden werden? Darüber reflektieren.

• *Negative Situationen vermeiden*: Im Geschäftsalltag können Emotionen nicht immer vermieden werden; hingegen kann man ein Umfeld, das einen emotional negativ belastet, meiden, vor allem im privaten Bereich.

• *Die Belastbarkeit steigern*: In Gesundheit, Familie, Freunde Zeit investieren, sich abwechslungsreiche Ernährung gönnen und mindestens zwei- bis dreimal pro Woche körperlich aktiv sein. Damit schafft man Raum für Freude und positive Emotionen.

• *Menschen so akzeptieren, wie sie sind*: Menschen kann man nicht ändern, nur das eigene Verhalten ihnen gegenüber kann man ändern. Das hilft, sich weniger aufzuregen und andere Personen gelassener zu beobachten und über eigene Massnahmen nachzudenken.

- *Fakten den Vorzug geben*: Freude am Dialog, an Diskussionen, am Umgang mit Fakten. Zusammen mit anderen Menschen, in der Zusammenarbeit mit dem eigenen Team und mit anderen Bereichen der eigenen Organisation sowie mit Dritten können die immer komplexer werdenden Geschäfte besser und nachhaltiger gelöst werden als allein. Sich ein Reservoir an Netzen und Verbindungen schaffen, um die «Freude an der Vernunft» und an der Zusammenarbeit mit anderen zu stärken.

Einflussnahme nach oben

Den oder die Vorgesetzten zu beeinflussen, ist ein schwieriges Unterfangen; aber es gehört genauso zu den Aufgaben einer Führungskraft wie der Umgang mit den eigenen Mitarbeitenden, dem Projektteam, den Kollegen und den Kunden.

Einflussnahme gegen oben ist wichtig, weil die Mitarbeitenden erwarten, dass sich ihre Führungskraft für die eigenen Belange einsetzt und günstige Voraussetzungen auf dem oberen Führungslevel für das Erreichen der Ziele schafft. Von einer Führungskraft wird generell erwartet, dass sie im Interesse der Organisation denkt und handelt und, falls nötig, kritische Aussagen macht. Falls sie Missstände entdeckt oder Gefahren sieht, so ist sie verpflichtet, diese offenzulegen.

Bevor mit der Einflussnahme begonnen wird, empfiehlt es sich, ein regelmässiges Treffen und einen periodischen Austausch mit dem direkten Chef zu vereinbaren. Einmal pro Woche sollte die Regel sein, wobei es nicht immer ein reguläres Meeting sein muss. Ein Anruf oder eine Mail mit den wichtigsten Aktivitäten vor dem Wochenende tun es auch. Bei diesen Aktivitäten zwischen Führungskraft und Chefin geht es vor allem um einen Informationsaustausch: Der Unterstellte berichtet über Zielerreichung oder -verzögerung, über wichtige personelle Veränderungen und / oder über allgemein relevante Dinge; die Chefin orientiert über Dinge auf ihrem Level, stellt Fragen oder delegiert Aufgaben.

Sobald man das Verhältnis zur Vorgesetzten etabliert hat und keine besonderen Vorkommnisse ein rascheres Vorgehen in Sachen Einflussnahme nötig ist, ist man gut beraten, eine «stakeholder map» zu erstellen. Diese «Chefkarte» enthält alles, was über die Vorgesetzten in Erfahrung gebracht worden ist: Stärken, Vorlieben, Verhalten und Schwächen. Wie «tickt» sie? Was scheint er zu lieben? Welche Stellung hat sie in der Organisation? Welche Verbündete hat er? Was ist ihr wichtig? Wem vertraut er? Diese Analyse ist wichtig, um die Taktik der Einflussnahme zu bestimmen.

Die Einflussnahme gegen oben folgt dem «ABC-Kommunikations-schema»:[162]

- «A» steht für «ask», also *eine Frage stellen*: «Ich habe noch nicht verstanden, weshalb der Vorstand entschieden hat, der Variante A den Vorzug zu geben.», «Haben Sie mir Hinweise für eine bessere Zusammenarbeit mit dem Bereich B?», «Weshalb hast du bei den uns für das Projekt xx zugewiesenen Mitteln die Produktion nicht erwähnt?», «Weshalb wurde dem im Bereich B erkannten Beinahe-Fehler nicht mehr Beachtung geschenkt?» – Wichtig ist, dass kein vorwurfsvoller Ton aus der Frage zu erkennen ist. Fragen kann man immer, denn sie dienen dem besseren Verständnis einer Sachlage, können Klarheit schaffen und öffnen den Raum für weiterführende Diskussionen.

- «B» steht für «bring in», das heisst, dass in einer nächsten Phase, wenn Fragen nicht zielführend sind, *konkrete Vorschläge* gemacht werden: «Mein Team und ich haben uns bezüglich xxx Gedanken gemacht und empfehlen, folgende Varianten näher zu prüfen ...», «Darf ich ihnen folgende Option zeigen? Wir könnten uns damit als Abteilung noch besser positionieren ...», «Meines Erachtens gäbe es noch folgende Alternative ...»

- «C» bedeutet «challenge», also den *Chef herausfordern*, ihm klar zum Ausdruck bringen, dass der von ihm eingeschlagene Weg nach reiflicher persönlicher Überlegung nicht richtig ist. Der letzte Schritt der Einflussnahme ist nur dann nötig, wenn die beiden ersten nichts gebracht haben und ein grosser Verlust für die Firma oder sogar eine Krise droht. Es ist die letzte Eskalationsstufe. Vorgängig sollte man sich, wenn möglich, die Unterstützung anderer (Team, Kollegen) sichern.

Wie die Taktik auch im Einzelnen aussieht, die Einflussnahme hat in jedem Fall respektvoll zu erfolgen. Den Chef vor anderen Leuten herauszufordern oder sogar persönliche Kritik zu äussern, ist falsch. Dieses Verhalten ist kontraproduktiv und kann dazu führen, dass das Verhältnis zwischen den beiden Führungskräften nachhaltig gestört wird und eine Einflussnahme nach oben kaum noch möglich ist. Es würde sich dabei um einen Führungsfehler handeln.

Wenn es nicht mehr passt

Wie bei Mitarbeitenden kann es auch bei Führungskräften vorkommen, dass das Arbeitsumfeld und -klima nicht mehr passen. Nach einem Wechsel auf dem CEO-Posten oder eines Mittleren Managers wird der «Wind rauer».

Die bisher hochgehaltenen Werte der Organisation werden teilweise in Frage gestellt. Es fehlt an Wertschätzung. Prozesse werden definiert, welche neue Arbeitsschritte oder neue Zusammenarbeitsformen beinhalten. Es kann sein, dass diese Änderungen nötig sind, um die Ertragslage zu verbessern. Aber im eigenen Befinden, im sogenannten Bauchgefühl, wird das nicht nur als neu, sondern auch als Abkehr von bewährten Rahmenbedingungen wahrgenommen. Am schlimmsten sind missbräuchliche Handlungen oder Dissonanzen im zwischenmenschlichen Bereich. Das Vertrauen beginnt zu schwinden. Was tun?

Aus Erfahrung ist es klug, einmal abzuwarten und Kolleginnen zu Rat ziehen: Sehen sie das genauso oder bin ich der Einzige, der sich an den Neuerungen oder am neuen Umgangston stört? Bevor man selbst Krankheitssymptome entwickelt, sollten Optionen evaluiert werden: a) noch ausharren, in der Hoffnung, es ändere sich noch etwas; b) mit dem Vorgesetzten das vertrauliche Gespräch suchen und den Konflikt ansprechen; c) die Ombudsfrau, HR oder einen Coach zu Rate ziehen.

Zum Schluss bleibt die Kündigung. Viele, vor allem Führungskräfte über 50, trauen sich diesen Schritt nicht zu, weil sie denken, sie würden keinen adäquaten Job mehr finden oder müssten Lohneinbussen in Kauf nehmen. Diese Überlegungen sind nachvollziehbar. Trotzdem empfehle ich, diesen Schritt ins Auge zu fassen und mit dem Partner und Freunden eine genaue Lageanalyse zu machen. Bei der Evaluation von Optionen sollte die eigene Gesundheit den höchsten Stellenwert erhalten: Was nützt der beste Lohn, wenn die Arbeit einen krank macht?

Machtverlust

Jede Führungskraft muss einmal auf ihre Position verzichten: Abwahl, Kündigung, Rente oder Krankheit führen zum Machtverlust. Plötzlich, von einem Tag zum andern, muss Mann oder Frau auf vieles verzichten: die Anerkennung, das Prestige, gewisse Annehmlichkeiten (wie beispielsweise einen Firmenwagen), die Möglichkeit der Einflussnahme auf wichtige Entscheidungen, den Einkommensrückgang, usw. Das wiegt schwer und erklärt, wieso sich viele Topmanager in Politik und Wirtschaft an ihre Funktion klammern. Loslassen ist schwierig.[163]

Ein ehemaliger Unternehmer und Firmenpatron erzählte mir: «Herrn X, einen einflussreichen Politiker, habe ich zwei Wochen vor der Übergabe der Firma an meinen Sohn auf der Strasse getroffen. Wir hatten ein gutes

Gespräch. Nach meiner Pensionierung sah ich ihn zufällig in einer Tiefgarage. Ich ging auf ihn zu, er wendete sich aber ab von mir und entfernte sich.»

Im Fall einer Pensionierung sollte man sich frühzeitig mit dem dritten Lebensabschnitt befassen und nach sinnvollen Beschäftigungen suchen. Die Organisation und das persönliche Umfeld können den Prozess des Loslassens unterstützen: Der Arbeitgeber sorgt für einen geordneten und wertschätzenden Übergang vom alten zum neuen Amtsinhaber und macht Vorschläge für eine teilweise Weiterbeschäftigung, beispielsweise als Coach oder Mentor, befristete Projektaufgaben oder andere, für beide Seiten interessante Aufgaben. Familie und Freunde diskutieren frühzeitig über neue Betätigungsfelder, zum Beispiel Einsätze in gemeinnützigen Vereinen, Firmen- oder Stiftungsmandate oder mehr Zeit mit den Enkelinnen und Reisen mit Freunden oder dem Partner.

Kapitel 6:
Zusammenfassung

Fehlerkultur fördern

Fehler wird es immer geben. Wichtig ist, dass jede Person, die in der Organisation arbeitet (auch Kunden und Partner), auf einen Fehler aufmerksam machen kann, ohne dafür mit Nachteilen rechnen zu müssen. Das Mitdenken jedes Einzelnen und die Zusammenarbeit zwischen Teams und Abteilungen ist von grosser Bedeutung, weil so bessere Entscheidungen in einer komplexen und widersprüchlichen Welt getroffen, Risiken eingedämmt und Innovationen ermöglicht werden. Für diese angstfreie, achtsame und sichere Arbeitskultur tragen die Führenden an der Spitze der Organisation eine besondere Verantwortung.

Toxische Führungsfehler verhindern und andere Führungsfehler reduzieren

Führungsfehler können einzelne Personen, Teams und Abteilungen und sogar eine gesamte Organisation treffen. Mit der Zeit wirken sie für viele demotivierend und vergiften das Klima. Die Kultur wird negativ und bewirkt Dienst nach Vorschrift oder provoziert Kündigungen. Eine von Angst geprägte Kultur verhindert den sozialen Zusammenhalt und die Zusammenarbeit, die doch so wichtig sind, um innovativ zu sein und aus Fehlern zu lernen. Mitarbeitende werden stumm, weshalb gravierende Fehler unentdeckt bleiben, die zu Schadensfällen, Krisen und Katastrophen für die Organisation führen und ihre Existenz bedrohen können.

Toxische Führungsfehler, die entweder aus Machtmissbrauch oder im zwischenmenschlichen Bereich geschehen, sind zu verhindern, weil sie zu Misserfolg, Reputationsverlust, Kündigungen, Untersuchungen und Kosten für die Organisation führen, abgesehen von den psychischen Problemen oder Krankheiten, die Menschen treffen. Die obersten Führungskräfte sind auch hier an vorderster Front dafür verantwortlich, dass toxische Führungsfehler verhindert werden. Dieser Anspruch erfordert von den Topmanagern ein Set von Massnahmen für die gesamte Organisation, von den Rahmenbedingungen über die enge Zusammenarbeit mit Teilen des Mittleren Managements bis hin zur Unterstützung der Teamleitenden, wie das in Kap. 5 im Detail beschrieben wurde.

Organisationsspezifische Investitionen in die Führung

Leadership benötigt stets aufs Neue Engagement, Impulse und Prägung, um die Arbeit für die Menschen zu einem positiven Erlebnis zu machen, die unternehmerischen Ziele zu verwirklichen und gesellschaftlich nützlich zu sein. Um toxische Führungsfehler zu verhindern und die übrigen Führungsfehler zu reduzieren sowie deren Auswirkungen einzudämmen, sind folgende *Voraussetzungen und Grundlagen* in Organisationen zu schaffen:

- Aktionäre, Investoren und Gründer, die eine *Unternehmensphilosophie* vorgeben, welche neben der Profitabilität auch langfristige, gesellschaftlich relevante, umweltschonende und mitarbeiterorientierte Ziele enthält;
- Aufsichts-/Verwaltungsräte und Geschäftsleitungen, die *Rahmenbedingungen* für die Profitabilität sowie die Umsetzung der wertorientierten, gesellschaftlich verantwortlichen Unternehmensphilosophie schaffen und durchsetzen;
- Topmanager, die sich in den *Dienst der Organisation* und der für sie arbeitenden Personen stellen und vorbildlich vorangehen;
- Führende, die *integer*, kompetent, zuverlässig und verantwortungsbewusst sind und von Kollegen, Mitarbeitenden, Kunden und Partnern als positive Autoritäten[164] wahrgenommen werden;
- Geführte, die im Sinne der Vorgaben und Ziele arbeiten, sich aktiv an Entscheidungsfindungen in ihrem Bereich beteiligen, aufmerksam sind, ihre Meinungen und kritischen Beiträge äussern sowie auf Fehler hinweisen.

Die nachfolgende Tabelle ruft die wichtigsten Ergebnisse nochmals in Erinnerung. Dabei steht die Anzahl **X** für die Stärke bzw. Grösse des Einflusses auf die gesamte Organisation:

Führende	Einfluss auf die Organisation	Wichtigste Verantwortlichkeiten
Topmanagement • Geschäftsleitung/ Vorstand	**Sinngeber und Vorbilder:** **XXXXXX**	• **Rahmenbedingungen** (Vision, Sinn, Strategie, Werte, Führungsphilosophie) erlassen und **vorleben** • Schaffung und Erhalt einer **angstfreien, sicheren und gerechten Kultur** • **Verhinderung von Machtmissbrauch** und Reduktion von Führungsfehlern im zwischenmenschlichen Bereich • **Strukturen** vorgeben, welche die Zusammenarbeit erleichtern, Leitplanken setzen und Freiräume schaffen • **Unterstützung aller Führungskräfte** • **Prozesse für die Rekrutierung und Auswahl von Führenden** vorgeben und daran teilnehmen • **Talente** identifizieren und fördern • **Toxische Manager** aus der Organisation entfernen • **Selbstführung:** Reflexion und Planung: ⅔ ihrer Zeit der Organisation und ihren Mitarbeitenden sowie ⅓ der Zukunft der Organisation widmen
Mittleres Management • Abteilungsleitende • Bereichsleitende • Institutsleitende • Projektleitende • ... mit mehreren Teams	**Das Rückgrat, die Säulen:** **XXX**	• **Koordination** von Aufgaben und Projekten • **Netzwerke** pflegen, «Türen» öffnen, Silos aufbrechen • **Ansprechpartner und verlässliche Partner** nach oben (Ideengeber und Lösungen aufzeigen im Rahmen von Strategie, Transformation usw., Vorgaben umsetzen) und nach unten (Coach, Mentor) • **Selbstführung:** Reflexion und Planung
Team- und Gruppenleitende	**Die Wirksamen:** **X**	• **Resultate** erzielen, Ziele erreichen • Das **Team** als Ganzes und jedes **Teammitglied** individuell führen • **Konflikte** lösen • **Selbstführung:** Reflexion und Planung

Tabelle 4: Überblick der wichtigsten Verantwortlichkeiten von Führungskräften einer Organisation

Epilog:

Leader mit Herz
und Verstand

«Eine Reinigungskraft, die unsere Kabine säubert,
wird dafür bezahlt, ja sicher –
aber das ist kein Grund, auf sie herabzuschauen.
Auch sie hat einen Anteil am Erfolg.»[165]

Frank Schmidt
(seit 2007 Trainer des 1. FC Heidenheim)

Ich habe diesem Schlusskapitel das Zitat eines Fussballtrainers vorangesetzt. Frank Schmidt ist seit siebzehn Jahren Trainer des Fussballclubs Heidenheim und hat die erste Mannschaft von der 5. Liga in die höchste (Profi-)Liga Deutschlands geführt. Er erinnert mich an Unternehmer, CEOs von KMUs und Startups sowie an Geschäftsleitungsmitglieder grösserer Firmen, die ich im Verlauf meiner Karriere kennen- und schätzen gelernt habe. Diese Personen sind für mich

«Leader mit Herz und Verstand»,
weil sie charakterlich gefestigt sind, fachlich kompetent und verlässlich sind, situations- und sachbezogen führen, der Realität in die Augen blicken, den Menschen in ihrem Umfeld zuhören und deren Meinungen in ihren Handlungen berücksichtigen sowie kluge, faktenbasierte Entscheidungen treffen.

Diese «Leader mit Herz und Verstand» sind keine Führenden auf dem Ego-Trip oder in der Selbstoptimierung, keine Narzissten, weder Opportunisten noch charismatische Scharlatane, keine geld- und machtgierigen Typen, sondern integre Menschen.

An der Spitze von Organisationen brauchen wir die Frank Schmidts, die darauf achten, dass eine Reinigungskraft respektvoll behandelt wird, und die wissen, dass niemand allein erfolgreich sein kann und es Erfolg nur im Team gibt, in der Zusammenarbeit aller.

Ich bin überzeugt, dass die allermeisten «Leader mit Herz und Verstand» weder ihre Macht missbrauchen noch andere Menschen respektlos behandeln. Sie verkörpern Werte und Haltung. Als solide, empathische und vernünftige Führende sind sie nicht davor gefeit, Führungsfehler zu machen, aber nicht die schlimmen, die eine Arbeitskultur schädigen, eine Organisation in Bedrängnis führen und zerstörende Wirkung entfalten.

«Leader mit Herz und Verstand»
* *sind bescheiden und respektvoll*, weil Führende zur Elite gehören und Elite verpflichtet. Wer Selbstbewusstsein besitzt und weiss, was er/sie kann und leistet, ist sich auch bewusst, dass man allein keine Chance hat, in dieser komplexen und unsicheren Welt erfolgreich zu sein. Man weiss, dass es verschiedenste Berufsgruppen gibt, die alle einen Beitrag leisten, und dass jeder Mensch, unabhängig von seiner Herkunft, seiner Hautfarbe, seiner religiösen und sexuellen Orientierung, seiner Intelligenz und seinen Fähigkeiten Respekt und einen anständigen Umgang verdient. Deshalb ist es für Führungskräfte, vor allem für den C-Level, ein Muss,

bescheiden aufzutreten, zuzuhören und nicht immer das erste und das letzte Wort zu haben;

- *geben anderen Menschen Orientierung und Halt*: Wir leben in einer Zeit, die von vielen Menschen als eine Bedrohung gesehen wird für ihr Leben oder ihre Karriere oder ihre Kinder. Viel Negativität ist spürbar. Die Klimakrise, die neuen Kriege, Cyber-Attacken, Künstliche Intelligenz usw. schüren Ängste. Viele Leute suchen nach Antworten. Einige finden sie im Rückzug auf sich selbst und in der Selbstoptimierung, andere suchen ihr Heil in Verschwörungstheorien oder esoterischen Zirkeln, und wieder andere glauben, dass Autokraten die besseren Antworten auf die Komplexität des Heute haben als demokratische Regierungen, die sich auf langsame Prozesse abstützen und Kompromisse eingehen, anstatt einfach umsetzbare und Sicherheit vortäuschende Regierungsdekrete zu erlassen. Viele Menschen sind verunsichert und froh, einer Arbeit nachgehen zu können. Sie suchen Halt, Sicherheit und Anerkennung bei der Arbeit. Und wer kann sie dort geben? – Die Führungskraft, die als anerkannte Autorität gilt, Sinn stiftet und der Arbeit, ihren Zielen und den anvertrauten Menschen verpflichtet ist,

- *schafft Vertrauen*: Sich als Führungskraft mit der ganzen Persönlichkeit zur Verfügung stellen. Sich so geben, wie sie ist und authentisch bleiben. Sie begegnet Mitarbeitenden mit Offenheit, hört ihnen zu und nimmt sie ernst. Wer Vertrauen schenkt, schafft eine positive Arbeitskultur. Wer ehrlich kommuniziert und eigene Fehler zugeben kann, stärkt Zusammenhalt und Zusammenarbeit, die so wichtig sind, um längerfristig erfolgreich zu sein;

- *ist der Organisation verpflichtet*: Sind wir auf dem richtigen Weg, ist die Strategie noch richtig, stimmen die operativen Ziele? Welche Herausforderungen stehen uns bevor, wo bestehen Risiken und Gefahren? Wie kann ich meine Führungskräfte unterstützen, wie ihre Arbeit erleichtern und welche Anregungen und Tipps geben? Habe ich genügend unternommen, um die Silos aufzubrechen und jeden und jede aufzufordern sich zu äussern und sich an der Organisation zu beteiligen? Habe ich die Angst aus dem Unternehmen genommen? Wann sollte ich was kommunizieren? Welche Kunden und Partner muss ich besuchen? An welchem Standort war ich länger nicht mehr?

- *bleibt lernfähig*: Keine Führungskraft ist allwissend; im Gegenteil, sie ist auf die anderen Menschen «unendlich» angewiesen; es ist gut, sich nicht als Besserwisser zu zeigen, sondern als Suchender und Lernender, der Fragen stellt und sich weiter entwickeln will. Dazu gehören Selbstführung, Reflexion und Planung: Einmal pro Woche sich Zeit nehmen und die vergangenen sieben Tage Revue passieren lassen: Was lief gut? Wo gab es Probleme? Was bleibt zu tun? Welche Fragen wurden an mich gestellt – habe ich richtig zugehört? Habe ich alles richtig gemacht – an wen könnte ich mich wenden, um Antworten zu erhalten? Anschliessend geht es um die Planung der kommenden sieben bis vierzehn Tage: Wo braucht es mich wirklich, was kann ich delegieren? Wann bereite ich die Meetings vor? Welche Prioritäten setze ich? Wann tue ich etwas für mich (meine Gesundheit)? Wann nehme ich mir Zeit für die Familie und Freunde? Wann pflege ich mein Netzwerk?

Investitionen in die Führung

Es besteht die Gefahr, dass Führung einfach geschieht, weil die Menschen nun einmal so handeln wie sie sind oder man sich daran gewöhnt hat, dass einer befiehlt und sagt, wo es hingeht. Es ist so, weil sie die Chefin ist. Weil ihr kaum widersprochen wird, geht sie davon aus, dass sie eine gute Führungskraft ist. Hier finden keine Investitionen in die Führung statt. Investitionen bedeuten nicht primär externe Schulungen: Andere lehren zu führen, und ich mache «copy and paste».

Oft höre ich den Satz: «Ich weiss nicht, wann ich mir Zeit für die Führung nehmen kann!» – Was für eine Aussage, denn wer eine Führungsfunktion bekleidet, dessen Alltag sollte vorwiegend aus Führungsarbeit bestehen. Administrative Aufgaben und das Lösen von Sachfragen sind von einer Führungskraft ebenfalls zu tun, gehören jedoch nicht zu ihren Schlüsselfunktionen und sollten nur einen geringeren Teil ihrer Zeit beanspruchen. Führen heisst, sich der Ziele der Organisation und der handelnden Personen in dieser Organisation anzunehmen und ihnen Zeit und Aufmerksamkeit zu schenken. Was gibt es Wichtigeres? – Nichts ist wichtiger, als sich der eigenen Organisation und den für sie arbeitenden Menschen zu widmen. Hier liegt die Verantwortung.

Ja, klar, es gibt Niederlagen und Rückschritte, Führungsfehler, die nicht verhindert worden sind, Verletzungen und bittere Momente. Aber sie gehören zur Führung, so wie das Leben nicht nur Sonnentage kennt. Führende müssen auch die Regen- und Schattentage aushalten, den Dingen auf den Grund gehen, nie aufgeben, nie den Kopf in den Sand stecken. Wer gute Leute um sich hat und für ein gesundes, positives Klima gesorgt hat, wird daraus Kraft schöpfen und mit dem Team wieder zurückkommen. Wer investiert hat, wird die dunklen Tage überleben und sogar gestärkt aus ihnen hervorgehen.

Wer nicht investiert, wird nicht gewinnen. Wer nicht sät, kann nicht ernten. In die Führung zu investieren, heisst, die Zukunft zu gestalten. Führen ist mit Denken und Handeln verbunden. Ohne Fleiss kein Preis. Integrität und Selbstdisziplin sind gefordert. Führung ist zielgerichtete, konsequente, beharrliche und mit Rückschlägen rechnende Arbeit. Es geht nicht um mich als Person, sondern in erster Linie um die Organisation und die darin wirkenden Menschen, die mir anvertraut sind. Wenn diese Prioritäten klar erkannt sind und im Alltag gelebt werden, können Führungsfehler zwar nicht generell verhindert, aber immerhin stark reduziert werden.

Verantwortung übernehmen

Wenn jedoch Führungsfehler geschehen – und zu diesen wird es trotz Rahmenbedingungen, einer angstfreien Arbeitskultur und dem Engagement der Führenden leider ab und zu kommen – so geht es darum, *Verantwortung zu übernehmen*. Wenn im eigenen Verantwortungsbereich Schaden angerichtet wird, muss der oberste Chef Antworten geben und Rechenschaft ablegen. «Ich wusste nichts davon», «ich habe eine weisse Weste» oder «andere haben Fehler gemacht» sind Ausreden und beweisen, dass keine Verantwortung übernommen wird.

Je weiter oben in der Hierarchie, desto wichtiger ist es, zur Verantwortung zu stehen. Je höher der Lohn, desto grösser die Verantwortung. Sich hinstellen und sagen, was Sache ist und wie der Fall analysiert wird, ist oberste Pflicht des Verantwortlichen: Ursachen klären, Aufarbeitung begleiten und Lehren daraus ziehen.

Man muss klar zum Ausdruck bringen, dass man als oberster Verantwortlicher des betroffenen Bereichs Teil des Problems *und* der Lösung sein will, so wie das Frank Schmidt mehrmals bewiesen hat. Schmidt hat sich schützend vor sein Team gestellt: Als ein Spieler einen fatalen Fehlpass gemacht oder als das gesamte Team nicht gut gespielt hatte, so meinte er: «Mein Fehler, ich habe die Mannschaft schlecht vorbereitet.» Hat das Team gewonnen, so hat nicht er, sondern das Team als Ganzes den Sieg errungen.

Wer Erfolge feiern kann, muss auch Fehler und Schaden aushalten und dafür geradestehen. Nur wer im Krisenfall auf der Kommandobrücke bleibt, ist ein verantwortungsbewusster Kapitän, der das Schiff auch im Sturm und selbst kurz vor dem Untergang nicht verlässt.

Leadership als Berufung, Inspiration und Prozess

Es ist wichtig, bei sich selbst zu beginnen, in die eigene Entwicklung zu investieren. Dies gelingt im Lesen und Nachdenken, in der Teamarbeit und der Zusammenarbeit mit Dritten sowie durch regelmässige Reflexion.

Die tätige Führungskraft, die in sich selbst und in andere Menschen investiert und sich Fragen stellt wie «Was gibt es für mich noch zu tun?», «Wo kann ich mich sinnvoll eingeben?», Welche Konflikte könnten entstehen?», «Wo und wie kann ich mich noch verbessern?»

Damit wird eine Entwicklung in Gang gesetzt, welche Führung als *Berufung* ernst nimmt: Wo stehe ich aktuell? Bin ich noch in der Regionalliga oder schon auf dem Weg in die höchste Profiliga?

Leadership im Sinne des «Leaders mit Herz und Verstand» wirkt *inspirierend*. Damit schaffen Führungskräfte bei Führenden und Mitarbeitenden Freude an der Arbeit und Wertschätzung von denjenigen, mit denen über eine längere Zeit zusammengearbeitet wird, mit denen Ziele erreicht und Erfolge gefeiert sowie Fehler analysiert werden. Wie inspiriere ich andere? Welche Inputs kann ich noch geben? Welche Türen kann ich öffnen?

Das anzustrebende Ziel besteht darin, am Ende einer Führungstätigkeit nicht nur weniger Führungsfehler begangen, sondern auch die *Wertschätzung* der Menschen, mit denen man zusammengearbeitet hat, seien es Mitarbeitende, Kunden oder Partner, erlebt zu haben. Sie werden Dinge sagen wie «Sie war da für uns, mit ihr haben wir vieles erreicht» oder «Dank seiner Führung haben wir die gesteckten Ziele erreicht, und ich habe viel von ihm profitiert» oder «Ich verdanke ihr viel, es war eine lehrreiche Zeit.»

Was gibt es Schöneres, Besseres, Wichtigeres als solche Sätze von Menschen zu hören, mit denen man ein Stück des eigenen Lebens gegangen ist, am Ende einer Führungsetappe?

«Welches *Vermächtnis* hinterlasse ich?»

Anhang

I. Umfragen zur Arbeitsplatzzufriedenheit

Autor(en) / Publikation	Titel/Inhalt	Erkenntnisse
Sherman 2023, Deloitte Digital Basiert auf einer Deloitte Studie (N= 4000+ US-amerikanische Arbeiter, 16 Sektoren, Org. Grösse 500+) – Es wurde untersucht, welche Faktoren sich am stärksten auf die Erfahrung der Mitarbeitenden auswirken.	*Workforce Experience Drives Loyalty and Retention*	Faktoren mit dem grössten Einfluss: Team und Kollegen, Vergütung und Zusatzleistungen, Work-Life-Balance, Organisation, Arbeit, Zugehörigkeitsgefühl, Manager und Führung, Wohlbefinden, Wachstum Förderung von Vertrauen, Wachstumschancen und dem Wohlbefinden der Mitarbeiter sind der Schlüssel zu mehr Mitarbeiterbindung und -zufriedenheit. • 70 % der Arbeitnehmer sind mit ihrer Arbeit zufrieden • 68 % der Arbeitnehmer sind mit ihrem Arbeitgeber zufrieden • 43 % der Arbeitnehmer würden ihre Organisation als Arbeitsplatz weiterempfehlen • 62 % der Arbeitnehmer sind zuversichtlich, dass sie ihre Karriere mit ihrem aktuellen Unternehmen vorantreiben • Wohlbefinden: 55 % stimmen zu, dass sich ihre Arbeit positiv auf ihre körperliche und geistige Gesundheit auswirkt • 58 % erhalten regelmässig Anerkennung für ihre Arbeitsbeiträge • 61 % haben Spass bei der Arbeit • 63 % fühlen sich bei der Arbeit frei, Meinungen und Ideen zu äussern. • *Manager und Führung*: 59 % vertrauen dem Führungsteam ihrer Organisation, 66 % sind zufrieden mit der Art und Weise, wie ihr Manager mit ihnen kommuniziert, 58 % sind zufrieden mit der Art und Weise, wie die Führungsspitze mit den Mitarbeitern kommuniziert, 74 % werden von ihren Managern mit Respekt behandelt. Was hier am wichtigsten ist: Vertrauen, Kommunikation, Respekt und Fürsorge • *Zugehörigkeitsgefühl*: 63 % stimmen zu, dass ihre Organisation einen fairen Zugang zu Möglichkeiten bietet, an denen sie interessiert sind, 71 % stimmen zu, dass ihre Organisation konsequent Vielfalt und Inklusion unterstützt, 66 % verspüren ein Zugehörigkeitsgefühl bei der Arbeit. Was hier am wichtigsten ist: Entwicklung, DE&I und Zugehörigkeit

Autor(en) / Publikation	Titel / Inhalt	Erkenntnisse
		• *Arbeit*: 64 % erhalten die Unterstützung, die sie benötigen, um bei der Arbeit gute Leistungen zu erbringen, 62 % stimmen zu, dass sie bei ihren Arbeitsaufgaben eine Stimme haben, und 75 % stimmen zu, dass ihre Arbeit auf ihre Fähigkeiten und Fertigkeiten abgestimmt ist. Was hier am wichtigsten ist: Unterstützung, Autonomie und Fähigkeitsausrichtung

• *Organisation*: 60 % stimmen zu, dass ihre Organisation ihre Versprechen gegenüber den Arbeitnehmern einhält, 62 % stimmen zu, dass ihre Organisation talentierte Arbeitskräfte anzieht, 65 % stimmen zu, dass sie sich verbunden, engagiert und in den Erfolg ihrer Organisation investiert fühlen. Was hier am wichtigsten ist: Vertrauen, Talent und Engagement

• *Work-Life-Balance*: 57 % stimmen zu, dass ihre Organisation berücksichtigt, wie sich die Arbeit auf ihr Privatleben auswirkt, 65 % stimmen zu, dass sie einigermassen in der Lage sind, berufliche Anforderungen mit familiären und / oder persönlichen Bedürfnissen in Einklang zu bringen, 56 % stimmen zu, dass ihre Organisation das Richtige bietet (Umfang der familienfreundlichen Leistungen, Kinderbetreuung, Altenpflege und Familienurlaub). Was hier am wichtigsten ist: Auswirkungen auf das Leben, Work-Life-Balance, Familienvorteile

• *Vergütung und Sozialleistungen*: 60 % sind mit ihrer finanziellen Vergütung zufrieden, 67 % sind mit ihrem Leistungspaket zufrieden (Gesundheitsversorgung, Ruhestand, Lebensversicherung, Familienurlaub usw.), 50 % sind mit den Angeboten ihrer Organisation zufrieden (Programme oder Partnerschaften zur Unterstützung der allgemeinen Gesundheit). Was am wichtigsten ist: Vergütung, Finanzprogramme, Zusatzleistungen

• Team und Kollegen: 64 % stimmen zu, dass sich die Menschen in ihrer Organisation gegenseitig vertrauen können, 74 % arbeiten gerne mit Mitgliedern ihres Teams oder ihrer Gruppe zusammen, 69 % haben Freunde bei der Arbeit, 76 % stimmen zu, dass die Menschen, mit denen sie zusammenarbeiten, sie mit Respekt behandeln. Was hier am wichtigsten ist: Vertrauen, Spass, Beziehungen und Respekt

Autor(en) / Publikation	Titel / Inhalt	Erkenntnisse
Gallup 2023, Daten stammen von der Gallup World Poll (Umfragen seit 2005). Daten für 2022 (N=122,416, 160 Länder). In der Regel 1000 Personen pro Land	*State of the Global Workforce*	Die *Mehrheit der Arbeitnehmer auf der Welt kündigt:* 6 *von* 10 *Mitarbeitern* fielen in diese Kategorie (kostet die Weltwirtschaft etwa 8,8 Billionen US-Dollar oder 9 % des globalen BIP). *Top-Gründe, einen Job aufzugeben* (US-Mitarbeiter): • 40 % Engagement und Kultur • 26 % Wohlbefinden und Work-Life-Balance • 20 % Bezahlung und Sozialleistungen • 13 % Manager und Führungskräfte • 1 % andere Gründe Der *Stress der Mitarbeiter* blieb auf einem Rekordhoch: 44 % hatten am Vortag viel Stress. Über die *Hälfte der Arbeitnehmer ist aktiv oder passiv auf Arbeitssuche (51 %):* Wichtigste Faktoren dafür, was sich Menschen in ihrem nächsten Job wünschen: • höheres Gehalt • verbessertes Wohlbefinden • Wachstums- und Entwicklungsmöglichkeiten *Engagement* hat 3,8-mal so viel Einfluss auf den Stress der Mitarbeiter wie der Arbeitsort. Wie Menschen ihren Job empfinden, hat viel mehr mit der *Beziehung zu ihrem Team und ihrem Vorgesetzten* zu tun als damit, dass sie remote arbeiten oder vor Ort sind. *«Stille Aufgebende»* wissen, was sie am Arbeitsplatz ändern würden: 55 % der Befragten gaben drei Kategorien an: • Engagement / Kultur (41 %) • Bezahlung und Sozialleistungen (28 %) • Wohlbefinden (16 %) *Engagierte Mitarbeiter* = Sie sind in hohem Masse in ihre Arbeit und ihren Arbeitsplatz eingebunden und enthusiastisch. Sie sind psychologische «Eigentümer», treiben Leistung und Innovation voran und bringen die Organisation voran. *Nicht engagierte Mitarbeiter* = Sie kündigen stillschweigend. Sie sind psychisch nicht an ihre Arbeit und ihr Unternehmen gebunden. Da ihr Engagement-Bedürfnis nicht vollständig erfüllt wird, investieren sie Zeit, aber weder Energie noch Leidenschaft in ihre Arbeit. *Aktiv unmotivierte Mitarbeiter* kündigen lautstark. Sie sind nicht nur bei der Arbeit unglücklich. Sie ärgern sich darüber, dass ihre Bedürfnisse nicht erfüllt werden, und leben ihr Unglück aus. Jeden Tag untergraben diese Mitarbeiter möglicherweise die Leistung ihrer engagierten Kollegen.

Autor(en) / Publikation	Titel / Inhalt	Erkenntnisse
		Messung des Mitarbeiterengagements:

Messung des Mitarbeiterengagements:
- Ich weiss, was bei der Arbeit von mir erwartet wird.
- Ich verfüge über die Materialien und Geräte, die ich brauche, um meine Arbeit richtig zu erledigen.
- Ich habe jeden Tag die Möglichkeit, das zu tun, was ich am besten kann.
- In den letzten sieben Tagen habe ich Anerkennung oder Lob für meine gute Arbeit erhalten.
- Mein Vorgesetzter oder jemand bei der Arbeit kümmert sich um mich als Person.
- Bei der Arbeit gibt es jemanden, der meine Entwicklung fördert.
- Bei der Arbeit scheint meine Meinung zu zählen.
- Die Mission oder der Zweck meines Unternehmens gibt mir das Gefühl, dass mein Job wichtig ist.
- Meine Mitarbeiter oder Kollegen sind bestrebt, qualitativ hochwertige Arbeit zu leisten.
- Ich habe einen besten Freund bei der Arbeit.
- In den letzten sechs Monaten hat jemand bei der Arbeit mit mir über meine Fortschritte gesprochen.
- Im letzten Jahr hatte ich bei der Arbeit Gelegenheit, zu lernen und mich weiterzuentwickeln.

Wie man ein ansprechendes Umfeld aufbaut und aufrechterhält:
- Engagement messen, um ein grundlegendes Verständnis zu erlangen
- bestehende Anbieter für Mitarbeiterengagement überprüfen
- Engagement-Probleme schnell angehen
- Engagement-Massnahmen mit Geschäftsergebnissen verknüpfen

Was das Engagement antreibt [Organisationsübergreifende Zusammenarbeit]:
- Sinnvolle Arbeit
- Unterstützendes Management
- Flexibles Arbeitsumfeld
- Kultur der Anerkennung
- Persönliche Wachstumschancen
- Vertrauen in die Führung

171

Autor(en) / Publikation	Titel / Inhalt	Erkenntnisse
Gallup 2023, Gallup Engagement Umfrage 2022 Deutschland N = 1500 Befragte	*Die Langzeitstudie misst die emotionale Bindung von Beschäftigten an ihren Arbeitgeber und gehört zu den wichtigsten Indikatoren für die Führungskultur und das Arbeitsumfeld in Deutschland.*	Die volkswirtschaftlichen Kosten von innerer Kündigung werden auf 118–151 Mrd. € geschätzt. • 69 % haben eine geringe emotionale Bindung an ihren Arbeitgeber • 18 % haben keine emotionale Bindung • 13 % haben eine hohe emotionale Bindung *Hohe emotionale Bindung sorgt für:* • 18 % bis 43 % geringere Fluktuation (43 % bei Unternehmen mit einer niedrigen Fluktuation, 18 % bei Unternehmen mit einer hohen Fluktuation) • 81 % weniger Fehlzeiten (Krankentage) • 64 % weniger Arbeitsunfälle • 41 % weniger Qualitätsmängel • 10 % bessere Kundenbewertungen • *Zufriedenheit:* Nur 25 % der Beschäftigten sind mit ihrer direkten Führungskraft äusserst zufrieden. • *Transparente und schnelle Information:* Nur 33 % sind der Meinung, dass Entwicklungen im Unternehmen optimal weitergegeben werden. • *Anlaufstelle und Anker:* Mit 30 % sagt nur ein Drittel, dass ihre Führungskraft immer erreichbar ist und sich Zeit für ihre Belange nimmt. • *Potenzialmaximierung:* Lediglich 14 % geben an, ihre Führungskraft inspiriere sie, Dinge zu tun, die sie sich selbst nicht zugetraut hätten.

Autor(en) / Publikation	Titel / Inhalt	Erkenntnisse
Lane, Williams, Broecke 2023, OECD – Social, Employment and Migration Working Papers Arbeitgeber: N = 653 im Bereich Finanz- und Versicherungsdienstleistungen & 1400 in der Fertigung. 7 Länder: Kanada, USA, Österreich, Frankreich, Deutschland, Irland, UK	*The Impact of Artificial Intelligence (AI) on the Workplace*	Der Einsatz von AI • steigerte die Freude an ihrem Job (63 %) • verbesserte die eigene Leistung: Finanzen (79 %), Fertigung (80 %) • verbesserte ihre psychische Gesundheit: Finanzen (54 %), Fertigung (55 %) • verbesserte die körperliche Gesundheit: Finanzen (49 %), Fertigung (65 %) • verbesserte die Fairness im Management: Finanzen (45 %), Fertigung (43 %) • sorgte für Besorgnis über den Verlust von Arbeitsplätzen in den nächsten 10 Jahren: Finanzen (63 %), Fertigung (57 %) • konnte behinderten Arbeitnehmern helfen: Finanzen (46 %), Fertigung (50 %)
Menasce, Horowitz and Parker 2023, Pew Research Center N= 5,188 U.S Erwachsene	*How Americans View Their Jobs*	• *51 % sind insgesamt zufrieden mit ihrem Job,* 37 % einigermassen zufrieden und 12 % nicht sehr / überhaupt nicht zufrieden. • 67 % sind zufrieden mit ihrer Beziehung zu Kollegen, 62 % mit ihrer Beziehung zu ihrem Vorgesetzten oder Vorgesetzten, 59 % mit ihrem Weg zur Arbeit, 51 % mit ihren alltäglichen Aufgaben, 49 % mit der Menge an Feedback, die sie erhalten, 44 % mit ihren Möglichkeiten zur Ausbildung / Entwicklung neuer Fähigkeiten, 34 % mit der Höhe ihres Gehalts, 33 % mit ihren Aufstiegschancen am Arbeitsplatz. • Arbeitnehmer *im Alter von 65 Jahren* geben am häufigsten an, dass sie insgesamt äusserst oder sehr zufrieden mit ihrer Arbeit sind (67 %), während Erwachsene unter 30 dies am seltensten sagen (44 %). Für 30–49-Jährige sind es 51 %, für 50–64-Jährige 55 %.

Autor(en) / Publikation	Titel / Inhalt	Erkenntnisse

- Sehr zufrieden mit dem Job nach Einkommen: Für höhere Einkommen (57 %), für mittlere Einkommen (51 %), niedrigere Einkommen (45 %).
- Männer und Frauen sind mit ihrer Arbeit insgesamt und mit bestimmten Aspekten ihrer Arbeit ähnlich zufrieden, es gibt jedoch zwei Ausnahmen: Männer geben häufiger als Frauen an, dass sie mit den Leistungen ihres Arbeitgebers äusserst oder sehr zufrieden sind (52 % der befragten Männer vs. 46 % der Frauen) und wie hoch ihr Gehalt ist (39 % vs. 30 %). Und während Männer und Frauen mit etwa gleicher Wahrscheinlichkeit sagen, dass ihre Arbeit die ganze Zeit oder die meiste Zeit Spass macht und erfüllend ist, sagen Frauen häufiger, dass sie stressig (31 % gegenüber 26 %) und überwältigend (24 % gegenüber 15 %) ist.
- Die Zufriedenheit mit verschiedenen Aspekten der Arbeit variiert je nach Rasse und ethnischer Zugehörigkeit nicht stark, es gibt jedoch einige Unterschiede. Ein grösserer Anteil der weissen Arbeitnehmer (37 %) als der schwarzen (29 %), hispanischen (29 %) oder asiatischen (28 %) Arbeitnehmer gibt an, mit ihrer Bezahlung äusserst oder sehr zufrieden zu sein. Weisse Arbeitnehmer sind eher als schwarze und asiatische Arbeitnehmer mit ihrer Beziehung zu ihren Kollegen (69 % gegenüber 58 % bzw. 60 %) und zu ihrem Manager oder Vorgesetzten (64 % gegenüber 56 % und 54 %) sehr zufrieden.
- Wie Arbeitnehmer ihren Job sehen: 39 % geben an, dass ihr Job oder ihre Karriere für ihre allgemeine Identität äusserst wichtig ist, 34 % sagen, dass beides einigermassen wichtig ist, 27 % sagen, dass beides nicht allzu wichtig / überhaupt nicht wichtig ist.
- Arbeitnehmer mit höherem Familieneinkommen und Personen mit einem Postgraduiertenabschluss geben am häufigsten an, dass ihr Job oder ihre Karriere für ihre Identität von zentraler Bedeutung sind.

Autor(en) / Publikation	Titel / Inhalt	Erkenntnisse
Conference Board 2023, Conference Board Umfrage, online durchgeführt, 1680 Teilnehmende	*US Employees are More Satisfied Than Ever*	Die Arbeitszufriedenheit der US-Mitarbeiter ist so hoch wie nie zuvor seit Beginn der Umfrage im Jahr 1987 (62,3 %). • Zwei Gründe: Angespannterer Arbeitsmarkt (Mitarbeiter erhalten bessere Löhne, Sozialleistungen und Arbeitsbedingungen) und grössere Flexibilität bei den Arbeitsvereinbarungen • Faktoren, die den grössten Einfluss auf die Mitarbeiterbindung haben: *Wettbewerbsfähige Bezahlung, Berufserfahrung und Kultur* (Mitarbeiter mit hybriden Arbeitsvereinbarungen berichten von der grössten Arbeitszufriedenheit im Vergleich zu Mitarbeitern, die vollständig remote oder vor Ort arbeiten) • Befragte, die kürzlich den Arbeitsplatz gewechselt hatten, waren auch eher zufrieden (Gründe: Ausbildungsprogramme des Arbeitsplatzes, Bonusplan, Leistungen für die psychische Gesundheit und Beförderungspolitik). Frauen sind weniger zufrieden als Männer (grosse Lücken bei Arbeitsplatzsicherheit, Beförderungspolitik, Bonusplänen, Vergütung und Zusatzleistungen)
Fisher 2023, Deloitte 1.000 US-Arbeitnehmer	*Workplace Flexibility Survey*	• 90 % legen Wert auf Flexibilität und 82 % haben flexible Optionen genutzt • Berufliche Stigmatisierung: 30 % geben an, dass mögliche *Konsequenzen für die berufliche Entwicklung und mangelndes Vertrauen des Managements* sie daran hindern würden, flexible Arbeitsmöglichkeiten zu nutzen • 80 % sagen, dass ein traditionelles Arbeitsumfeld für den beruflichen Aufstieg unerlässlich ist • Hauptvorteile der Arbeitsflexibilität: 43 % sagen weniger Stress / bessere psychische Gesundheit, 38 % sagen eine bessere Work-Life-Integration, 33 % sagen mehr Arbeitszufriedenheit oder Arbeitsmoral, 29 % sagen mehr Produktivität oder Effizienz bei der Arbeit • *52 % sagen, dass der CEO / das Management den grössten Einfluss auf die Förderung der Flexibilität hat*

Autor(en) / Publikation	Titel/Inhalt	Erkenntnisse
Mc Kinsey Health Institute 2022, Basiert auf McKinsey's Health Institute Employee Mental Health and Well-being Umfrage (2022, N= 14,509 in 15 Ländern)	*Making the Needle on Burnout: What Does the Data Say?*	Faktoren am Arbeitsplatz: toxisches Verhalten, Inklusivität, unterstützendes Wachstumsumfeld, nachhaltige Arbeit. Wichtigste Ergebnisse: • 29 % Arbeitsengagement • 30 % Arbeitszufriedenheit • 20 % Burnout-Symptome • 22 % Kündigungsabsicht (wenn alle Arbeitsplatzfaktoren mittelmässig sind) • *Inklusivität* hat aufgrund dieser vier Faktoren am Arbeitsplatz den grössten positiven Einfluss auf das Arbeitsengagement und die Arbeitszufriedenheit • Der Wechsel von mässig toxischem Verhalten am Arbeitsplatz zu wenig toxischem Verhalten am Arbeitsplatz hat die Arbeitszufriedenheit nicht verändert. Das Gleiche gilt für Arbeiten mit mittlerer bis hoher Nachhaltigkeit.
De Smet, Dowling, Mugayar-Baldocchi & Schaninger 2022, McKinsey Quarterly Based auf McKinsey's Great Attraction Umfrage (2021; n= 587 US Arbeitende)	*Gone for Now, or Gone for Good? How to Play the New Talent Game and Win Back Workers*	Die häufigsten Gründe, warum Menschen einen Job aufgeben, ohne einen anderen zu haben: • 35 % gleichgültige Führungskräfte • 35 % unhaltbare Erwartungen an die Arbeitsleistung • 35 % mangelndes Karriereentwicklungs- und Aufstiegspotenzial • 31 % Mangel an sinnvoller Arbeit • 29 % mangelnde Unterstützung für die Gesundheit und das Wohlbefinden der Mitarbeiter • 27 % unzureichendes Gesamtvergütungspaket, 27 % mangelnde Flexibilität am Arbeitsplatz • 25 % unzuverlässige und nicht unterstützende Menschen am Arbeitsplatz • 15 % unsichere Arbeitsumgebung • 12 % nicht integrative, unfreundliche und unverbundene Gemeinschaft • 11,5 % unzureichende Ressourcenzugänglichkeit, 11,5 % mangelnde geografische Anbindung und unangemessene Reiseanforderungen

Autor(en) / Publikation	Titel/Inhalt	Erkenntnisse
Randstad 35.000 Arbeitnehmer (zwischen 18 und 67 Jahren) in 34 Märkten (Europa, Asia Pacific, und Americas), Mindeststichprobengröße von 500 pro Markt	*Randstad Work Monitor 2022*	• Menschen, die sagten, sie würden einen Job aufgeben, der sie daran hindert, ihr Leben zu geniessen: 18–24 Jahre (56 %), 55–67 (38 %); Je älter, desto wichtiger ist die Arbeitsplatzsicherheit • Die einen Job gekündigt haben, weil er nicht zu ihrem Privatleben passte: 18–24 (41 %), 25–34 (40 %), 35–44 (36 %), 45–54 (30 %), 55–67 (25 %) • Sind eher arbeitslos als unglücklich in einem Job zu sein, den sie nicht mögen: 18–24 (40 %), 25–34 (38 %), 35–44 (36 %), 45–54 (28 %), 55–67 (25 %) • Es würde ihnen nichts ausmachen, weniger Geld zu verdienen, wenn sie das Gefühl hätten, dass ihr Job etwas zur Gesellschaft/Welt beiträgt: 18–24 (42 %); 25–34 (40 %), 35–44 (37 %), 45–54 (29 %), 55–67 (25 %) • Sie würden einen Job nicht annehmen, wenn die Organisation keine proaktiven Anstrengungen unternehmen würde, um ihre Vielfalt und Gerechtigkeit zu verbessern: 18–24 (49 %), 25–34 (46 %), 35–44 (43 %), 45–54 (37 %), 55–67 (33 %) • Haben im vergangenen Jahr eine Gehaltserhöhung erhalten: 18–24 (41 %), 25–34 (43 %), 35–44 (38 %), 45–54 (30 %), 55–67 (28 %) • Haben im vergangenen Jahr neue Schulungs- oder Entwicklungsmöglichkeiten erhalten: 18–24 (40 %), 25–34 (33 %), 35–44 (27 %), 45–54 (18 %), 55–67 (13 %) • Haben im vergangenen Jahr verbesserte Leistungen gesehen: 18–24 (36 %), 25–34 (29 %), 35–44 (23 %), 45–54 (14 %), 55–67 (9 %) • Bedeutung der Arbeit in ihrem Leben: APAC (70 %), Nordamerika (71 %), Lateinamerika (88 %), Nordwesteuropa (63 %), Osteuropa (79 %), Südeuropa (74 %) • Ihr Job bietet Flexibilität in Bezug auf die Arbeitszeiten: 18–24 (61 %), 25–34 (61 %), 35–44 (62 %), 45–54 (57 %), 55–67 (56 %) • Ihr Job bietet Flexibilität in Bezug auf den Standort: 18–24 (51 %), 25–34 (53 %), 35–44 (50 %), 45–54 (42 %), 55–67 (38 %)

Autor(en) / Publikation	Titel / Inhalt	Erkenntnisse
		• Selbstverbesserung: Interesse an Nachhaltigkeits-schulungen: 18–24 (29 %), 25–34 (27 %), 35–44 (25 %), 45–54 (21 %), 55–67 (18 %) • Entwicklung in ihrer aktuellen Rolle: 18–24 (50 %), 25–34 (54 %), 35–44 (55 %), 45–54 (54 %), 55–67 (48 %) • Weiterentwicklung ihrer Soft Skills: 18–24 (56 %), 25–34 (55 %), 35–44 (51 %), 45–54 (44 %), 55–67 (34 %) • Entwicklung der für ihre Rolle erforderlichen technischen Fähigkeiten: 18–24 (49 %), 25–34 (50 %), 35–44 (49 %), 45–54 (47 %), 55–67 (43 %) • Kein Interesse an Lern- und Entwicklungs-möglichkeiten: 18–24 (5 %), 25–34 (6 %), 35–44 (8 %), 45–54 (14 %), 55–67 (28 %) • Bedeutung von Schulung und Entwicklung: APAC (74 %), Nordamerika (72 %), Lateinamerika (90 %), Nordwesteuropa (69 %), Osteuropa (78 %), Südeuropa (82 %) Es lässt sich generell sagen, dass je älter die Menschen werden, desto wichtiger wird die Arbeitsplatz-sicherheit und desto weniger sind die Menschen bereit, einen nicht erfüllenden bzw. negativen Arbeitsplatz zu verlassen. Zudem nimmt auch die Lernbereitschaft ab, welche sich auch in weniger Fördermassnahmen widerspiegelt.

Autor(en) / Publikation	Titel / Inhalt	Erkenntnisse
Dhingra, Samo, Schaninger & Schrimper 2021, Mc Kinsey Basiert auf der McKinsey Individual Purpose Umfrage 2020 (N=1,021 US Arbeiter, mit einer grossen Bandbreite an Alter, Einkommen, Funktionen und Beschäftigungsverhältnissen)	*Help your Employees Find Purpose – or Watch them Leave*	• *70 % der Mitarbeiter gaben an, dass ihr Sinn und Zweck durch ihre Arbeit bestimmt wird* • Führungskräfte und oberes Management: 85 % stimmten zu, dass sie ihren Zweck in ihrer täglichen Arbeit leben können. 13 % sind neutral, 2 % stimmen überhaupt nicht zu • Frontline-Manager und Frontline-Mitarbeiter: 15 % (stark) einverstanden, 36 % neutral, 49 % (stark) nicht einverstanden • Wichtig, denn je höher Sinn und Zweck, desto höher die Zufriedenheit mit dem eigenen Leben (Energie, Gesundheit und Belastbarkeit) und mit der Arbeit (Engagement, Leistung, Verbundenheit und Begeisterung) (nicht relevant für Arbeitsstolz und Engagement)
McKinsey 2020 Basiert auf ISSP 2015 «Work Orientations IV» No. 6770 Umfrage (GESIS) N = 51,668	*Good Bosses Make Good Workplaces*	Es besteht ein *Zusammenhang zwischen der Beziehung zwischen Management und Mitarbeitern und der Arbeitszufriedenheit*: • Bei einem *sehr guten Verhältnis* zwischen Management und Mitarbeitern: 74 % sehr zufrieden, 20 % ziemlich zufrieden, 3 % neutral, 3 % anders • Bei einem *recht guten Verhältnis* zwischen Management und Mitarbeitern: 43 % sehr zufrieden, 45 % ziemlich zufrieden, 8 % neutral, 3 % ziemlich unzufrieden, 1 % anders • Bei einem *neutralen Verhältnis* zwischen Management und Mitarbeitern: 21 % sehr zufrieden, 43 % eher zufrieden. 24 % neutral, 9 % eher unzufrieden, 3 % sehr unzufrieden • Bei einer *schlechten Beziehung* zwischen Management und Mitarbeitern: 15 % sehr zufrieden, 37 % ziemlich zufrieden, 20 % neutral, 19 % ziemlich unzufrieden, 9 % sehr unzufrieden • Bei einem *sehr schlechten Verhältnis* zwischen Management und Mitarbeitern: 15 % sehr zufrieden, 23 % ziemlich zufrieden, 17 % neutral, 19 % ziemlich unzufrieden, 26 % sehr unzufrieden

Autor(en) / Publikation	Titel / Inhalt	Erkenntnisse
De Neve et al. 2018 UK und europäische Umfrage, 2015 (n= 27,732, in 37 Ländern) 2020, Buch «Can we be happier?» von Layard	*Work and Well-Being – Global Happiness Policy Report*	• Treiber der *Lebenszufriedenheit*: 25 % Arbeitszufriedenheit, 36 % psychische Gesundheit, 39 % andere • Treiber der *Arbeitszufriedenheit*: 39 % zwischenmenschliche Beziehungen, 35 % interessanter Job, 26 % Sonstiges • Treiber der *Zufriedenheit in zwischenmenschlichen Beziehungen am Arbeitsplatz*: 86 % Beziehung zum Management, 14 % Beziehung zu Kollegen

Tabelle 5: Umfragen zur Arbeitsplatzzufriedenheit

II. Studie der Universität St. Gallen
II.a Kategoriensysteme

Kategoriensystem «Führungsfehler»

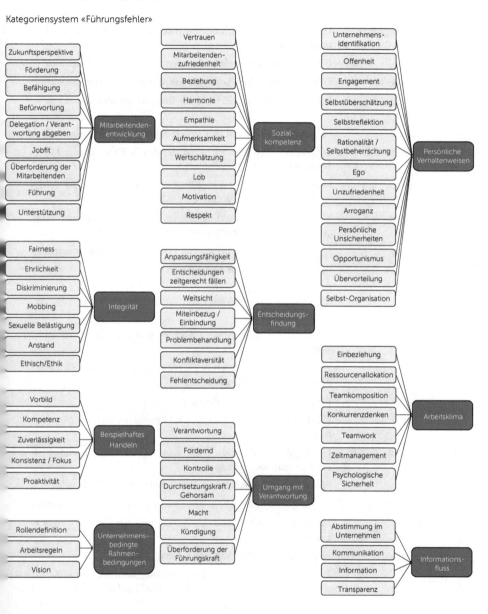

Erläuterungen «Führungsfehler»

Abstimmung im Unternehmen	Kommunikation und Informationsfluss zwischen verschiedenen Abteilungen
Anpassungsfähigkeit	Führungskraft kann sich der Situation anpassen und auf Mitarbeitende eingehen
Anstand	Führungskraft ist korrekt und integer gegenüber Mitarbeitenden
Arbeitsregeln	Führungskraft stellt in Bezug auf das Arbeitsumfeld klare Regeln auf
Arbeitsplatzsicherheit	Die Mitarbeitenden fühlen sich an ihrem Arbeitsplatz sicher
Arroganz	Führungskraft benimmt sich abwertend gegenüber Mitarbeitenden
Aufmerksamkeit	Führungskraft ist achtsam gegenüber den Bedürfnissen der Mitarbeitenden
Befähigung	Führungskraft befähigt seine Mitarbeitenden, um sich selbst weiterzuentwickeln oder Aufgaben selbstständig zu bewältigen
Befürwortung	Führungskraft unterstützt Mitarbeitende, indem sie ein gutes Wort bei Dritten für die Mitarbeitenden einlegt (Fürsprecher)
Beziehung	Führungskraft achtet auf ein gutes Verhältnis zu den Mitarbeitenden
Delegation	Führungskraft delegiert Aufgaben an Mitarbeitende
Diskriminierung	Führungskraft macht unzutreffende oder abwertende Bemerkungen oder Handlungen aufgrund von Geschlecht, Herkunft, Religion, Alter oder Aussehen
Durchsetzungskraft	Führungskraft kann eigene Absichten und Aufgaben auch gegen Widerstände in die Tat umsetzen
Ego	Führungskraft ist sich selbst am nächsten und kümmert sich nicht oder zu wenig um Mitarbeitende
Empathie	Führungskraft zeigt Einfühlungsvermögen
Engagiert	Führungskraft zeigt Einsatz für die Organisation und die Mitarbeitenden
Entscheidung fällen	Führungskraft entscheidet, auch wenn nicht immer alle wünschbaren Informationen vorliegen
Ethisch	Führungskraft verhält sich ethisch korrekt und befolgt Regeln
Ehrlichkeit	Führungskraft ist aufrichtig und geradlinig gegenüber Mitarbeitenden
Einbeziehung	Führungskraft achtet darauf, alle Mitarbeitenden im Team zu integrieren
Fairness	Führungskraft verhält sich korrekt und anständig
Fehlentscheidung	Führungskraft hat eine Fehlentscheidung getroffen, und diese hat sich negativ auf das Unternehmen oder das Unternehmensklima ausgewirkt
Fokus	Führungskraft arbeitet zielgerichtet

Fordernd	Führungskraft verlangt Erfüllung von Aufträgen und Aufgaben
Fördern	Führungskraft kümmert sich um ihre Mitarbeitenden und entwickelt sie weiter
Führung	Führungskraft unterstützt Mitarbeitende positiv bei deren Arbeitsausführung, agiert wie ein Mentor oder ein Coach
Gehorsam/ Durchsetzungskraft	Führungskraft auf Mittelmanagement-Ebene lässt sich von Top-Management-Führungskräften beeinflussen Gehorsam und Durchsetzungskraft bilden hier Gegenpole, wobei die Führungskraft in eines der beiden Extreme abdriften kann
Harmonie	Führungskraft legt Wert auf eine positive Stimmung im Team
Information	Führungskraft beliefert Mitarbeitende mit wichtigen Neuigkeiten und Hintergrundwissen
Jobfit	Führungskraft kann einschätzen, ob Mitarbeitende die Fähigkeit haben, eine Aufgabe zufriedenstellend zu erledigen
Kommunikation	Führungskraft kann sich gut mitteilen und mit allen Mitarbeitenden Feedback- und Konfliktgespräche führen
Kompetenz	Führungskraft hat die nötigen Fähigkeiten, um die Führungsrolle einzunehmen und die gestellten Aufgaben zu erledigen
Konfliktaversität	Führungskraft macht sich nicht gerne unbeliebt; sie will es allen recht machen; sie will die Mitarbeitenden nicht zu stark fordern; Konflikten geht sie aus dem Weg
Konkurrenzdenken schaffen	Führungskraft bringt Mitarbeitende gegeneinander auf, schafft interne Wettbewerbssituationen, die sich kontraproduktiv auswirken
Konsistenz	Führungskraft hat eine klare Linie und handelt in sich schlüssig
Kontrolle	Führungskraft überprüft die Zielerreichung delegierter Aufgaben, ohne ins Micromanagement abzudriften
Kündigung	Trennung von Führungskräften oder Mitarbeitenden oder ausbleibende Trennung von Mitarbeitenden, welche die Leistung nicht erbringen
Lob	Führungskraft anerkennt die Arbeit/das Verhalten von Mitarbeitenden, Wertschätzung für Leistungen
Macht	Führungskraft weiss mit Macht umzugehen, ohne diese auszunutzen
Mitarbeitendenzufriedenheit	Führungskraft gelingt es, dass ihre Mitarbeitende zufrieden sind am Arbeitsplatz
Miteinbezug/ Miteinbindung	Führungskraft integriert Mitarbeitende in Entscheidungen
Mobbing	Führungskraft widersetzt sich der Schikanierung oder dem Bullying von und zwischen Mitarbeitenden
Motivation	Führungskraft kann Mitarbeitende positiv beeinflussen, ermuntern und anspornen
Offenheit	Führungskraft ist offen gegenüber Neuem und anderen Ideen

Opportunismus	Führungskraft setzt sich nur dann ein, wenn ein klarer Nutzen aus der Situation entsteht
Proaktivität	Führungskraft ist vorausschauend, initiativ und handelt zukunftsweisend
Problembehandlung	Führungskraft nimmt Herausforderungen rasch an und sucht nach Lösungen
Psychologische Sicherheit	Führungskraft stellt eine Team-Atmosphäre her, die Sicherheit und Vertrauen bei den Mitarbeitenden hervorruft
Rationalität / Selbstbeherrschung	Führungskraft handelt rational und nicht emotional, wobei sich die Führungskraft auch in schwierigen Situationen beherrschen kann Rationalität und Selbstbeherrschung bilden hier Gegenpole, wobei die Führungskraft in eines der beiden Extreme abdriften kann
Respekt	Führungskraft geht umgänglich, tolerant und fair mit Mitarbeitenden um
Ressourcenallokation	Führungskraft kann Ressourcen der Mitarbeitenden gut einschätzen und gekonnt auf Projekte verteilen; sie stellt Mittel zur Aufgabenerfüllung bereit
Rollendefinition	Führungskraft definiert klare Verantwortlichkeiten/Aufgabenbereiche
Selbstbeherrschung	Führungskraft lässt sich nicht von negativen Emotionen beherrschen
Selbstorganisation	Führungskraft ist strukturiert, folgt Prioritäten und hat den Überblick
Selbstreflektion	Führungskraft denkt über eigenes Verhalten und mögliche Auswirkungen nach und leitet daraus Massnahmen ab
Selbstüberschätzung	Führungskraft überschätzt sich und die eigenen Stärken und Möglichkeiten
Sexuelle Belästigung	Führungskraft macht sexualisierende Bemerkungen und Handlungen, die entwürdigend bzw. beschämend wirken, nähert sich körperlich unangemessen an und/oder bedrängt einen Mitarbeitenden sexuell
Teamkomposition	Führungskraft achtet auf eine diverse Zusammenstellung des Teams und eine gute Stimmung
Teamwork	Führungskraft unterstützt das Team, damit dieses gut zusammenarbeitet, und fördert die Zusammenarbeit mit anderen Teams der Organisation
Transparenz	Führungskraft kommuniziert klar, offen und nachvollziehbar und handelt entsprechend
Unterstützung	Führungskraft hilft Mitarbeitenden und steht mit Rat und Tat zur Seite
Übervorteilung	Führungskraft nutzt Mitarbeitende oder eine Situation aus
Überforderung der Mitarbeitenden	Führungskraft verlangt zu viel von ihren Mitarbeitenden
Überforderung der Führungskraft	Führungskraft wird ihrer Rolle nicht gerecht, es fehlt ihr an wichtigen Kompetenzen

Unsicherheit	Führungskraft hat Angst um die eigene Position bzw. agiert wenig vertrauensvoll
Unternehmens-identifikation	Mangelnde Einsatzbereitschaft und fehlendes Commitment von Führungskräften gegenüber dem Unternehmen
Unzufriedenheit	Führungskraft ist mit der jetzigen Position oder Situation unglücklich
Verantwortung übernehmen	Führungskraft kann für sich und seine Mitarbeitenden Antworten geben und Rechenschaft ablegen
Vertrauen	Zwischen Führungskraft und Mitarbeitenden herrscht ein positives und zuversichtliches Verhältnis, geprägt von gegenseitiger Achtung
Vision	Führungskraft hat eine klare Vorstellung von Sinn und Zweck der Organisation, die sie verständlich den Mitarbeitenden mitteilt
Vorbild	Führungskraft geht mit gutem Beispiel voran und lebt die Werte der Organisation
Weitsicht	Entscheidungen werden strategisch und mit Weitsicht getroffen
Wertschätzung	Führungskraft anerkennt und schätzt die Leistung von Mitarbeitenden
Zeitmanagement	Führungskraft kann die Zeitverhältnisse gut planen und einordnen
Zukunftsperspektive geben	Den Mitarbeitenden Möglichkeiten für die persönliche Weiterentwicklung aufzeigen
Zuverlässigkeit	Mitarbeitende können sich auf Führungskraft verlassen

Kategoriensystem «Auswirkungen»

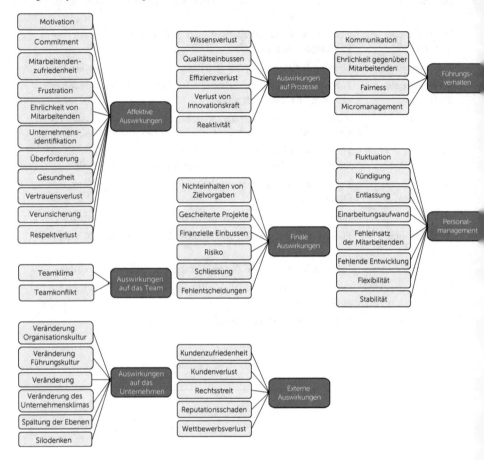

Erläuterungen «Auswirkungen»

Commitment	Mitarbeitende bringen sich nicht mehr ein, engagieren sich nicht, fühlen sich nicht involviert oder verbunden
Effizienzverlust	Arbeiten oder Entscheidungen werden nicht erfolgreich ausgeführt, Verlangsamung der Arbeit, verringerte Leistung, verzögerte Projekte
Ehrlichkeit gegenüber Mitarbeitenden	Führungskraft ist nicht aufrichtig zu Mitarbeitenden
Ehrlichkeit von Mitarbeitenden	Mitarbeitende verheimlichen Handlungen oder Ereignisse, agieren hinter dem Rücken von Führungskräften, lügen
Einarbeitungsaufwand	Der Aufwand (Zeit, Kosten), um Angestellte in ein bestimmtes Aufgabengebiet einzuarbeiten, steigt
Entlassung	Mitarbeitende müssen das Unternehmung verlassen
Fairness	Mitarbeitende werden ungleich behandelt
Fehleinsatz der Mitarbeitenden	Mitarbeitende werden für andere Aufgaben eingesetzt als ursprünglich geplant, die nicht in ihrem Kompetenzbereich sind, oder Mitarbeitende werden überlastet
Fehlende Entwicklung	Fehlende Entwicklung von Mitarbeitenden und / oder der Organisation, Mitarbeitende werden nicht unterstützt, sich beruflich weiter zu entwickeln
Fehlentscheidungen	Es werden falsche Entscheidungen getroffen
Finanzielle Einbussen	Das Unternehmen verliert Geld, Personen erleiden Lohnverluste
Flexibilität (fehlende)	Starrheit der Unternehmensleitung, von Führungskräften
Fluktuation	Abgänge von Angestellten (wenn nicht spezifiziert ist, ob Kündigung oder Entlassung)
Frustration	Unzufriedenheit von Mitarbeitenden, Führungskräften
Gescheiterte Projekte	Projekte können nicht umgesetzt werden
Gesundheit	Psychologische, physiologische Probleme bei Mitarbeitenden, Führungskräften
Kommunikation	Die Kommunikation nimmt ab, verschlechtert sich, verschwindet
Kundenverlust	Wegfall von Kunden(-aufträgen)
Kundenzufriedenheit	Kunden sind unzufrieden mit Unternehmen, mit Produkt
Kündigung	Mitarbeitende entscheiden selbst, die Stelle zu verlassen
Micromanagement	Führungskraft plant und überwacht die Mitarbeitenden bis ins letzte Detail
Mitarbeitendenzufriedenheit	Mitarbeitende sind unzufrieden
Motivation	Motivation sinkt, Mitarbeitende sind unmotiviert
Nichteinhalten von Zielvorgaben	Die definierten Zielvorgaben werden nicht eingehalten – unabhängig von Mitarbeitenden oder Vorgesetztem

Qualitätseinbussen	Die Qualität der Arbeit sinkt
Reaktivität	Reaktion anstelle von Aktion, es wird mehr problemorientiert anstelle von lösungsorientiert gearbeitet
Rechtsstreit	In einem gerichtlichen Verfahren ausgetragene Auseinandersetzung
Reputationsschaden	Der Ruf des Unternehmens leidet
Respektverlust	Respekt gegenüber der Führungskraft geht verloren; es wird nicht mehr gemacht, was die Führungskraft von den Mitarbeitenden erwartet bzw. fordert
Risiko	Es entstehen Risiken oder Gefahren für Personen, für das Unternehmen
Schliessung	Insolvenz, Unternehmen muss Filiale, Geschäftsstelle, ganzes Unternehmen schliessen oder verkaufen
Silodenken	Nicht unternehmensweites Denken, sondern nur für die einzelne Abteilung oder das einzelne Team
Spaltung der Ebenen	Die Führungsebene und die «ausführende» Ebene entfernen sich voneinander. Fehlende Unterstützung vom Topmanagement
Stabilität (fehlende)	Fehlende Kontinuität, Unsicherheit
Teamklima	Die Stimmung im Team verschlechtert sich, Unzufriedenheit nimmt zu, Zusammenarbeit leidet
Teamkonflikt	Es entstehen zwischenmenschliche Konflikte in Teams, Streit eskaliert
Überforderung	Mitarbeitende und/oder Führungskraft sind überfordert
Veränderung Unternehmensklima	Die Stimmung im Unternehmen verschlechtert sich
Unternehmensidentifikation	Mitarbeitende stehen nicht mehr hinter dem Unternehmen, fehlende Loyalität, innere Kündigung, Führungskräfte stehen nicht mehr hinter dem Unternehmen
Veränderung der Führungskultur	Führungskultur verschlechtert sich
Veränderung der Organisationskultur	Die Organisationskultur verändert sich
Verlust von Innovationskraft	Innovative Ideen nehmen ab oder verschwinden, Innovationskraft des Unternehmens sinkt, geht verloren
Wettbewerbsverlust	Wettbewerbsfähigkeit des Unternehmens sinkt, geht verloren
Wissensverlust	Knowhow geht verloren (oftmals aufgrund von Kündigungen)
Vertrauensverlust	Das Vertrauen der Mitarbeitenden in das Unternehmen und/oder die Führungskraft geht verloren, Vertrauensmissbrauch, Misstrauen
Verunsicherung	Mitarbeitende / Führungskräfte sind verunsichert
Missverständnisse	Missverständnisse zwischen den einzelnen Teammitgliedern und/oder den Teammitgliedern und der Führungskraft entstehen

ategoriensystem «Massnahmen»

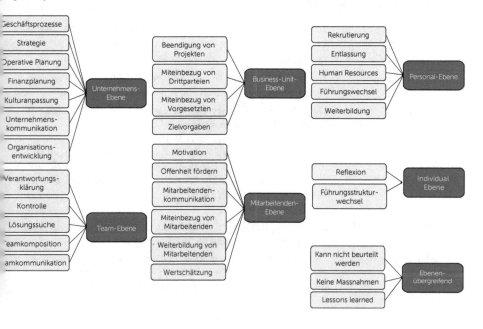

Erläuterungen «Massnahmen»

Beendigung von Projekten	Aktives Beenden von bestehenden und laufenden Projekten, aktive Entscheidung (vs. gescheitertes Projekt = Auswirkung)
Entlassung	Die Führungskraft wurde von der Unternehmung entlassen
Finanzplanung	Die finanziellen Auswirkungen des Führungsfehlers wurden refinanziert; Findung von Finanzgeber; Firmenverkauf; Accounting
Führungsstrukturwechsel	Die Führungsstruktur wurde angepasst und um die Führungskraft herum werden Strukturen angepasst a) Anpassung der Strukturen (z. B. Jobsharing) b) Führungskraft änderte ihren Führungsstil *(wenn explizit genannt wird, dass Leute in Entscheidungsfindung miteinbezogen werden, dann ist es «lessons learned», wenn nur die Erkenntnis da ist, dass Mitarbeitende mehr einbezogen werden, dann gehört es in «Lösungssuche»)*
Führungswechsel	Die Führungskraft hat das Unternehmen verlassen, und eine neue Führungskraft übernimmt die Verantwortung
Geschäftsprozesse	Organisation und dessen Arbeitsabläufe, Prozess und Strukturen (Systematik angepasst) wurden agiler gemacht, zum Beispiel durch die Digitalisierung einzelner Prozesse oder den Abbau von unnötigen Routinen
Human Resources	Alles, was nicht unter Rekrutierung fällt, z.b. Bewertungsschema, Lohnerhöhung etc.
Kann nicht beurteilt werden	Die Person (Rückmeldung) war nicht genügend lang im Unternehmen, um Massnahmen zu beurteilen oder hat das Unternehmen vor den Massnahmen verlassen
Keine Massnahmen	Trotz Auswirkungen der Führungsfehler wurden keine Massnahmen ergriffen; schlussendlich kann es zur Eskalation kommen; Kosmetikkorrekturen; die Analyse des Führungsfehlers und die Diskussion zu den Massnahmen wurde auf einen späteren Zeitpunkt vertagt
Kontrolle	Einführung von Kontrollsystemen und mehr Kontrolle der Mitarbeitenden seitens der Führungskraft
Kulturanpassung	Die Organisationskultur wurde angepasst (Investition in die Themen Kultur, Zusammenarbeit, Vertrauen, Werte)
Offenheit fördern	Die Mitarbeitenden wurden ermutigt, sich zu melden, falls etwas nicht nach Plan läuft, sich mehr einzubringen und aufgefordert, Kritik zu artikulieren und/oder Unregelmässigkeiten oder Fehler zu melden
Operative Planung	Klare und transparentere Planung von Aufgaben; Zusammenarbeit zwischen Abteilungen wurde verbessert
Lessons learned	Die Erfahrung, welche aufgrund des Führungsfehlers entstand, wurde genutzt, um das Unternehmen/die Organisation besser zu machen. Die gewonnenen Erkenntnisse führten zu Anpassungen
Lösungssuche	Alle erkannten Aspekte des Führungsfehlers werden in die Entscheidungsfindung miteinbezogen und in Projekten oder Workshops aufgearbeitet

Mitarbeitendenkommunikation	Es wurde das Gespräch mit den Mitarbeitenden gesucht (bilaterale Gespräche mit Mitarbeitenden), um das Fehlverhalten direkt zu besprechen
Miteinbezug von Drittparteien	Drittparteien wie Arbeitspsychologen, Beratungsfirmen, etc. wurden beigezogen, um mit dem Führungsfehler umzugehen
Miteinbezug von Mitarbeitenden	Die Mitarbeitenden wurden vermehrt in Entscheidungsprozesse einbezogen
Miteinbezug von Vorgesetzten	Die Vorgesetzten der Führungskraft wurden beigezogen
Motivation	Motivation der Mitarbeitenden wurden gestärkt und gefördert
Reflexion	Vergangene Entscheidungen wurden überdacht (Teamreflexion und Selbstreflexion). Es wurde noch nicht gehandelt, es ging lediglich ums «Denken»
Rekrutierung	Der Rekrutierungsprozess wurde überarbeitet und die Kandidaten sorgfältiger ausgewählt. Dabei wurden die Auswahlkriterien angepasst und auf den Job-, Team- und Personen-Fit geachtet
Strategie	Aufgrund des Führungsfehlers wurde die Unternehmensstrategie angepasst, beispielsweise wurden neue Vertriebskanäle/Kunden gesucht oder eine Digitalisierungsstrategie eingeführt
Teamkommunikation	Vorgesetzter änderte die Kommunikation mit seinem Team, machte Kommunikation transparenter, offener, ehrlicher
Unternehmenskommunikation	Kommunikationsstrategie wurde angepasst, Kommunikation im Unternehmen wurden transparenter gemacht, die Kommunikationswege wurden verkürzt
Verantwortungsklärung	Die Verantwortung an die Teammitglieder wurde anders delegiert, sodass der Arbeitsprozess optimiert werden konnte. Die Rollen betreffend Verantwortung wurden aufgrund des Führungsfehlers klarer definiert
Weiterbildung Führungskraft	Die Führungskraft erhielt zusätzliche Schulungen zur Führung: Weiterbildung, Coaching, Weiterentwicklung des Führungsverständnisses, etc.
Weiterbildung Mitarbeitende	Die Mitarbeitenden erhielten zusätzliche Schulungen zu ihrem Verantwortungsbereich, Weiterbildung, Coaching, etc.
Wertschätzung	Führungskraft schuf mehr Zeit und Raum für die Mitarbeitenden. Gleichbehandlung von Mitarbeitenden sowie Anerkennung der Leistung von Mitarbeitenden
Zielvorgaben	Die Zielvorgaben wurden besser formuliert, die Einhaltung der Ziele wurde besser überwacht
Organisationsentwicklung	Die Organisation wurde umstrukturiert
Teamkomposition	Die Zusammenstellung des Teams wurde geändert

Tabelle 6: Kategoriensystem für die Auswertung der HSG-Umfrage

II.b Absagen von Organisationen

Bei den angefragten Organisationen kontaktierten wir stets Mitglieder des Topmanagements. Einige wollten aus unterschiedlichen Gründen nicht an unserer Umfrage teilnehmen.

Es bleibt die Hoffnung, dass die Absagen nicht erfolgten, weil das Topmanagement die Resultate scheute oder allgemein der Überzeugung war, es gebe in ihrer Organisation keine Fehler. Das wäre ein schlechtes Zeichen: Wer der Realität nicht in die Augen schaut und die Fakten nicht so akzeptiert, wie sie sind, läuft Gefahr, Fehler zu übersehen oder sie nicht ernst zu nehmen. Daraus kann eine «Hurra-Kultur» entstehen, in der die schlechten Nachrichten kein Gehör finden oder negiert werden, getreu dem Motto: «Wir sind super, bei uns läuft alles nach Plan, und wir werden stets auf der Erfolgsstrasse weiterfahren.» Diese Haltung ist gefährlich, weil genau sie zu Fehlern führen kann, die es nicht geben darf, die nun aber die Organisation umso unvorbereiteter treffen und in eine echte Krise abdriften lassen können. Hier folgen einige Beispiele für Absagen, die wir bekommen haben.

CEO einer Industriefirma mit mehreren tausend Mitarbeitern:

> «Und da ‹Managementfehler› zurzeit nicht auf unserer Führungsagenda steht, sondern andere wichtige Themen, bin ich nicht bereit, meine Mannschaft dafür zu mobilisieren.»

HR-Chef einer international tätigen Grossbank:

> «Wir haben im Moment ein grosses Leadership-Programm am Laufen, bei dem wir ganz neue Formen der Führung in einer digitalisierten und agilen Organisation einführen. Aus diesem Grund möchten wir lieber nicht auf ‹alte Führungsfehler› fokussieren. Wir haben im Moment den Fokus sehr auf ‹neue Führungsformen› (vor allem agile) und ‹positive Energie› gerichtet.»

CEO eines grösseren Spitals:

> «Wir machen bei uns von Zeit zu Zeit Umfragen bei den Mitarbeitenden, allerdings bisher noch nie zum Thema Führung. Ich habe länger mit meiner HR-Leiterin gesprochen. Wir beide befürworten die Unterstützung universitärer Forschung und wissen, wie mühsam es sein kann, Unternehmen zu finden, die mitmachen. Wir sind allerdings nicht überzeugt, dass

es sinnvoll ist, das Thema Führungsfehler und eure sehr offenen Fragen dazu allen Mitarbeitenden via Intranet zukommen zu lassen. Wir würden deshalb lieber ein anderes Unterthema für eine erste Umfrage bei den Mitarbeitenden zum Thema Führung wählen.»

HR-Chef einer Industriefirma:

«Leider muss ich Ihnen mitteilen, dass wir uns entschieden haben, nicht teilzunehmen. Wir haben zurzeit bereits eine interne Mitarbeiterzufriedenheitsumfrage am Laufen. Zudem sind wir in einem Change Prozess. Dabei werden unsere Mitarbeitenden laufend aufgefordert, an kurzen Online-Umfragen teilzunehmen. Die Teilnahme an einer weiteren externen Umfrage erachten wir zum heutigen Zeitpunkt als einfach zu viel.»

Abteilungschef einer Bank:

«In der Zwischenzeit konnte ich mit dem CEO die HSG-Umfrage besprechen. Wir sind zum Schluss gekommen, dass wir sie bei uns nicht umsetzen werden. Wir führen in unserer Firma in regelmässigen Abständen bereits Mitarbeiterumfragen durch. Dabei wird auch das Verhältnis zum Vorgesetzten abgefragt, respektive nach dem Führungsverhalten gefragt. Wenn wir jetzt zusätzlich eine anders gelagerte Umfrage einbringen, so führt das zu Verwirrung.»

Divisionsleiter einer grossen Versicherungsgesellschaft:

«Wir sind alle der Meinung, dass das Thema sehr wichtig und die Erkenntnisse sehr interessant wären. Jedoch ist für uns der Zeitpunkt nicht ideal. Wir können deshalb leider nicht mitmachen. Wir beschäftigen uns zurzeit mit dem Thema Lernkultur und werden dieses Thema in den nächsten Wochen mit allen Führungskräften diskutieren. Wir sehen deshalb aktuell die Gefahr, dass wir mit einer erneuten Umfrage und neuem Thema die Kolleginnen und Kollegen irritieren könnten.»

II.c Zitate aus Antworten auf die Umfrage der Universität St. Gallen

Mitarbeitende:

- «Zu geringe Wertschätzung der Mitarbeitenden, keine Förderung, zu wenig Einbeziehung bei Themen, die schlussendlich alle betreffen werden. Oft wird auch zu wenig auf Hinweise auf Missstände eingegangen, was zu hoher Fluktuation führt.»
- «Bevorzugung von Mitarbeitern und dadurch ein schlechtes Betriebsklima.»
- «Profilierungsneurose und Kontrollverlustängste anstelle von Vertrauen und Empathie. Die Unfähigkeit zu akzeptieren, dass die Intelligenz eines Teams grösser sein kann als die eines einzelnen.»
- «Entscheidungen werden nicht getroffen, man versucht, Dinge auszusitzen, und wenn Entscheidungen getroffen werden, so haben diese keinen Bestand. Somit bleibt der Rahmen, der für die eigenen Entscheidungen bleibt, unklar. Das verursacht eine grosse Frustration.»
- «Mitarbeiter anlügen und hintergehen.»
- «Wenn Angst als Führungswerkzeug genutzt wird und die Organisation solche haarsträubenden Führungsstile erlaubt bzw. solche Leute in Führungspositionen befördert, dann ist das ein Problem der Organisation.»
- «Das Budget zur Förderung der Mitarbeiter ist symbolisch. Versprochene Zusagen werden kurzfristig zurückgenommen. Den Mitarbeitenden wird das Gefühl vermittelt, dass sie froh sein dürfen, für das Unternehmen zu arbeiten, nicht umgekehrt.»
- «Eine Führungsperson, die sich nur nach oben orientiert und sich weder fachlich noch menschlich um ihre direkt unterstellten Mitarbeitenden kümmert.»
- «Fachlich und rhetorisch war mein Chef top. Aber es ging immer und ausschliesslich nur um ihn. Sein Vorgesetzter hat ihn gedeckt. Er war aus gleichem Holz.»
- «Respektlosigkeit, Gleichgültigkeit, mangelnde Wertschätzung. Konkret: Wasser predigen, Wein trinken. Gib den Leuten Macht und du wirst sehen, was sie für einen Charakter haben.»
- «Unterschiedliche Behandlung von Mitarbeitenden: Höflich und zuvorkommend gegenüber höher gestellten und besser ausgebildeten Personen, herablassend und grob gegenüber einfachen Mitarbeitenden. Das hat die Stimmung im Team stark belastet und zu Abwanderungen geführt.»
- «Die Vorgesetzten haben sexuelle Belästigung am Arbeitsplatz geduldet, nichts dagegen unternommen.»

- «Urkundenfälschungen waren an der Tagesordnung. Als eine Führungskraft durch eine Mitarbeiterin darauf aufmerksam gemacht wurde, wurde die Mitarbeiterin als illoyal entlassen.»
- «Der Vorgesetze möchte es allen Mitarbeitenden recht machen und keine unpopulären Entscheidungen treffen. Er ist nicht konfliktfähig. Missstände werden nicht angesprochen und somit auch nicht behandelt. Die Konsequenz sind frustrierte Mitarbeitende.»
- «Eine neue Führungscrew stellt Zielbild und Prozesse auf den Kopf, um dann später zu realisieren, dass die Arbeit der Vorgänger nicht grundsätzlich falsch war. Das Zurück-Optimieren kostete unglaublich viele Ressourcen.»

Teamleitende:

- «Das Mikromanagement des Vorgesetzten führte zu grosser Demotivation und zum Abgang verdienter Mitarbeiter.»
- «Unser Chef hatte kein Interesse an Leadership. Er hat schlicht nicht geführt, gab uns keinen Halt und hatte kein Interesse an seinen Mitarbeitenden. Das führte zu viel Frust und zu Abgängen.»
- «Ständig zunehmender Zeitaufwand für interne Bürokratie. Es werden immer mehr Informationen abgefragt, welche aber offensichtlich zu einem wesentlichen Teil nur zur Erstellung von Statistiken dienen.»
- «Die Kultur ist ein zentrales Gut der Unternehmung. Diese Kultur ist aber nicht, was sich die Unternehmung vornimmt und auf Plakate schreibt, sondern was die Vorgesetzten konkret vorleben.»
- «Der CEO hat einen Grossteil der Ämter der Geschäftsleitung zu sich genommen. Mit den VR-Mitgliedern war er eng befreundet. Es gab somit im Unternehmen eine Art Diktatur. Die komplette Governance hat versagt.»
- «Der grösste Führungsfehler bestand darin, dass die obersten Chefs den Kontakt mit den unteren Stufen verloren haben. Sie leben dann in ihrer eigenen Welt und werden realitätsfremd.»
- «Der Druck von oben wurde über längere Zeit aufrechterhalten, was zu Mehrleistungen der Teams, aber auch zu Unzufriedenheit und krankheitsbedingten Ausfällen führte. Man sei für die eigene Gesundheit selbst verantwortlich, hiess es. Das ist aber falsch: Die Chefs müssen achtgeben auf ihre Mitarbeitenden.»
- «Um den Bonus zu wahren, wird gelogen und werden Fehlentscheidungen getroffen. Als Folge leidet die Zusammenarbeit in der Firma, Kader geben den Druck auf die Mitarbeiter weiter, was zu Unzufriedenheit führt, kleinste Fehler und Fehlverhalten werden geahndet.»

- «Wenn das Topmanagement grundlegende Führungsfehler macht, dann wird es für eine Führungskraft auf unterer Ebene schwierig, da noch etwas Gutes zu bewirken.»
- «Hochqualifizierte und hocheffiziente Fachkräfte werden nicht als solche erkannt und nicht richtig betreut. Folgen: Hohe Fluktuation, Knowhow- und Effizienzverlust.»
- «Gleichgültigkeit von GL und VR bei groben Führungsfehlern und weit überdurchschnittlicher Fluktuationsrate.»
- «Arbeitseinsatz und -moral eines Mitarbeiters nahm rapid ab. Anstatt rasch aktiv zu werden, habe ich die Aufgaben an andere Teammitglieder verteilt. Das führte zu Missstimmung.»
- «Ich habe schon mindestens zehn Mitarbeiterumfragen mitgemacht. Feedbacks aus diesen Befragungen wurden systematisch ignoriert.»
- «Fehleinschätzung der eigenen Kompetenzen in Kombination mit fehlender Selbstreflexion und Veränderungsbereitschaft.»
- «Es wurden Fehler und Schuldige gesucht, statt der Ursache auf den Grund zu gehen und Lösungen zu suchen.»
- «Der Vorgesetzte hat Mitarbeitende hinter ihrem Rücken, vor anderen und vor Kunden schlecht gemacht.»
- «Wenn aus Bequemlichkeit, Zeitmangel oder Angst keine ehrlichen Rückmeldungen an Mitarbeitende erfolgen, kann das am Ende fatale Folgen haben.»

Mittleres Management:
- «Ich habe zu wenig auf die Teams gehört. Ich bin vorausgeeilt und habe sie verloren. Daraus habe ich gelernt, über mich selbst zu reflektieren und anderen Meinungen mehr Gewicht zu geben.»
- «Wenn die obersten Chefs Kritik zu heftig äussern und Druck gegen unten aufbauen, so werden sich untere Führungskräfte scheuen, negative Informationen zu melden. Der Ton von oben hat den grössten Einfluss auf die Firmenkultur.»
- «Führungsfehler gibt es zwangsläufig. Aber man muss zu Fehlern stehen. Allerdings werden Führungskräfte zu wenig auf ihre Aufgabe vorbereitet und zu wenig darin unterstützt.»
- «Gerade im mittleren und oberen Kader werden Führungsfehler und -schwächen kaum diskutiert und angegangen. Auch Führungspersonen müssen geführt, gecoacht, begleitet und gefördert werden.»
- «Ich habe erlebt, wie der Angstfaktor aufgrund der unsicheren Zukunft in Kombination mit einer nicht ausreichenden Fehlerkultur zu einer grundsätzlichen Begrenzung des Handelns geführt hat.»

- «Aufsichtsgremien nehmen ihre Aufgaben nicht ernst und haben oft keine Ahnung, wie es wirklich im Unternehmen aussieht und die Stimmung ist. Sie bekommen eine geschönte Wahrheit präsentiert. Sie sollten vielmehr auf Instrumente wie Mitarbeiterbefragungen und Innovationsfähigkeit setzen.»
- «Silodenken und Eigeninteressen führen dazu, dass nicht der beste Output für den Konzern erreicht wird. Dadurch werden Transparenz, proaktive Zusammenarbeit, rasche Entscheidungsfindung und zielführende Kommunikation geschädigt. Diese Kultur wurde von ganz oben so geprägt.»
- «Die Organisation besetzt Kaderpositionen mit Leuten ohne Führungsqualitäten.»
- «Mitarbeiter und ihre Anliegen nicht ernst nehmen. Für Führungskräfte sollte das Vertrauen ihrer Mitarbeiter das wichtigste Gut sein.»
- «Aufbau und Erhalt einer Kultur, die zu sehr auf Eigeninteresse und Boni ausgerichtet ist. Ich führe dies darauf zurück, dass Bescheidenheit und Zurückhaltung stark abgenommen haben. In der breiten Bevölkerung zeigt sich eine Abneigung und grosses Misstrauen gegenüber Besserverdienenden. Und trotzdem machen viele mit und wollen auch profitieren. Ein vermehrt egoistisches Verhalten zeigt sich auch ausserhalb des Arbeitsbereichs. Deshalb erachte ich die Ursache für viele Führungsfehler als ein gesellschaftliches Problem.»
- «Ein einzelner Führungsfehler kann zur Hälfte einer Person angelastet werden und zur anderen Hälfte der Organisation, die nicht eingreift.»
- «Der Kommunikation gegenüber den Mitarbeitenden und dem Team wurde zu wenig Beachtung geschenkt.»

C-Level:

- «Der grösste Führungsfehler besteht darin, dass man meint, der Erfolg basiere allein auf einem selbst. Der Erfolg eines Leaders hängt zum grossen Teil von den Leuten ab, die mit ihm zusammenarbeiten.»
- «Ich habe zu sehr auf die Resultate geschaut und dabei nicht beachtet, dass der entsprechende Chef einen schlechten Charakter hatte, der sich negativ auf sein ganzes Team ausgewirkt hat.»
- «Man vertraut den Meinungen externer Berater mehr als den eigenen Mitarbeitenden.»
- «Ich habe mir zu wenig Zeit genommen, meine direktunterstellten Führungskräfte zu coachen.»

III. Wissenschaftliche Untersuchungen zu Führungsfehlern

Die Tabelle enthält publizierte Artikel und Bücher aus den vergangenen 25 Jahren, die ich aufgrund ihrer wissenschaftlichen Bedeutung und der Aussagekraft für unsere Studie ausgewählt habe:

Autor(en) / Publikation	Titel / Inhalt	Führungsfehler
Barnard-Bahn 2024, Harvard Business Review	*Six Mistakes Leaders Make When Announcing Layoffs*	• Keine Transparenz über den Zustand des Unternehmens • Unklarheit über den weiteren Weg • Der Ton ist nicht richtig • Den verbleibenden Mitarbeitern keine Möglichkeit bieten, Fragen zu stellen • Das Mittlere Management nicht mit ins Boot holen • Keine Wertschätzung gegenüber ausscheidenden Mitarbeitern zeigen
Hancock, Gellatly, Walsh, Arnold, and Connelly 2023, Journal of Management	*Good, Bad, and Ugly Leadership Patterns: Implications for Followers' Work-Related and Context-Free Outcomes*	• Konstruktive und destruktive Führungsmuster waren mit positiven respektive negativen Folgen für Mitarbeitende verbunden • Das passiv-missbräuchliche Muster erwies sich als besonders verheerend für die Geführten • Dennoch hatte Passivität ohne Missbrauch tiefgreifende Auswirkungen auf das psychische Wohlbefinden der Angestellten
Ghazzawi 2023, International Leadership Journal	*Leadership Failures in the Eyes of Subordinates: Perception, Antecedents, and Consequences*	• Negativ, kritisch oder strahlt keine positive Energie aus (44 %) • Nicht aufrichtig, nicht vertrauensvoll oder vage (40 %) • Mikromanager (40 %) • Egozentrisch oder Besserwisser (28 %) • Unhöflich, feindselig oder beleidigend (28 %) • Mangelnde soziale Kompetenz (21 %) • Engstirnig oder eigensinnig (21 %) • Despotisch, autokratisch oder autoritär (16 %) • Beansprucht den Erfolg für die Arbeit anderer für sich (16 %)

Autor(en) / Publikation	Titel / Inhalt	Führungsfehler
Georg Kohlrieser 2023, IMD	10 «People» Mistake Leaders Make	• Keine Zeit nehmen, eine Bindung zu Menschen aufzubauen • Nicht verfügbar und unzugänglich sein (emotionale Distanziertheit) • Nicht auf die Entwicklung von Talenten konzentrieren • Kein regelmässiges Feedback zur Leistung geben • Emotionen nicht berücksichtigen • Konflikte ineffektiv bewältigen • Keine Veränderung vorantreiben • Andere nicht dazu ermutigen, Risiken einzugehen • Missverständnis der Motivation • Aktivitäten verwalten statt Menschen führen
Sayyadi & Provitera 2023, The European Business Review	Four Common Mistakes Leaders Make That Can Destroy Strategic Management	Unverständnis gegenüber • der Bedeutung der Kommunikation • der Bedeutung des Wissensmanagements • der entscheidenden Rolle des Mittleren Managements • den immateriellen Vermögenswerten der Organisation (z. B. Humankapital, Sozialkapital und Organisationskapital)
Contu 2023, Academy of Management Review	Antigone: On Phronesis and How to Make Good and Timely Leadership Decisions	• Antigone erinnert uns daran, dass Führungsentscheidungen, die bedeutsam sind und von Autoritätspersonen getroffen werden, nicht überstürzt werden dürfen • Antigone geht davon aus, dass kollektives Gedeihen durch Handlungen erreicht wird, die Zeit brauchen, und durch Entscheidungen, die durch Phronesis (= Klugheit, Aristoteles) getroffen werden. Phronesis ist Teil einer sorgfältigen und fürsorglichen Rationalität, die auf Sensibilität für das Besondere und einer Offenheit für Zusammenarbeit, Lernen und Veränderung beruht • Fragen, die Antigone stellt: Wenn wir eine Autoritätsposition innehaben, hören wir anderen mit einem offenen Geist zu? Führen wir einen Dialog, lernen wir von anderen? • Was tun wir, wenn wir Zeuge eines autoritären Führungsanspruchs oder einer Entscheidung werden, bei der ein Kollege diskriminiert oder belästigt wird? Sprechen wir unsere Meinung aus oder bleiben wir still?

Autor(en) / Publikation	Titel / Inhalt	Führungsfehler
Pisani 2023, Harvard Business Review	*What New Leaders Shouldn't Do*	• Lass dein Ego nicht gewinnen (versuche nicht, die klügste Person im Raum zu sein) • Mache nicht alles selbst • Setze deinen Führungsstil nicht durch • Vermeide es nicht, negatives Feedback zu geben • Lasse deine Emotionen und deinen Frust nicht an den dir Unterstellten aus
Mehraein, Visintin, and Pittino 2023, International Journal of Management Review	*The Dark Side of Leadership: A Systematic Review of Creativity and Innovation*	• Missbräuchliche Aufsicht • Autoritäre Führung • Genaue Überwachung • Despotische Führung • Direktive Führung • Ausbeuterische Führung • Laissez-faire-Führung • Eigennützige Führung • Untergrabung des Vorgesetzten • Unhöflichkeit des Vorgesetzten • Ausgrenzung des Vorgesetzten
Smith 2023, Harvard Business Review	*Five Mistakes New Managers Make*	• Du merkst nicht, dass du auf der Bühne stehst • Du wählst Hochmut statt Demut • Du vernachlässigst es, alle Stakeholder zu berücksichtigen • Du machst weiter das, was du schon kannst • Du versäumst Feedback einzuholen
Garfinkle Executive 2021, Leadership Briefings (Business Management Daily)	*Avoid These Errors, and Gain Respect*	• Den eigenen Status zur Schau stellen • Nicht vorangehen • Aufträge ohne Erklärung erteilen • Sich selbst zu ernst nehmen • Keine Verantwortung für Fehler anderer übernehmen und nach Lösungen suchen
McHargue 2020, AMA Quarterly	*Advice from Top Executives on 5 Critical Leadership Errors*	• Verwirrung über die wichtigsten Dinge zulassen • Es gelingt nicht, mit Teammitgliedern in Kontakt zu treten • Schreckliche Meetings leiten • Zu schnell einstellen und zu langsam entlassen • Weder Feedback geben noch empfangen

Autor(en) / Publikation	Titel / Inhalt	Führungsfehler
2020, Leadership Briefings (Business Management Daily)	*Avoid these 4 Gaffes*	• Viel zu viel erwarten • Den Mitarbeitern Wissen vorenthalten • Eine zu hohe Arbeitsbelastung schaffen • Ein Kontrollfreak sein
Kellerman and Pittinsky 2020, Book Cambridge University Press	*Leaders Who Lust*	• Macht: das unaufhörliche Verlangen nach Kontrolle • Geld: der grenzenlose Wunsch, grossen Reichtum anzuhäufen • Sex: die ständige Jagd nach sexueller Befriedigung • Erfolg: das unaufhaltsame Bedürfnis, etwas zu erreichen • Legitimität: der unermüdliche Anspruch auf Identität und Gerechtigkeit • Legacy: die endlose Suche, einen bleibenden Eindruck zu hinterlassen
Kanning 2019, Buch Springer Verlag	*Managementfehler und Manager-Scheitern*	Indikatoren für dysfunktionales Management: • Sie zeigen sich zunächst im direkten Verhalten der Manager – beispielsweise in unbeabsichtigten Fehlentscheidungen oder absichtsvollen kriminellen Handlungen • Mittelbar spiegelt sich dysfunktionales Management aber auch in der Arbeitszufriedenheit der Belegschaft, der Fluktuation oder der Kundenzufriedenheit • Die Ursachen liegen sowohl in der Person der Manager (Intelligenz, Persönlichkeit, Fachlichkeit etc.) als auch in ungünstigen Merkmalen ihrer Arbeitsumwelt (Überlastung, willfährige Mitarbeiter, mangelnde Kontrolle usw.)
Christiansen 2019, Harvard Business Review	*8 Things Leaders Do that Make Employees Quit*	• Inkonsistente Ziele und Erwartungen setzen • Zu viele Prozessbeschränkungen • Sie verschwenden Ihre Ressourcen • Menschen in die falschen Rollen stecken • Zuweisen langweiliger oder zu einfacher Aufgaben • Es gelingt nicht, eine psychologisch sichere Umgebung zu schaffen • Eine Arbeitsumgebung schaffen, die zu sicher ist • Mit Voreingenommenheit führen

201

Autor(en) / Publikation	Titel / Inhalt	Führungsfehler
Effron 2018, Buch Harvard Business School Publishing	*8 Steps to High Performance*	Elf Entgleisungen: • Erregbar: zu enthusiastisch, dann sehr enttäuscht • Skeptisch: Zynisch und zu empfindlich gegenüber Kritik • Zurückhaltend: lieber auf Nummer sicher gehen als sich entschuldigen • Reserviert: fehlendes Interesse an anderen Menschen • Gemächlich: unabhängig sein und die Bitten anderer ignorieren • Wagemutig: von sich zu sehr überzeugt sein • Bunt: zur Dramatik neigend, Aufmerksamkeit suchend • Boshaft: Charmant auftreten und andere missbrauchen • Fantasievoll: Kreativ und unkonventionell sein, aber teils ohne genügende Urteilskraft • Fleissig: Perfektionist, schwer zu befriedigen • Pflichtbewusst: will beliebt sein, hat Mühe, selbstständig zu arbeiten
Brandl 2018, Buch (5. Auflage) GABAL, Offenbach	*Crash-Kommunikation – Warum Piloten versagen und Manager Fehler machen*	• Stress übernimmt die Regie • Machtdistanz, wenn der Chef das Problem ist • Verliebt ins Ziel und blind für Gefahr • Mangel an Situationsbewusstheit, wenn man das Wesentliche aus den Augen verliert • Unklare Zuständigkeiten • Vertuschung von Fehlern • Destruktive Kommunikation • Technikgläubigkeit
Schneider 2017, Buch Walhalla, Regensburg	*Aus Führungsfehlern lernen*	• Fehler in den Rahmenbedingungen (im System) • Fehler im Führungshandeln (Mitarbeiterführung, Entscheidungsfindung, im Handeln oder Nichthandeln, in der Kommunikation) • Persönliche Eigenschaften (Überzeugungen und Charakterzüge)

Autor(en) / Publikation	Titel / Inhalt	Führungsfehler
Lehky 2017, Buch Campus Verlag	*Die 10 grössten Führungsfehler und wie Sie sie vermeiden*	• Man interessiert sich nicht besonders für Menschen • Man überstrapaziert oder leugnet die Hierarchie • Man erzeugt kein vertrauensvolles Klima • Man gibt weder Feedback noch Wertschätzung • Man verkennt das Potenzial seiner Mitarbeiter und fördert sie nicht • Man überlässt Teams sich selbst • Man kommuniziert unangemessen • Man informiert weder adressaten- noch anlassgerecht • Man vernachlässigt internes und externes Networking • Man vernachlässigt Selbstreflexion, Selbstmarketing und Selbstfürsorge
2017, Executive Leadership (Business Management Daily)	*Will Your Ego kill Your Career?*	• Ego • Erzählen, was zu tun ist • Mit eigenem Wissen auftrumpfen • Keine Empathie • Fehler werden als etwas Schlechtes angesehen • Konkurrieren anstatt zusammenarbeiten • Selbstvermarktung statt Selbstreflexion • Grosses ICH statt grosses WIR
Nawaz 2017, Harvard Business Review	*The Biggest Mistakes New Executives Make*	• Sie schlagen sofort eine neue Vision für die Organisation vor • Sie treffen zu viele grosse Entscheidungen zu schnell • Sie erzählen den Leuten, wie Sie es in Ihren früheren Organisationen besser gemacht haben • Sie priorisieren externe Beziehungen gegenüber internen • Alles alleine tun

Autor(en) / Publikation	Titel / Inhalt	Führungsfehler
Robert 2016, Professional Safety	*Overcoming Seven Ergonomic Leadership Mistakes* (Ergonomie = Anpassung der Arbeitsbedingungen an den Menschen)	• Ein Auge zudrücken: Probleme ignorieren oder sich dafür entschuldigen • Eingeschränkte Denkweise (nicht über den Tellerrand hinausdenken) • Den Arbeitern die Schuld geben • Ergonomie als Expertenansatz angehen anstatt alle Beteiligten einbeziehen • Keine Begeisterung für Ergonomie hervorrufen • Die notwendigen Ressourcen werden nicht bereitgestellt • Konzentration auf die Verhältnisse am Arbeitsplatz (auch zu Hause kann es zu Verletzungen kommen)
Brody, Fishman, Horton, and Raman 2016, American College of Radiology	*Learning About Leadership by Making Mistakes*	• Die falschen Leute einstellen (oder zulassen, dass man die falsche Führungsposition übernimmt) • Die «falschen» Leute *nicht* entlassen • Zu schnell Schlussfolgerungen ziehen und denen, die unter einem arbeiten, nicht zuhören.
Arsenijević and Nikolić 2016, Science Today: from Theory to Practice	*Common Mistakes in Leadership*	• Mangelnde Fokussierung • Schlechte Kommunikation • Fehlende Selbstkontrolle • Unfähigkeit, Autorität und Verantwortung zu delegieren • Inflexibilität
Vincent 2015, Podiatry Management	*8 Leadership Mistakes to Avoid in 2015*	• Sie übersehen die Bedeutung der Bewertung ihrer Geschäftsaktivitäten • Sie nehmen sich für Auswahl- und Einstellungsprozess zu wenig Zeit • Sie gehen davon aus, dass ihre Mitarbeiter Vision, Ziele und Zweck der Praxis kennen • Es gelingt Ihnen nicht, ihr Team weiterzuentwickeln • Sie suchen kein Feedback • Sie gehen davon aus, dass Sie selbst einen ausgezeichneten Job machen • Sie vernachlässigen ihre eigene Bewertung und Entwicklung • Sie vergessen, ihre Praxis kontinuierlich zu bewerben und zu vermarkten

Autor(en) / Publikation	Titel / Inhalt	Führungsfehler
McDarth 2015, HRM Guide, USA	*Mistakes When Times Are Tough*	• Sie werden reaktiv und reaktionär • Sie treffen sich nur noch mit den Firmenleuten • Cut, cut, cut: Schon wieder Leute entlassen • Sich nicht um neue Klienten und Kunden kümmern • Sie verfallen dem Pessimismus
Barnes, Lucianetti, Bhave, and Christian 2015, Academy of Management Journal	*You Would Not Like Me When I am Sleepy: Leaders' Sleep, Daily Abusive Supervision, and Work Unit Engagement*	• Die Schlafqualität wird mit täglichen missbräuchlichen Verhaltensweisen in Verbindung gebracht • Auch die Schlafqualität des Vorgesetzten wird indirekt verknüpft – über die tägliche Erschöpfung der Führungskraft und ihr missbräuchliches Verhalten – mit dem Resultat, dass die untergeordnete Einheit in ihrem Engagement nachlässt
Robert 2014, Professional Safety	*Overcoming the Top 10 Leadership Mistakes*	• Arrogant • Abgelenkt • Abgekoppelt • Selbstgefällig • Befehlen • Tunnelblick • Sich selbst im Weg stehen: Es sich schwierig machen, sich zu verbessern (zu viele komplizierte Aufgaben erledigen) • Keine Hebelwirkung nutzen • Ineffizienz (nicht genügend Aufmerksamkeit für Verbesserungen) • Mangelnde Energie
Farrell 2014, Journal of Library Administration	*Leadership Mistakes*	• Versäumnis, eine Vision zu kommunizieren • Den Leuten sagen, wie sie sich fühlen sollen • Offenlegung von Vertraulichkeiten • Über andere Führungskräfte sprechen • Unfähigkeit, Entscheidungen zu treffen • Anderen die Schuld geben • Unwillig, Verantwortung zu übernehmen • Defensives Verhalten • Immer dasselbe Denkschema • Mangelndes Zeitmanagement • Selbstgefälligkeit • Fehlendes «Grosses Bild» • Bestimmte «Schlachten» auswählen • Keine Kompromisse eingehen

Autor(en) / Publikation	Titel / Inhalt	Führungsfehler
		• Geiz • Eifersucht • Grenzen nicht erkennen • Mitarbeiter in der Öffentlichkeit kritisieren/ zurechtweisen • Die Beherrschung verlieren • Mikromanagement • Es gelingt nicht, aus Fehlern zu lernen
Seijts and Watson 2013, Ivey Business Journal	*The Ivey Interview: George Cope*	• Du umgibst dich mit Menschen, die dir ähnlich sind • Nicht delegieren • Nicht abschalten: Der Geist denkt rund um die Uhr an das Unternehmen • «Over promoting»: Du konzentrierst dich zu sehr auf schnelle Beförderungen • Fehlende Kompetenz und Erfahrung: Bereits nach 12 oder 18 Monaten nach dem nächsten Karriereschritt Ausschau halten
Krasikova, Green and Le Breton, 2013, Journal of Management	*Destructive Leadership: A Theoretical Review, Integration, and Future Research Agenda*	Kategorien: Führungseigenschaften, Zielblockade und organisatorischer Kontext • Missbräuchliche Aufsicht • Kleinliche Tyrannei • Pseudotransformationale Führung • Personalisierte charismatische Führung • Strategisches Mobbing • Managertyrannei
Falk and Blaylock 2012, Journal of Leadership, Accountability and Ethics	*The H-Factor: A Behavioral Explanation of Leadership Failures in the 2007–2009 Financial System Meltdown*	Der H-Faktor versucht, das Verhalten von Führungskräften zu erklären: • *Hybris:* Hochmut, Selbstüberschätzung • *Heuchelei:* Konflikt zwischen Organisationswerten und Führungsverhalten • *Hostility (Feindseligkeit):* Eine Reihe negativer Einstellungen, Überzeugungen und Einschätzungen des Wertes, der Absicht und der Motive von anderen und beinhaltet oft den Wunsch, anderen präventiv Schaden zuzufügen oder zu sehen, wie ihnen Schaden zugefügt wird

Autor(en) / Publikation	Titel / Inhalt	Führungsfehler
Carson, Shanock, Heggestad, Andrew, Pugh, and Walter 2012, Journal of Business Psychology	*The Relationship Between Dysfunctional Interpersonal Tendencies, Derailment Potential, and Turnover*	• Bewertungen von Verhaltensweisen mit Entgleisungspotenzial werden sich positiv auf unfreiwillige Wechsel auswirken • Bewertungen von Verhaltensweisen mit potenziellem Entgleisungsrisiko werden einen positiven Zusammenhang mit der freiwilligen Fluktuation haben • Bewertungen von Verhaltensweisen mit Entgleisungspotenzial vermitteln den Zusammenhang zwischen «Bewegung gegen Menschen» und unfreiwilligem Wechsel • Bewertungen von Verhaltensweisen mit Entgleisungspotenzial vermitteln den Zusammenhang zwischen «Bewegung gegen Menschen» und freiwilligem Wechsel
Hunter, Tate, Dzieweczynski and Cushenbery 2011, The Leadership Quarterly	*Leaders Make Mistakes: A Multilevel Consideration of Why*	Es gibt einen Zusammenhang zwischen den Fehlertypen: • Führungsebene: Dispositionen und individuelle Unterschiede, kognitive Vorurteile, Erfahrung und Fachwissen, Stress und Müdigkeit, Affekt und Emotion und Art der Aufgabe • Teamebene: Teamklima, Gruppendenken, personalisierte charismatische Beziehungen und Stress auf Gruppenebene • Organisationsebene: Strukturelemente (Kommunikations- und Organisationsstruktur), Fehlermanagementkultur, Zeitdruck • Mehrebeneneffekte: Leiter / Team, Leiter / Organisation, Gruppe / Organisation
Bray 2011, Seminars in Orthodontics	*The Top Ten Management Mistakes That Orthodontists Make*	• Versäumnis, das Team angemessen zu loben, anzuerkennen oder zu würdigen • Es gelingt nicht, die «richtigen» Leute einzustellen • Die «falschen» Leute zu lange «an Bord» halten • Versäumnis, dem Team Ziele, Verantwortlichkeit, regelmässige Bewertungen und Feedback zu geben • Unterlassenes Delegieren, weil man denkt, dass man alles selbst machen kann • Versäumnis, einen organisierten, effektiven internen / externen Marketingplan zu erstellen

Autor(en) / Publikation	Titel / Inhalt	Führungsfehler
		• Es gelingt nicht, ein echter Anführer des Teams zu sein • Eine schlechte oder negative Einstellung/ Laune des Arztes • Konflikte vermeiden oder das Team konfrontieren • Versäumnis, regelmässige, effektive und produktive Teambesprechungen abzuhalten
Tedlow 2010, Portfolio (Penguin Book)	*Denial – Why Business Leaders Fail to Look Facts in the Face – and What to Do About It*	• Die neue Realität nicht akzeptieren • Selbsttäuschung: Fakten ignorieren, abtun, rationalisieren oder verdrehen • Sich mit «Yes-Leuten» umgeben und keine offene Sprache in der Organisation fördern • Nicht zuhören • Kurzfristiges Denken • Die eigene Meinung mit Spott und Verachtung verteidigen • Lügen, nicht die Wahrheit sagen
Eubanks and Mumford 2010, The Leadership Quarterly	*Leader Errors and the Influence on Performance: An Investigation of Differing Levels of Impact*	Arbeitsbedingungen mit • Verarbeitungsüberlastung (riesige Informationsmengen werden in begrenzter Zeit verarbeitet) • Eventualitäten und Einschränkungen (Keine genaue Festlegung der Massnahmen sowie Erfolgshindernisse) • inkongruenten Informationen • eingeschränkter Kapazität Führungskräfte machen unter diesen Arbeitsbedingungen mehr Fehler als unter Arbeitsbedingungen, bei denen der Schwerpunkt auf kausalen Zusammenhängen, dem Verständnis von Einschränkungen oder irrelevanten Informationen liegt Eventualitäten- und Restriktionsfehler werden häufiger begangen als Ursachen- und Zielfehler Fehler aufgrund eingeschränkter Kapazität führen zu mehr Leistungsproblemen als Fehler bei Ursachen und Zielen, Fehler bei Eventualverbindlichkeiten und Einschränkungen oder fehlerhaften Informationen

Autor(en) / Publikation	Titel / Inhalt	Führungsfehler
Schaffer 2010, Harvard Business Review	*Four Mistakes Leaders Keep Making*	• Versäumnis, die richtigen Erwartungen zu setzen • Untergebene von der Verfolgung verbindlicher Ziele entbinden • Zusammenarbeit mit Personalexperten und Beratern • Warten, während sich die Mitarbeiter immerzu vorbereiten
Judge / Piccolo / Kosalke 2009, The Leadership Quarterly 20	*The Bright and Dark Sides of Leader Traits: A review and theoretical extension of the Leader Trait Paradigm*	Die dunklen Seiten von schlechten Führungseigenschaften sind • Narzissmus • Hybris • Soziale Dominanz • Machiavellismus Daneben gibt es auch die dunklen Seiten von positiven Eigenschaften: • Gewissenhaftigkeit: Tendenz, zu vorsichtig und zu risiko-avers zu sein, Innovation zu vermeiden, kritische Entscheidungsfindung zu verzögern • Extraversion: Gefahr, sich wagemutig und aggressiv zu verhalten; die eigenen Fähigkeiten zu überschätzen • Verträglichkeit: Gefahr, zwischenmenschliche Konflikte zu vermeiden; gegenüber anderen Menschen und ihren Wünschen zu empfänglich zu sein • Emotionale Stabilität: Führende mit einer hohen emotionalen Stabilität könnten als reserviert oder als zu entspannt wahrgenommen werden • Offenheit für Erfahrungen: Gefahr der Wahrnehmung als Non-Konformist; zu schnell von Ideen begeistert oder abgelenkt von wichtigen Prioritäten • Intelligenz: Personen mit einem hohen IQ können in einem Team als Aussenseiter oder als abgehoben gesehen werden; sehr intelligente Menschen haben oft ein grosses Bedürfnis nach Anerkennung • Charisma: Personen mit grosser Ausstrahlung können gefährdet sein, ihre Wirkung für eigene Zwecke zu missbrauchen und andere Leute dafür auszubeuten

Autor(en) / Publikation	Titel / Inhalt	Führungsfehler
Rasch 2008, Conference Paper for 23. Annual Conference of the Society for Industrial and Organizational Psychology	*The Development of a Taxonomy of Ineffective Leadership Behaviors*	• Managementfähigkeiten: geringe Organisationsfähigkeit, geringe Leistung, Aufschieben von Arbeit (Prokrastination), Gerüchteorientierung • Führungsstil: überkontrollierender Führungsstil, mangelndes Talentmanagement, geringe Berücksichtigung von Bedürfnissen • Soziale Kompetenzen: geringe Kommunikationsfähigkeit, geringe Konfliktfähigkeit • Persönlichkeitsmerkmale / Verhaltensorientierungen: geringe emotionale Stabilität)
Keough 2008, Penguin Books	*The Ten Commandments for Business Failure*	• Keine Risiken eingehen • Unflexibel sein • Sich isolieren • Denken, man sei unfehlbar • In der Nähe der Foul-Linie spielen • Sich keine Zeit zum Nachdenken nehmen • Vollkommen Experten und externen Beratern vertrauen • Die Bürokratie lieben • Gemischte Nachrichten senden • Angst vor der Zukunft haben • Die Leidenschaft für die Arbeit und für das Leben verlieren
Finzel 2007, Book David C. Cook, Colorado USA	*The Top 10 Mistakes Leaders Make*	• Die Top-Down-Haltung • Den Papierkram vor die Arbeit stellen • Das Fehlen einer Bestätigung (Faktenlage?) • Kein Platz für Aussenseiter (sie könnten uns die Zukunft weisen) • Diktatur bei der Entscheidungsfindung • «Schmutzige» Delegation (sich immer wieder einmischen) • Kommunikationschaos • Es fehlt das Verständnis für die Unternehmenskultur • Erfolg ohne Nachfolger • Mangelnder Fokus auf die Zukunft
Kusy and Essex 2007, Leader to Leader, University of Pittsburgh	*Recovering from Leadership Mistakes*	• Versäumnis, Mitarbeiter aufgrund ihrer Stärken einzusetzen • Zu rigides Beharrungsvermögen • Unfähigkeit, die politische Dynamik genau einzuschätzen • Fehler beim Einschätzen des Timings für eine bestimmte Aufgabe

Autor(en) / Publikation	Titel/Inhalt	Führungsfehler
		• Versäumnis, Informationen effektiv zu nutzen oder den richtigen Prozess anzuwenden, um fundierte Entscheidungen zu treffen • Es wird keine Arbeitsumgebung geschaffen, in der die Mitarbeiter offen kommunizieren können • Es gelingt nicht, die richtigen Talente in die Organisation zu holen
Thompson 2007, High Performing	*Catastrophic Leadership Failure: An Overview*	Stress kann zu folgenden Führungsfehlern führen: • Nicht zuhören • Über-analysieren • Unfähigkeit, Entscheidungen zu treffen • Entscheidungen von geringer Qualität • «Emotionale» Entscheidungen • Rasche wechselnde Entscheidungen • Kurzfristige Entscheidungen • Reaktive Entscheidungen • Angstbasierte Entscheidungen • Wutbasierte Entscheidungen • Automatisierte Entscheidungsfindung • Egoismus • Hedonismus • Verweigerung • Aufmerksamkeitsblindheit
Xavier 2005, Journal of Business Strategy	*Are you at the Top of your Game? Checklist for Effective Leaders*	• «Kulturelle Normen» anstelle von vorausschauendem Denken als Entscheidungsgrundlage zulassen • Eine «Nase-am-Schleifstein»-Haltung einnehmen, die den Blick auf den Schleifstein richtet, anstatt auf Mitarbeiter und Kunden • Die Implikationen des Konzepts «Niemand ist eine Insel» nicht verstehen (allein arbeiten) • Aufbau eines Konsenses, der die Entscheidungsfindung verwässert und die Umsetzungswirkung minimiert • Ich ernte alle Anerkennung für die Bemühungen der Gruppe

Autor(en) / Publikation	Titel / Inhalt	Führungsfehler
Kellerman 2004, Harvard Business Press	*Bad Leadership: What It Is, How It Happens, Why It Matters*	• Inkompetent: fehlender Wille oder mangelnde Fähigkeit, wirksame Massnahmen oder positive Veränderungen herbeizuführen • Starr: steif, unnachgiebig, unfähig oder nicht willens, sich an das Neue anzupassen • Masslos: mangelnde Selbstbeherrschung • Gefühllos: lieblos, unfreundlich, die Bedürfnisse anderer ignorierend • Korrupt: lügt, betrügt, stiehlt, stellt Eigeninteresse an erste Stelle • Insular: ignoriert die Bedürfnisse und das Wohlergehen derjenigen ausserhalb der Gruppe • Böse: fügt anderen psychischen oder physischen Schaden zu
Finkelstein 2004, Penguin Book Publishing Group	*Why Smart Executives Fail: And What You Can Learn from Their Mistakes*	• Sie sahen sich und ihr Unternehmen als Dominanten ihrer Umwelt • Sie hatten eine zu optimistische und überschätzte Vorstellung davon, wie viel Kontrolle sie hatten • Sie dachten, dass sie und ihre Organisation ihretwegen erfolgreich waren • Es gab keine klare Grenze zwischen ihren persönlichen Interessen und den Zielen der Organisation, welche eine Erweiterung ihrer selbst war • Sie dachten, sie hätten alle Antworten. Sie waren entscheidungsfreudig und fixiert, Recht zu haben. Sie hatten das letzte Wort bei allem, was ihr Unternehmen betraf • Sie waren Kontrollfreaks. Sie hörten schlecht zu und nahmen keine Ratschläge an • Sie haben jeden eliminiert, der nicht zu 100 Prozent hinter ihnen stand. Sie mochten Kritiker nicht • Sie waren die besten Unternehmenssprecher und besessen davon, das Image des Unternehmens in der Öffentlichkeit zu prägen • Sie unterschätzten Risiken • Manchmal wollten andere Mitarbeiter sogar, dass die Führungskräfte Recht hatten. Wenn Führer falsch seien, löste dies bei den Mitarbeitern Zweifel aus • Sie hielten hartnäckig an dem fest, was in der Vergangenheit für sie funktioniert hatte

Autor(en) / Publikation	Titel / Inhalt	Führungsfehler
Fulmer and Conger 2004, AMACOM / American Management Association	*Growing Your Company's Leaders*	• Keine Ergebnisse liefern • Vertrauen missbrauchen • Widerstand gegen Veränderungen • Versäumnis, Stellung zu beziehen • Übermässige Führung und unzureichende Führung
Sujansky 2004, ProQuest	*The Five Biggest Traps to Avoid When Leading a Diverse Team*	• Unterschiede der Teammitglieder nicht wertschätzen • Versäumnis, eine inklusive Arbeitsumgebung zu schaffen • Stereotypisierung von Personen und Handlungen • Die erwarteten Verhaltensweisen werden nicht modelliert • Fehlendes Coaching
Dotlich and Cairo 2003, John Wiley & Sons	*Why CEOs Fail: The 11 Behaviors That Can Derail Your Climb to the Top – And How to Manage Them*	• Arroganz: Du hast Recht und alle anderen haben Unrecht • Selbstverliebtheit: Du stehst immer im Mittelpunkt • Volatilität: Deine Stimmungsschwankungen sind plötzlich und unvorhersehbar • Übermässige Vorsicht: Die nächste Entscheidung, die du triffst, könnte deine letzte sein • Gewohnheitsmässiges Misstrauen: Du konzentrierst dich auf das Negative • Distanziertheit: Du engagierst dich nicht und bist nicht erreichbar • Boshaftigkeit: Regeln sind nur Vorschläge • Exzentrizität: Es macht dir Spass, nur um deiner selbst willen anders zu sein • Passiver Widerstand: Dein Schweigen wird als Zustimmung missverstanden • Perfektionismus: Man macht die kleinen Dinge richtig, während die grossen Dinge falsch liegen • Eifer zu gefallen: Du möchtest jeden Beliebtheitswettbewerb gewinnen

Autor(en) / Publikation	Titel / Inhalt	Führungsfehler
Eichinger und Lombardo 2003, Human Resource Planning	*Knowledge Summary Series: 360-Degree Assessment*	• Ungenügende administrative Fähigkeiten • Schwierigkeiten, schwierige Entscheidungen zu treffen • Mangel an strategischem Denken • Fehler beim Aufbau eines Teams • Mangelndes zwischenmenschliches Geschick • Schlechte politische Fähigkeiten • Unfähigkeit, mit Konflikten umzugehen • Fragwürdige Integrität • Geringe Selbstwahrnehmung
Zenger, Folkman & Folkman 2002, MacGraw Hill LLC	*The Extraordinary Leader*	• Unfähigkeit, aus Fehlern zu lernen • Mangel an grundlegenden zwischenmenschlichen Fähigkeiten • Mangelnde Offenheit gegenüber neuen oder anderen Ideen • Mangelnde Rechenschaftspflicht • Mangelnde Initiative
Lombardo, Eichinger 2001, Lominger, Minneapolis	*The Leadership Machine: Architecture to Develop Leaders for any Future*	• Kein gutes Verhältnis zu anderen • Egozentrisch • Wenig inspirierend • Keine Talente fördern • Zu enges Denken • Liefert keine Ergebnisse
Hogan & Hogan 2001, International Journal of Selection and Assessment	*Assessing Leadership: A View from the Dark Side*	• Abkehr von den Menschen • Begeisternd: Erwarte, enttäuscht zu werden, Unrecht zu erfahren, kritisiert oder betrogen zu werden • Ängstlich: kritisiert, beschämt, beschuldigt oder irgendwie blamiert zu werden • Distanziert: selbstbezogen, auf sich selbst konzentriert, gleichgültig gegenüber den Gefühlen oder Optionen anderer • Zynisch: Marschieren zum Klang der eigenen Trommel, überzeugt von den eigenen Fähigkeiten und Fertigkeiten und abweisend gegenüber den Talenten und Absichten anderer • Arrogant: Du erwartest, gemocht, bewundert, respektiert, betreut, gelobt, und verwöhnt zu werden • Bunter Vogel: Du glaubst, dass andere Dich interessant und beachtenswert finden

Autor(en) / Publikation	Titel / Inhalt	Führungsfehler
		• Geschichtenerzähler: Du denkst, auf ungewöhnliche und oft interessante Weise über die Welt nach und teilst deine Ansichten gerne anderen mit • Fleissige Biene: darauf bedacht, gute Arbeit zu leisten und der Autorität zu gefallen • Pflichtversessen: darauf bedacht, akzeptiert zu werden und gut auszukommen, insbesondere mit Autoritätspersonen
Nighswonger 2001, EHS Today	Overcome the 10 Top Leadership Mistakes	• Schwächere Führungskräfte haben einen Tunnelblick und erkennen nicht, dass Sicherheit, Produktivität und Moral voneinander abhängig und für die Stärke der Organisation gegenseitig wichtig sind • Ineffektive Führungskräfte lassen zu, dass «falscher Stolz» ihrer Arbeit im Wege steht • Schwächere Führungskräfte vergessen, sich selbst als Führungsressource zu betrachten • Schlechte Führungskräfte wecken Widerstand gegen die Veränderungen, die sie herbeizuführen versuchen • Ineffektive Führungskräfte halten unnachgiebig an vorgefertigten Plänen fest • Schwächere Führungskräfte verlieren den Kontakt zu allen Menschen, denen sie dienen • Nicht-strategische Führungskräfte vergessen, dass alles, was sie tun, aber auch alles, was sie nicht tun, Botschaften sendet • Schwächere Führungskräfte lassen zu, dass Angst ihr Handeln kontrolliert • Nicht-strategische Führungskräfte denken nach dem «Entweder-Oder-Schema». • Ineffektive Führungskräfte bekämpfen die menschliche Natur, anstatt sie zu nutzen

Autor(en) / Publikation	Titel / Inhalt	Führungsfehler
Mansaray 2000, Gabler	Wenn Führungskräfte irren – Die 20 gefährlichsten Manager-Fehler	• Das Festhalten am Vertrauten • Das «Ich-kenne-den-Markt» Syndrom • Die zelebrierte und ritualisierte Selbsttäuschung • Die «Quick-and-Dirty-Finish»- Krankheit • Die Illusion vom automatisierten Wiedererstarken durch Umorganisation • Das süsse Gift der Nachahmungsmentalität • Das risikolose Spiel der Monopoly-Unternehmer • Die führerlose Lokomotive • Das Anciennitäts- und Senioritätsprinzip • Die Illusion der Vision • Das lähmende Gift der Netzspinner • Die Neidkultur der Fortschritts-Verhinderer • Das (Ver-) Führen durch Arbeitsgreise • Delegation: Vom Führungs- zum Folterinstrument • Wegloben und Wegbefördern • Die ziellose Zielfindung • Der zerbrochene Zauberstab der Stäbe • Der Kunde: erst König, dann Bettler • Die dicke Rechnung der Kostenrechner • Global jubeln, lokal klagen
Kennedy 1999, The Physician Executive Gale Academic OneFile	*Mistakes the Newly Promoted Make*	• Fehlinterpretation der Agenda des Top-Managements • Den Nachfolger mikromanagen • Technische Fähigkeiten nicht aktualisieren • Davon ausgehen, dass Kultur und Tabus verhandelbar sind • Ihre Stellenbeschreibung nicht so unterschreiben, dass sie ihre neue Rolle widerspiegelt • Kein geistiger Übergang vom Management zu Leadership • Persönliche Beziehungen nicht anpassen • Keinen möglichen Nachfolger identifizieren

Tabelle 7: Zusammenstellung von Publikationen zu Führungsfehlern

IV. Die zehn wichtigsten Kompetenzen bei der Selektion von Führungskräften

Kompetenz	Definition der Merkmale	Wenn diese Kompetenz fehlt, dann besteht das Risiko, dass ...
Integrität	• Wort und Tat sind identisch • Unbestechlich sein • Ethische Grundhaltung leben • Die Werte der Organisation vorbehaltlos akzeptieren und sie vorleben • Sich selbst kennen • Eigene Emotionen kontrollieren können • Sich selbst verbessern wollen	• nicht im Sinne der Werte (der Organisation) geführt wird • nicht vorbildlich geführt wird • Gesetze und Vorgaben nicht beachtet werden • nur die eigene Person im Vordergrund steht • Emotionen nicht unter Kontrolle sind und andere verunglimpft, blossgestellt oder respektlos behandelt werden • zu wenig oder gar nicht über eigenes Handeln reflektiert wird • ein Narzisst oder Psychopath am Werk ist, der die bestehende Kultur zerstört
Wille, Anspruch und Mut zur Übernahme von Verantwortung für Aufgaben, Ziele und anvertraute Personen	• Das Verhalten anderer Personen beeinflussen wollen • In unklaren und schwierigen Situationen vorangehen und die Verantwortung wahrnehmen • Risiken eingehen • Sich gegen Widerstände durchsetzen • Für Entscheidungen geradestehen • Bereit sein, die *extra mile* für die Organisation zu gehen	• die Zügel nicht in die Hand genommen werden • jemand in der Verantwortung steht, der nicht gerne mit Menschen zusammenarbeitet • vor allem basierend auf der Fachkompetenz geführt wird • Entscheidungen hinausgezögert oder nach oben delegiert werden • Fehler nicht bei sich, sondern bei anderen gesucht werden • der Mut fehlt, seine eigene Meinung gegen oben zu vertreten und / oder unangenehme Entscheidungen zu treffen • ein Vakuum entsteht und Subkulturen die informelle Führung übernehmen • Ziele und Aufgaben nicht mit Energie verfolgt werden • der Durchsetzungswille fehlt

Kompetenz	Definition der Merkmale	Wenn diese Kompetenz fehlt, dann besteht das Risiko, dass ...
Empathie	• Fähigkeit, die Gefühle und Beweggründe der anderen zu erkennen und einfühlsam zu handeln • Mit anderen zusammenarbeiten wollen und bereit sein, bei Bedarf zu unterstützen • Allen Menschen respektvoll begegnen und ihre Anliegen ernst nehmen	• nicht zugehört wird • die Anliegen anderer Menschen nicht wahrgenommen werden • die Zusammenarbeit im Team und/oder mit anderen Bereichen nicht gesucht oder sogar abgelehnt wird • anderen keine Unterstützung angeboten wird • Konflikte nicht frühzeitig erkannt und einer Lösung zugeführt werden
Intelligenz	• Allgemeine Lern- und Problemlösungsfähigkeit • Rasch ein klares Bild von einer Situation haben • Fähigkeit, Probleme analysieren und mit Hilfe eines Fundus von Wissen (Lern- und Gedächtnisleistung) das wirklich Wichtige zu erkennen und zu entscheiden • Fähigkeit, neuartige Probleme zu lösen	• Probleme nicht als solche erkannt werden • eine mangelnde Analysefähigkeit besteht • Optionen nicht rasch erkannt und miteinander verglichen werden können • keine klugen und rationalen Entscheidungen getroffen werden • das Denken in Zusammenhängen nur ansatzweise oder gar nicht vorhanden ist • aus Fehlern nicht gelernt wird • verschiedene Aufgaben nicht koordiniert werden • rasch der Überblick verloren geht
Fachkompetenz	• Über Kenntnisse und Fähigkeiten verfügen, die in einem bestimmten Fachgebiet nötig sind, um Arbeiten zu erledigen, Ziele zu erreichen und Prozesse zu verstehen • In der Lage sein, Mitarbeitende fachlich zu unterstützen, sie auf Fehler hinzuweisen und ihnen Wege aufzuzeigen, um die Unternehmensziele zu erreichen • Mit Vorgesetzten, Kollegen und Kunden Fachdialoge überzeugend führen	• das eigene Business nicht verstanden wird • er oder sie auf Gedeih und Verderb auf die Informationen und Ansichten fachkundiger Personen angewiesen ist • die Akzeptanz bei den Mitarbeitern fehlt • keine eigenen oder nur mangelhaft fundierte Beiträge in Diskussionen unter Kollegen und Mitarbeitenden beigesteuert werden können

Kompetenz	Definition der Merkmale	Wenn diese Kompetenz fehlt, dann besteht das Risiko, dass ...
		• schleichende Krisen oder wiederkehrende Fehler in der Organisation nicht rechtzeitig erkannt werden • er oder sie in der Organisation nicht ernst genommen und isoliert wird
Kommunikation	• Zuhören und Argumente wertfrei annehmen • Vor Menschen stehen und Botschaften überzeugend vermitteln • Ruhig, ehrlich, faktengetreu und transparent kommunizieren • Verhandlungsgeschick	• nicht die richtigen Schlüsse gezogen werden, weil er oder sie nicht richtig zuhört • Aussagen bei den Empfängern nicht überzeugend ankommen • das Vertrauen der Mitarbeitenden, von Kunden und Dritten verloren geht, wenn nicht ehrlich, offen und transparent kommuniziert wird • über den Tisch gezogen und der Organisation geschadet wird, wenn nicht gut verhandelt wird
Leistungsausweis	• Resultate und Ergebnisse liefern, die gemäss Funktion/Rolle und/oder aufgrund eines Auftrags erwartet werden • Ziele wiederholt, über eine längere Zeitspanne und auch unter geänderten oder erschwerten Bedingungen erreichen	• rasch an Gefolgschaft und Akzeptanz verliert, wer Aufgaben nicht erfüllt oder keine Zahlen gemäss Vorgaben erzielt • in der neuen Organisation nicht erfolgreich sein wird, wer keinen nachhaltigen Leistungsausweis von vorherigen Arbeitsverhältnissen vorweisen kann • Führungskräfte, welche die Leistung wiederholt nicht erbringen, ein Verlustgeschäft für die Organisation sind • ohne Leistungen das Vertrauen gegen oben und unten rasch verlorengeht

Kompetenz	Definition der Merkmale	Wenn diese Kompetenz fehlt, dann besteht das Risiko, dass ...
Fähigkeit, Gefolgschaft zu erzeugen	• Personen mitnehmen und von einer Sache überzeugen • Auf eine wertebasierte Weise andere Menschen so beeinflussen, dass sie von sich aus Organisationsziele verfolgen • Natürliche Autorität, basierend auf vorbildlichem Verhalten, erbrachten Leistungen und geschenktem Vertrauen • Konfliktfähig sein, auch abweichende Meinungen akzeptieren und Kritik annehmen können	• die Chefin das Vertrauen ihrer Mitarbeitenden verliert • den Mitarbeitenden der Sinn, die Energie und Motivation fehlt, weil der Chef nicht überzeugend Erwartungen und Ziele formuliert • keine Unterstützung angeboten wird und Frustration die Oberhand gewinnt • durch respektloses Verhalten des Chefs eine Negativspirale entsteht und die Organisationskultur schlechter wird • andere Ansichten abgelehnt werden und jegliche Form von Kritik als Angriff auf die eigene Person gewertet wird • Konflikte im Team nicht ernst genommen werden, sie nicht angegangen werden und nicht nach Lösungen gesucht wird
Integrationsfähigkeit	• Sich in eine bestehende Unternehmenskultur einordnen • Loyalität gegenüber Vision, Strategie und Werten einer Unternehmung • Unterschiedliche Bestrebungen, Interessen und Aktionen zu gemeinsamem Handeln bündeln und für die Unternehmung Leistungen erbringen	• sich die neue Führungskraft in der Organisation nicht wohl fühlt und kein «cultural fit» entsteht • die Person zum Fremdkörper wird • bei der Führungskraft und/oder bei den Mitarbeitenden Unbehagen aufkommt • nicht verstanden wird, wie Dinge «bei uns» gemacht werden
Resilienz	• Widerstandsfähigkeit • Nicht rasch ermüden • Fit sein (Tetrade: ausgewogene, gesunde Ernährung, ausreichend Schlaf und Bewegung, Pflege von Familie und sozialem Netzwerk) • Auch unter Belastung Leistungen erbringen	• die Stressresistenz rasch abfällt • bei einer Zunahme von Herausforderungen die Leistungsfähigkeit abnimmt • der Umgang mit Mitarbeitenden, Kunden und Partnern erschwert wird • die Führungskraft von ihren Emotionen (Stress, Ärger) dominiert wird

Tabelle 8: Die zehn wichtigsten Kompetenzen bei der Selektion von Führungskräften

Anmerkungen

1 Camus, S. 31.
2 Bollmann, S. 309.
3 Haslam, S. 3.
4 aaO, S. 6.
5 Der Begriff stammt von Rudolf Steiger.
6 Mintzberg, S. 24 f.
7 Manella, S. 376 f.
8 Vgl. Edmondson (2023).
9 Vgl. Kets de Vries (2009), S. 21 und 31 f.
10 Sandel, S. 313 ff.
11 Heffernan, S. 115.
12 Rusinek, S. 123 f.
13 Interview mit Niklas Baer vom Kompetenzzentrum der Psychiatrie Baselland, in: Sonntagszeitung vom 14.8.2022, S. 37.
14 Interview mit der Arbeitspsychologin Nicole Kopp, in: NZZ am Sonntag vom 9.4.2023, S. 25.
15 Interview mit Heike Bruch: «Dauerstress ist der Nährboden für toxisches Verhalten», in: NZZ vom 5.2.2024, S. 22.
16 Zitiert nach Riedel-Heller, Steffi, Vorstandsmitglied der Deutschen Gesellschaft für Psychiatrie und Psychotherapie, Psychosomatik und Nervenheilkunde: Ist die Psyche Chefsache? In: Frankfurter Allgemeine Sonntagszeitung vom 7.4.2024, S. 51.
17 Vgl. hierzu Kuhn/Weibler, S. 40 ff. und 82 ff.
18 Vgl. Kellerman (2008).
19 Vgl. Hochbrunn, S. 234.
20 Kuhn, S. 127 ff.
21 aaO, S. 127.
22 aaO, S. 128 f.
23 aaO, S. 135 f.
24 aaO, S. 139.
25 aaO, S. 146 ff.
26 Kungfutse, S. 32.
27 Kuhn, S. 132.
28 Zitiert nach Wille, S. 59.
29 Plutarch, S. 46.
30 aaO, S. 53.
31 aaO, S. 85.
32 aaO. S. 115.
33 aaO. S. 146 f.
34 Zit. nach Wille, S. 241 f.
35 Vgl. Regeln des heiligen Benedikt, S. 36 ff. Vgl. auch Kirchner, S. 19 ff.
36 Vgl. Gonzales, S. 31 ff.
37 Vgl. Kahnemann (2012).
38 Gonzales, S. 39.
39 Vgl. Ripley, S. 102 ff.; Gonzales, S. 66 ff.
40 Sherwood, S. 80 f.
41 Gonzales, S. 66.

42 Sherwood, S. 186 f.
43 aaO, S. 413 ff.
44 Vgl. Kellerman, S. 75 ff.
45 Zwygart (1992), S. 53 ff.
46 aaO, S, 64.
47 aaO, S. 75 ff.
48 Vgl. Ryan sowie Salkutsan/Stolberg und Annen/Brazil/Delaney. Ich verdanke Hubert Annen wertvolle Hinweise zu aktuellen Forschungsarbeiten aus dem Krieg in der Ukraine.
49 Anter, S. 134.
50 De Waal, S. 111 f.
51 Russell, S. 12 ff.
52 Vgl. Zwygart (2016), S. 44 ff. und die dort zitierte Literatur.
53 Vgl. McClelland.
54 Vgl. Robertson, S. 254 ff.
55 aaO, S. 167.
56 Witte, S. 49.
57 Vgl. Hilfe, mein Chef ist ein Psycho, in: Der Spiegel vom 2.9.2023, S. 62 ff., hier S. 63.
58 Robertson, S. 291.
59 Vgl. Robertson, S. 291 ff. ; vgl. Zwygart (2016), S. 47.
60 Kets de Vries (2009), S. 15.
61 Vgl. Tuchman.
62 aaO, S. 476 ff.
63 Platon, S. 120 f.; Tuchmann, S. 479.
64 Vgl. Diamond.
65 aaO, S. 517 ff.
66 Vgl. Acemoglu/Robinson.
67 aaO, S. 167 ff.
68 aaO, S. 16 f.
69 Vgl. Mausfeld.
70 aaO, S. 42.
71 aaO, S. 461.
72 aaO, S. 462.
73 aaO, S. 464.
74 aaO, S. 466 ff.
75 Vgl. Reason; vgl. Google: Schweizer-Käse-Modell.
76 Reason, S. 55 ff.
77 aaO, S. 73 ff.
78 aaO, S. 239 ff.
79 Vgl. Weick/Sutcliffe.
80 Vgl. Schein.
81 Vgl. Weick/Sutcliffe, S. 115.
82 aaO, S. 117.
83 Heffernan, S. 8 f.
84 Edmondson (2021).
85 aaO, S. XX.
86 Vgl. Barshi/Bienenfeld, S. 49 f.
87 Edmondson (2021), S. XVI.

88 aaO, S. 143.
89 Ammann, Philippe: Warum Investitionen in die psychologische Sicherheit lohnenswert sind, LinkedIn Blog vom 8.1.2024 (bitte URL und Datum des letzten Zugriffs angeben).
90 Edmondson (2023), S. 291.
91 Vgl. Edmondson (2023), vor allem S. 257 und 264.
92 Kuhn/Weibler, S. 51 ff.; Annen (2022), S. 26.
93 aaO, S. 55.
94 Kets de Vries (1990), S. 93 f.
95 Interview mit Ramani Durvasula, emeritierte Professorin für Psychologie an der California State University, in: Der Spiegel vom 30.9.2023, S. 99.
96 Otto Kernberg im Gespräch mit Der Spiegel vom 23.9.2023, S. 94 ff., hier S. 96.
97 Zitiert nach Kuhn/Weibler, S. 58.
98 aaO, S. 34 f.
99 Vgl. Hilfe, mein Chef ist ein Psycho, in: Der Spiegel vom 2.9.2023, S. 62 ff., hier S. 63.
100 Vgl. zu diesem Kapitel: Rüther, S. 134 ff. und Robertson.
101 King, S. 19.
102 Vgl. www.buurtzorg.com, aufgerufen am 22.1.2024.
103 Vgl. www.blinkist.de, aufgerufen am 22.1.2024.
104 Vgl. die Kritik bei Rüther, S. 239 ff.
105 Herrmann, S. 31. Vgl. Storr.
106 Hagmann, S. 15.
107 Feser (2012), S. 58.
108 Vgl. Huettermann et al.
109 Judge/Piccolo/Kosalka, S. 855.
110 Abgerufen am 18.1.2024.
111 Zitiert nach Tivian, S. 10.
112 Whitepaper des Bundesministeriums für Bildung und Forschung der Bundesrepublik Deutschland: Führung im Wandel: Herausforderungen und Chancen durch KI, S. 3.
113 Vgl. Kudermann, S. 51.
114 Vgl. Binswanger.
115 Vgl. Bojinov, S. 56 ff.
116 Beispielsweise hat ein Transformationsprozess 2,6 × bessere Erfolgschancen, wenn das Topmanagement hinter den Veränderungen steht: Zit. nach Keller/Price, S. 203.
117 aaO, S. 205.
118 Vgl. Schein (2003).
119 Vgl. Bock, vor allem S. 160 ff.
120 Vgl. Hilb; vgl. Spalinger/Schoop/Baumann-Rüdiger; vgl. Gerber.
121 Vgl. Heffernan, S. 20 ff.
122 Vgl. Porter/Nohria, S. 15 ff.: «Knowing what is going on».
123 Süddeutsche Zeitung vom 4./5. November 2023, S. 46.
124 Kraus, S. 206.
125 Vgl. «The overstretched CEO», in: The Economist, July 29th-August 11th, 2023, S. 9.
126 Porter/Nohria, S. 6.
127 Vgl. Werner, S. 24.
128 Interview mit Bayer-Chef Bill Anderson, in: Frankfurter Allgemeine Sonntagszeitung vom 10.3.2024. S. 19.
129 Steck, S. 23.

130 Vgl. auch Annen (2017), S. 37.
131 Vgl. Kahnemann/Sibony/Sunstein, S. 341.
132 Cohn/Moran haben sieben Kriterien für die Selektion von Führungskräften gewählt: Integrität, Empathie, Emotionale Intelligenz, Vision, Beurteilungsvermögen, Mut und Leidenschaft.
133 Vgl. Kahnemann/Sibony/Sunstein, S. 331 f.
134 Vgl. Cohn/Moran, S. 207.
135 Vgl. Frank.
136 Zit. nach Lüthy, S. 32.
137 Cohn/Moran, S. 210 ff., vor allem auch S. 218 f.
138 Bund, S. 23.
139 Sprenger (2023).
140 aaO.
141 Interview mit Antoinette Weibel in der NZZ vom 27.2.2024, S. 23.
142 Vgl. Zwygart (2019), S. 60.
143 Vgl. Feser et al. (2024), S. 219.
144 Kets de Vries (2009), S. 32.
145 aaO, S. 114 ff.
146 Sprenger, S. 19.
147 Vgl. Binswanger.
148 Vgl. Falk, S. 179 ff.
149 Vgl. Keusch, Nelly: «Psychedelic Leadership ist im Trend», in der NZZ vom 19.4.2024, S. 23.
150 Vgl. Field/Hancock/Schaninger, S. 22 ff. und Schaninger/Hancock/Field (2023).
151 Vgl. Meyer, Erin.
152 Zitiert nach Albert Vollmer, Dozent an der Hochschule für Angewandte Psychologie der Fachhochschule Nordwestschweiz, in: NZZ vom 5.2.2024, S. 22.
153 Vollmer, S. 22.
154 Vgl. Gut zuhören! In: Der Spiegel vom 4.5.2024, S. 98 f.
155 Vgl. das Interview mit Matthias Sutter, Professor für Verhaltensökonomie, in: Süddeutsche Zeitung vom 12./13.3.2022, S. 26.
156 Werner, S. 24.
157 Bruch/Lee, S. 5 und 7.
158 Porter & Nohria, S. 9 f.
159 Rusinek (2023), S. 46.
160 Vgl. Mischel, p. 254 ff.
161 Vgl. Meurisse, S. 86 ff. und Greene, S. 37 ff.
162 Vgl. Barshi/Bienefeld, S. 54 f.
163 Vgl. Kets de Vries (2009), S. 56 ff.
164 Newmark, S. 115 f.
165 Schmidt, S. 194.

Bibliografie

Acemoglu, Daren/Robinson, James A.: Gleichgewicht der Macht, Der ewige Kampf zwischen Staat und Gesellschaft, Verlag S. Fischer, Frankfurt am Main 2019.

Annen, H./Brazil D./Delaney, B.: Real-Time Resilience and Leadership in Challenging Situations, in: Sweeney/Matthews/Lester/Hannah & Reed: Leadership in Dangerous Situations (2nd Edition), S. 110–127, Annapolis, U.S. Naval Institute Press 2022.

Annen, Hubert: Was Macht mit uns macht, in: Psychoscope 6/2022, S. 26–28.

Annen, Hubert: Kaderselektion als Mittel zur Gestaltung der Führungskultur, in: Military Power Revue Nr. 2/2017, S. 36–49.

Anter, Andreas: Theorien der Macht, Junius Verlag, Hamburg 2012.

Barshi, Immanuel/Bienenfeld, Nadine: When Silence is Not Golden, S. 45–57, in: How Could this Happen? Managing Errors in Organizations, edited by Jan U. Hagen, Palgrave Macmillan, Cham 2018.

Binswanger, Mathias: Die Verselbständigung des Kapitalismus – Wie KI Menschen und Wirtschaft steuert und für mehr Bürokratie sorgt, Wiley, Weinheim 2024.

Bock, Christina: Top Management und New Work, eine empirische Untersuchung zum Einfluss von Strategic Leadership auf Organisationen in der neuen Arbeitswelt. Dissertation Nr. 4874 der Universität St. Gallen, 2019.

Bojinov, Iavor: (K)einen Plan haben, Die allermeisten KI-Projekte laufen aus dem Ruder. Fünf Tipps, wie Sie Ihre Vorhaben sicher ans Ziel bringen, in: Harvard Business Review, März 2024, S. 56–63.

Bollmann, Stefan: Der Atem der Welt – J.W. Goethe und die Erfahrung der Natur, Klett-Cotta, Stuttgart 2021.

Bund, Kerstin: Abgehoben, in: Süddeutsche Zeitung vom 2./3.3.2023, S. 23.

Bruch, Heike/Lee, Paul: Die erschöpfte Führungskraft, https:/www.haufe.de/personal/hr-Management/die-erschoepfte-fuehrungskraft_80_606774.html, total 10 Seiten; Personalmagazin 11/2023.

Camus, Albert: Der erste Mensch, Rowohlt TB Hamburg, 22. Auflage 2020.

Cohn, Jeffrey/Moran, Jay: Why are We Bad at Picking Good Leaders, Wiley Imprint, San Francisco 2011.

De Waal, Frans: Der Unterschied, Was wir von Primaten über Gender lernen können. Stuttgart 2022.

Diamond, Jared: Kollaps, Warum Gesellschaften überleben oder untergehen, Fischer TB, 6. Auflage Frankfurt am Main 2022.

Edmondson, Amy C.: Die angstfreie Organisation, Vahlen München 2021.

Edmondson, Amy C..: Right Kind of Wrong – Why Learning to Fail Can Teach Us to Thrive, Cornerstone Press, London 2023.

Falk, Armin: Warum es so schwer ist, ein guter Mensch zu sein … und wie wir das ändern können, Antworten eines Verhaltensökonomen, Siedler Verlag München 2022.

Feser, Claudio: Long Live Bureaucracy!, in: Executive Forum, Summer 2012, S. 57–62 (Chapter from *Serial Innovators: Firms That Change the World*, John Wiley & Sons, Autor: Claudio Feser).

Feser, Claudio/Laureiro-Martinez, Daniella/Frankenberger, Karolin/Brusoni, Stefano: Super Deciders, John Wiley & Sons West Sussex (UK) 2024.

Field, Emily/Hancock, Bryan/Schaninger, Bill: Mehr Mitte, Bitte!, in: Harvard Business Review November 2023, S. 20–27.

Frank, Robert H.: Ohne Glück kein Erfolg, der Zufall und der Mythos der Leistungsgesellschaft, dtv München 2018.

Gerber, Jean-Daniel: Den Verwaltungsrat in die Pflicht nehmen, in: NZZ, 3.8.2023, S. 19.

Gonzales, Laurence: Deep Survival, Norton Paperback, New York und London 2017.

Greene, Robert: The Laws of Human Nature, Viking New York 2018.

Hagmann, Lea: Wir wollen echte Chefs, keine Kollegen, in: NZZ am Sonntag Magazin 3.12.2023, S. 14–15.

Haslam, S. Alexander/Alvesson, Mats/Reicher, Stephen D.: Zombie Leadership: Dead Ideas That Still Walk with Us, in: The Leadership Quarterly, https://doi.org/10.1016/j.leaqua.2023.101770.

Heffernan, Margaret: Wie wir unsere Arbeitskultur verändern können, Fischer TB (TED-Books), Frankfurt am Main 2016.

Herrmann, Sebastian: Und wer macht den Abwasch? In: Süddeutsche Zeitung Nr. 190, 19./20.8.2023, S. 31.

Hilb, Martin: Integrierte Corporate Governance, Springer Gabler 7. Auflage, Berlin 2019.

Hochbrunn, Claudia: Ein Arschloch kommt selten allein. So werden sie mit schwierigen Zeitgenossen fertig. Rowohlt, 6. Auflage 2017.

Huettermann, Hendrik/Berger, Stefan/Reinwald, Max/Bruch, Heike: Power to the People? – And then? A multilevel leadership perspective on organizational decentralization, in: Human Resource Management Vol. 63 (2) 2024, S. 333–353.

Judge, Timothy A./Piccolo, Ronald F./Kosalka, Tomek: The Bright and Dark Sides of Leader traits: A Review and Theoretical Extension of the Leader Trait Paradigm, in: The Leadership Quarterly 20 (2009), S. 855–875.

Kahnemann, Daniel: Thinking Fast and Slow, Penguin Books, London 2012.

Kahnemann, Daniel/Sibony, Olivier/Sunstein, Cass R.: Noise. Was unsere Entscheidungen verzerrt – und wie wir sie verbessern können, Siedler Verlag, 1. Auflage München 2021.

Keller, Scott/Price, Kolin: Beyond Performance, John Wiley & Sons, Hoboken (USA) 2011.

Kellerman, Barbara: Followership – How Followers are Creating Change and Changing Leaders, Harvard Business Press 2008.

Kellerman, Barbara: Professionalizing Leadership, Oxford University Press 2018.

Kets de Vries, Manfred F. R.: Chef-Typen – Zwischen Charisma, Chaos, Erfolg und Versagen Gabler, Wiesbaden 1990.

Kets de Vries, Manfred F. R.: Führer, Narren und Hochstapler – die Psychologie der Führung, Schäffer-Poeschel Verlag Stuttgart 2009.

King, Jessica: Ein Unternehmen ohne Chef, in: Berner Zeitung vom 27.12.2023, S. 19.

Kirchner, Baldur: Benedikt für Manager. Die geistigen Grundlagen des Führens, Springer Gabler, 2. Auflage Wiesbaden 2012.

Kraus, Alfred: Die Ursachen unserer Niederlage. Erinnerungen und Urteile aus dem Weltkrieg, München 1921.

Kudermann, Moritz: Wenn die KI übernimmt, in: Frankfurter Allgemeine Sonntagszeitung vom 21.1.2024, S. 51.

Kuhn, Franz: Altchinesische Staatsweisheit, Zürich 1954.

Kuhn, Thomas/Weibler, Jürgen: Bad Leadership, Vahlen Verlag München 2020.

Kungfutse: Gespräche, Diderichs Müchen 2008.

Lüthy, Christoph: Meritokratie – vom Kraftausdruck zum Inbegriff des liberalen Staates, in: NZZ vom 20.2.2024, S. 32.

Manella, Jürg: Richtige und falsche Führung, in: Richtiges und gutes Management: Vom System zur Praxis. Festschrift für Fredmund Malik, hrsg. v. Walter Krieg u. a., Bern/Stuttgart/Wien 2005, S. 369–380.

Mausfeld, Rainer: Hybris und Nemesis, Wie uns die Entzivilisierung von Macht in den Abgrund führt – Einsichten aus 5000 Jahren, Westend Verlag Berlin, 1. Auflage 2023.

McClelland, David C.: Human Motivation, Cambridge University Press 2000.

Meurisse, Thibaut: Master Your Emotions, edited by Kerry J. Donovan Milton Keynes UK 2018.

Meyer, Erin: The Culture Map. Decoding How People Think, Lead, And Get Things Done Across Cultures, Public Affairs New York 2014.

Mintzberg, Henry: Managen, Gabal Verlag, Offenburg 2010.

Mischel, Walter: The Marshmallow Test, Understanding Self-Control and How to Master it, Bantam Press, London 2014.

Newmark, Catherine: Warum auf Autoritäten hören? Dudenverlag, Berlin 2020.

Platon: Nomoi, Reclam 2019.

Plutarch: Über die Kunst, ein Anführer zu sein, 1. Auflage, München 2021.

Porter, Michael E./Nohria, Nitin: How CEOs Manage Time, https://hbr.org/2018/07/how-ceos-manage-time, total 32 Seiten; Harvard Business Review, July-August 2018, S. 42–51.

Reason, James: The Human Contribution, Ashgate Publishing UK, Farnham (Surrey, UK) 2008.

Regeln des heiligen Benedikt, Beuroner Kunstverlag, 3. Auflage 2011.

Ripley, Amanda: Survive. Katastrophen – wer sie überlebt und warum, Fischer Verlag, Frankfurt am Main 2009.

Robertson, Brian J.: Holocracy, ein revolutionäres Management-System für eine volatile Welt, Vahlen Verlag München 2016.

Robertson, Ian: Macht, dtv München 2014.

Rusinek, Hans: Work-Survive-Balance – Warum die Zukunft der Arbeit die Zukunft unserer Erde ist, Verlag Herder, Freiburg im Breisgau 2023.

Rusinek, Hans: Das Planen gibt uns das Gefühl, die Welt im Griff zu haben, in: Sonntagszeitung vom 31.12.2023, S. 46.

Russell, Bertrand: Macht, Europa Verlag Zürich 2001.

Rüther, Christian: Soziokratie, Holakratie … Ein Überblick über die gängigsten Ansätze zur Selbstorganisation und Partizipation, Norderstedt, BoD, 3. Auflage 2017.

Ryan, Mick: Ukraine and Lessons for Future Military Leaders, 2023. https://mickryan.substack,com/p/ukraine-and-lessons-for-future-military

Salkutsan, S./Stolberg, A.: The Impact of War on the Ukraine Military Education System: Moving Forward in War and Peace. Connections QJ 21 (2022), Nr. 3, S. 67–76.

Sandel, Michael J.: Vom Ende des Gemeinwohls – wie die Leistungsgesellschaft unsere Demokratien zerreisst, S. Fischer Verlag, Frankfurt am Main 2020.

Schaninger, Bill/Hancock, Brian/Field, Emily: Power to the Middle, Harvard Business Review Press 2023.

Schein, Edgar: Organizational Culture and Leadership, Jossey-Bass, 3rd edition, San Francisco 2004.

Schiller, Friedrich: Maria Stuart, Werke in drei Bänden, Band III. Hanser Verlag München 1976.

Schmidt, Frank: Unkaputtbar, Murmann Verlag Hamburg 2023.

Sherwood, Ben: Wer überlebt? Warum manche Menschen in Grenzsituationen überleben, andere nicht, Riemann Verlag, München, 1. Auflage 2009.

Spalinger, Andrea/Schoop, Florian/Baumann-Rüdiger, Esthy: Der Verwaltungsrat – Gremium Der Verantwortungslosen? In: NZZ, 27.5.2023, S. 42 ff.

Sprenger, Reinhard K.: Boni – der Irrtum der «richtigen» Anreize, in: NZZ vom 27.3.2023 S. 20.

Sprenger, Reinhard K.: Die Angestellten sind meist die Sündenböcke, in: NZZ vom 8.4.2024, S. 19.

Steck, Albert: Hilfe, es gibt zu viele Chefs wie noch nie, in: NZZ am Sonntag vom 25.6.2023, S. 23.

Steiger, Rudolf: Menschenorientierte Führung, 22 Thesen für den Führungsalltag, Huber, Frauenfeld, 16. ergänzte Ausgabe 2013.

Storr, Will: The Status Game, William Collins, Imprint of Harper Collings Publishers, London 2022.

Stowasser, S./Neuburger, R. et al.: Whitepaper, Führung im Wandel: Herausforderungen und Chancen durch KI, München 2022, S. 3.

Tivian, AI und Leadership: Wie KI die Führung verändert, S. 10: tivian.com/de/ai-leadership/, 18.1.2024.

Tuchman, Barbara: Die Torheit der Regierenden, Fischer Taschenbuch, Frankfurt am Main, 3. Auflage 2003.

Weick, Karl/Sutcliffe, Kathleen M.: Managing the Unexpected, John Wiley & Sons, 2nd edition, San Francisco 2007.

Werner, Kathrin: Schluss mit der Maskerade, in: Süddeutsche Zeitung, 16./17.18.4.2022, S. 24.

Werner, Kathrin: Nehmt euch Zeit, in: Süddeutsche Zeitung, 23.–26.12.2023, S. 24.

Wille, Fritz: Führungsgrundsätze in der Antike, Zürich 1992.

Witte, Felicitas: Wer befehlen darf, lebt gesünder, in: NZZ am Sonntag, 21.1.2024, S. 49.

Zwygart, Ulrich: Menschenführung im Spiegel von Kriegserfahrungen, Huber Verlag Frauenfeld, 3. Auflage 1992.

Zwygart, Ulrich: Dein Weg zum Erfolg?, NZZ Libro Verlag, Zürich 2016.

Zwygart, Ulrich: Das Management-Alphabet, 151 Essays, NZZ Libro, Schwabe Verlagsgruppe AG 2019.

Stichwortverzeichnis

163 f., 166, 182, 188, 190 f., 201 f.,
204, 207–209, 212, 217–220, 225
- Abteilungsleitung 121, 140
- Operative Ziele 27, 105 f.
- Strategische Ziele 88
- Zielerreichung 10 f., 39, 63, 153, 183
Zivilisierung
- Zivilisierung 69
Zufall
- Zufall 122, 126, 226
Zufriedenheit
- Zufriedenheit 12, 22, 172, 174, 179 f.

Zuhören
- Zuhören 102, 142 f., 162, 204, 208,
211, 219, 224
Zusammenarbeit
- Zusammenarbeit 15, 27, 44, 61, 70,
75 f., 92 f., 100, 102, 105, 109, 115,
120–122, 142, 153 f., 158, 160, 162 f.,
166, 169, 171, 184, 188, 190, 195,
197, 199, 203, 209, 218
Zweck
- Zweck 11, 40, 49, 81, 171, 179, 185,
204, 209

Abbildungen

Tabellen

Dank

Mein herzlicher Dank geht an meine Assistentinnen und meinen Assistenten, die alle an der Universität St. Gallen studieren oder studiert haben und mich auf dem Weg zur Publikation begleitet haben: Stephanie Rüegger hat die Online-Umfrage vorbereitet. Dr. Anja Bischof und ihr Team mit Dr. Janine Crivelli und Lena Rudolf haben die über 2000 Rückmeldungen «state of the art» ausgewertet. Niklas Noelle hat mich bei der Recherche unterstützt und mit kritischen Fragen bei der Arbeit am Manuskript begleitet.

Ich danke den Kolleginnen und Kollegen an der Universität St. Gallen, die das Manuskript kritisch gelesen und wichtige Impulse gegeben haben: Prof. Dr. Heike Bruch, Dr. Stephanie Schoss und Claudio Feser. Ebenso danke ich Prof. Dr. Rudolf Steiger und Prof. Dr. Hubert Annen von der ETHZ sowie Prof. Dr. Rolf Schären von der FHNW für ihre wertvollen Hinweise.

Mein Sohn Greg hatte die ausgezeichnete Idee mit dem Coverdesign, das der Verlag mit Freude übernommen hat.

Dem NZZ Libro Verlag, vor allem Harald Liehr, Makbule Rüschendorf und Tabea Koenig, danke ich für die gute Zusammenarbeit. Dem Lektor Dr. Thomas Lüttenberg danke ich für seine gute Arbeit am Manuskript.

Ich durfte während vielen Jahren von Vielen lernen, vom C-Level bis zum Mitarbeitenden, vom Coachee bis zur Studierenden. Dafür bin ich dankbar. Viele Inputs und Inspirationen sind in diesen Text eingeflossen. Für den Inhalt bin aber ich allein verantwortlich.

Ich hoffe, dass es mir mit dem vorliegenden Buch gelingt, vielen Führenden Anstösse zu geben und zu Überlegungen anzuregen, die sich in ihrem Führungsalltag und in ihren Organisationen positiv auswirken werden.

Ich danke meiner Frau Manuela, meiner Familie und meinen Freunden. Sie machen mein Leben lebenswert und erfüllen mich mit Freude und Stolz. Ihnen widme ich dieses Buch.

Ulrich Zwygart, Mai 2024

Über den Autor

Ulrich F. Zwygart, Prof. Dr., forscht und lehrt zu Leadership/Management an der Executive School der Universität St. Gallen und berät Verwaltungs-/Aufsichtsräte und Geschäftsleitungen. Ehemaliger Anwalt, Brigade- und Divisionskommandant der Schweizer Armee, Managing Director und Chief Learning Officer in internationalen Firmen sowie Personalchef eines Schweizer Industrieunternehmens.

Foto: Kim Zwygart